21世纪经

公共经济学

PUBLIC ECONOMICS

余斌　编著

WUHAN UNIVERSITY PRESS
武汉大学出版社

目　录

导　　论

【教学目的和要求】

公共经济学是一门研究社会公共经济活动现象及其一般规律的学科，也是研究公共部门经济行为及其效应的学科。该学科最早发源于西方经济学。本章主要介绍西方公共经济学的产生与发展和公共经济学研究的马克思主义视野，阐述马克思主义公共经济学的研究对象、研究范围、研究意义和研究方法。

通过本章的学习，要了解西方公共经济学的来历，知晓西方公共经济学的局限性，初步掌握马克思主义公共经济学与西方公共经济学的不同之处，掌握马克思主义公共经济学的研究方法，理解公共经济学的研究意义。

第一节　西方公共经济学的产生与发展

"公共经济学"这个概念一般认为是在 1959 年出版的美国学者马斯格雷夫的著作《财政学原理：公共经济研究》一书中被首次引入的。但是，早在此书出版 100 多年前，恩格斯就在《国民经济学批判大纲》中提及那时已经存在与国民经济学和政治经济学并列的"公共经济学"用语，而且他认为，这些经济学应当称为"私经济学"，因为在这些经济学看来，社会关系只是为了私有制而存在。①

"在马斯格雷夫看来，公共经济理论的任务更多的是研究公共预算管理中出现的经济政策问题。按照马斯格雷夫自己的说法，公共经济学就是研究政府所从事的经济活动的主要后果及其与社会目标的关系"。② 因此，西方公共经济学只不过是"私经济学"即西方经济学的一个分支③，是由西方经济学在公共预算管理等政府活动领域的研究所组成，并随着西方经济学的发展而发展。

不过，西方公共经济学要与传统财政学相区别，还必须包括政府财政活动之外的内容。而且也的确如此，"公共经济学范围已从最初强调政府收入的征集与分配扩展到关注政府经济干预的各个方面"。④ 其中，最重要的就是公共产品理论和公共选择理论。前者出现于萨缪尔森在 1954 年发表的《公共支出的纯理论》一文，主要用于说明政府存在的

---

① 《马克思恩格斯文集》第 1 卷，人民出版社 2009 年版，第 60 页。
② 陈柳钦：《公共经济学的发展动态分析》，载《南京社会科学》2011 年第 1 期。
③ 所谓西方学说只是资产阶级学说的简称。
④ ［英］加雷斯·D. 迈尔斯著，匡小平译：《公共经济学》，中国人民大学出版社 2001 年版，第 3 页。

理由，而在某种程度上，西方公共经济学也可以看成是关于公共产品的提供、生产和分配的经济理论；后者几经发展成形于布坎南和塔洛克两人于 1962 年合著发表的《同意的计算——立宪民主的逻辑基础》一书，该理论讨论了政府失灵问题，并将选举问题纳入经济学研究范畴。从而，西方公共经济学可以看成是关于政府和非政府组织的政治经济行为、政府与民众和企业之间以及政府与政府之间的政治经济关系的理论。

正因为如此，黄恒学等人编著的《公共经济学》一书将公共经济学的研究对象确定为，"主要是公共部门的经济行为，以及包括官方金融机构在内的所有由中央与地方政府出资兴办经营的企事业的存在意义和经济行为"。① 该书也是国内涵盖西方公共经济学内容最全面的教科书。

事实上，每一个经济学派和经济学科的发展，背后都有巨大的经济力量来推动。要阐明一个学派甚至一个学科，就要指出这种背后的东西。使西方公共经济学得到较大发展的原因在于 20 世纪 70 年代初新帝国主义的形成。金融寡头们既要利用国家，又要摆脱国家对自己的束缚，西方公共经济学正好代表了他们的利益，有助于金融寡头们在全球推行方便他们大肆掠夺的新自由主义。

第二节　西方公共经济学的局限性

作为西方经济学的一个分支，西方公共经济学的理论前提和研究方法沿用的是西方经济学的理论前提和研究方法。因此，西方经济学的局限性，自然也就构成了西方公共经济学的局限性。

一、研究范围的局限性

西方公共经济学通过将政府部门称为公共部门而将西方财政学即所谓公共财政学发展成为公共经济学。在西方公共经济学中，"公共经济和公共财政是一对可以且经常互换的概念"。② 这样一来，在内容上，西方公共经济学就缺乏对真正的公共经济，如自原始社会以来，直到资本主义经济成熟之前都存在的各种非私有制经济和社会主义公有制经济的分析，而更像是政府经济学。

不仅如此，西方公共经济学对于政府经济本身也是大加限制。恩格斯指出，资本主义经济发展的第一个结果就是利益被升格为对人的统治。个人的或国家的一切交往，都被溶化在商业交往中，这就等于说，财产、物升格为世界的统治者。财产的统治必然要首先反对国家，瓦解国家，或者，既然财产没有国家又不行，那么至少也要挖空它的基础。《国富论》的作者亚当·斯密正是从事这种挖空基础的工作的。③ 显然，基于西方经济学的西方公共经济学自然要限制国家的作用，而公共选择理论更是强化了这一点。在西方公共经济学极其有限地允许国家发挥作用的领域，我们也将会看到，这些作用只是为极少数人的

---

①　黄恒学主编：《公共经济学》（第二版），北京大学出版社 2009 年版，第 3 页。

②　高培勇等编著：《公共经济学》，中国社会科学出版社 2007 年版，第 21 页。

③　《马克思恩格斯文集》第 1 卷，人民出版社 2009 年版，第 105 页。

利益而服务，对于最大多数人只不过是一种欺骗。

二、理论前提的局限性

西方公共经济学家提出，"无论是否可行，我们都从一般均衡视角进行分析。该目标不一定总能实现，因为有时在现有文献中只能找到局部均衡分析，有时一般均衡分析只会使主要问题变得模糊不清"。①

好一个"无论是否可行"。实际上，目前西方经济学的理论尤其是模型，都是建立在大量的假设前提之下的。而这些假设前提通常包括：没有税收、没有交易费用、人人得到的信息都是相同的和完全的、人人都会用高等数学的方法来计算最优、人人借钱的利率都是相等的、人人都可以按相等的利率想借多少有多少，等等。这些假设通常都与现实有所不符。

西方经济学家会说物理学的定律要假设物体在真空中运行也是不现实的。但是，物理学能够精确地算出在大气中运行的导弹的轨道及其飞行距离等，而西方经济学却在资本主义经济危机面前茫然不知所措。

实际上，西方学者曾经提出，非科学的本质不在于它的正确与否，而是在于它的不可证伪性。西方经济学的上述理论前提恰恰导致它是不可以证伪的。这是因为，一旦现实否定了西方经济学的结论，西方经济学家就会指出，这并没有证伪导致这些结论的理论，因为这些理论是在那些假设前提成立（仅在天堂里成立）下才得出这些结论的。从而就是说这些理论是不能被证伪的。相反地，物理学却从不这样为自己的假设辩护，而是努力接受现实的检验。因此，即便从西方学者的立场来看，西方经济学也是非科学的，是不可以被证伪的神学。

与此相反，恩格斯在《资本论》第一卷的书评中指出，"我们不是说这本书的推论不能反驳，不是说马克思已经提出了充分的论据；我们只是说：我们并不认为，我们全体经济学家中间有哪一个人能把这些推论驳倒"。② 这就是说，马克思主义的基本原理即便从后来的证伪主义的角度来说也是可以证伪的，但是不仅当年没有人而且直到今天也没有人能够将其证伪，尽管攻击它的人无数。

三、方法论的局限性

西方（公共）经济学的方法论是个人主义的方法论，即认为一切社会现象都应追溯到它们的个人行为基础，都必须从个人的角度来分析阐述；个人的目的或偏好是经济学分析的出发点和基石，必须把个人的有目的性放在首位。人类的一切行为，不论是经济行为还是政治行为，其结果都应从人类个体的角度去寻找原因，因为个体是组成群体与各类人员的基本细胞，是个体行为的集合构成了集体行为。个人是最终的决策者，是最高的评判者，是至高无上的统治者。集体行动是由许多独立的个人行动所组成，政府为了个人才做

---

① ［英］加雷斯·D. 迈尔斯著，匡小平译：《公共经济学》，中国人民大学出版社 2001 年版，第 8 页。

② 《马克思恩格斯全集》第 21 卷，人民出版社 2003 年版，第 306 页。

出决策。①

但是，从一定的社会历史条件出发，例如，转到欧洲昏暗的中世纪，"我们看到的，不再是一个独立的人了，人都是互相依赖的：农奴和领主，陪臣和诸侯，俗人和牧师"。②要知道，钻石和石墨都是由碳原子组成的，但是从单个的碳原子出发只能得到一盘散沙式的碳原子集合，而不能得到钻石和石墨。

实际上，"历史是这样创造的：最终的结果总是从许多单个的意志的相互冲突中产生出来的，而其中每一个意志，又是由于许多特殊的生活条件，才成为它所成为的那样。这样就有无数互相交错的力量，有无数个力的平行四边形，由此就产生出一个合力，即历史结果，而这个结果又可以看做一个作为整体的、不自觉地和不自主地起着作用的力量的产物。因为任何一个人的愿望都会受到任何另一个人的妨碍，而最后出现的结果就是谁都没有希望过的事物。所以到目前为止的历史总是像一种自然过程一样地进行，而且实质上也是服从于同一运动规律的"。③

事实上，西方经济学对于个人主义的推崇只是为了国际大资本家的利益。当今中国之所以出口巨大，但国民收入并不多，就是因为国内上万家自由竞争着的加工工厂一盘散沙式地面对着被少数几家大跨国公司垄断的国际市场。

四、研究方法的局限性

恩格斯在《资本论》第一卷的书评中指出，要在我们的官方经济学家那里找寻这本书里用来描述不同历史时期的社会状态及其存在条件的那种渊博的学识和敏锐的洞察力，将是徒劳的。④

西方公共经济学与西方经济学一样，常常采用玩具式的数学模型来进行分析和"证明"，而列宁早就指出过，"公式本身什么也不能证明；它只能在过程的各个要素从理论上得到说明以后把过程加以表述"。⑤他还指出，马克思主义者"在评判自己对社会关系的估计时，完全不是以抽象公式之类的胡说为标准，而是以这种估计是否正确和是否同现实相符合为标准的"。⑥

非常可怜的是，令一阶导数等于零是西方经济学家所知道的唯一的在模型中求解最大化的方法。这一方法的必要条件就是边际分析中的边际成本与边际收益相等。但这只是特殊情况下的必要条件，也不是充分条件。而且这一条件的前提还必须是资源的数量是无限制的和不得用于其他方面的。

① 高培勇等编著：《公共经济学》，中国社会科学出版社 2007 年版，第 94-95 页。
② 《资本论》第 1 卷，人民出版社 2004 年版，第 94-95 页。
③ 《马克思恩格斯文集》第 10 卷，人民出版社 2009 年版，第 592-593 页。
④ 《马克思恩格斯全集》第 21 卷，人民出版社 2003 年版，第 306 页。
⑤ 《列宁全集》第 4 卷，人民出版社 1984 年版，第 48 页。
⑥ 《列宁全集》第 1 卷，人民出版社 1984 年版，第 163-164 页。

第三节　公共经济学研究的马克思主义视野

董瑞华和胡德平率先提出了中国公共经济学研究的马克思主义视野问题。他们指出，在中国语境下研究公共经济学，要求以马克思主义为指导话语。他们认为，马克思虽然没有专门研究公共经济的著作，但其经济思想却体现了对公共经济问题的很多关注，并形成了具有系统性的马克思主义公共经济思想，这些思想可以归纳为"一个逻辑起点、一个建构基础和四大理论内容"。

一个逻辑起点是指，政治经济关系原理与国家（政府）的经济本质。国家的政治本质是由国家的经济本质决定的，国家的经济本质又是由生产方式决定的。只有占主导地位的生产方式，从根本上决定国家的特殊经济本质和政治本质，这是衡量国家不同性质的根本标准。而国家又是属于统治阶级的个人借以实现其共同利益的形式，是该时代的整个市民社会获得集中表现的形式。

一个建构基础是指，对资本主义形式公共经济的批判。这里又分为：对资本主义形式公共经济主体的批判即批判资本主义国家及其政权，批判资本主义国家的经济职能，批判资本主义国家发展公共经济的方式如扩张掠夺等。

四大理论内容分别是指：（1）公共收入理论：马克思主义的国家赋税思想；（2）公共支出理论；（3）宏观调控理论；（4）公共信用理论。

他们还提出，马克思主义的公共福祉关怀必须成为中国公共经济学研究的价值取向；必须将马克思主义的公共经济思想注入公共经济学的基本原理中；必须用马克思主义的经济研究方法论作为中国公共经济学的研究工具。[①]

上述观点在谈及公共经济学研究的马克思主义视野时，是直接以西方公共经济学为比较对象的，从而在研究范围上受到了西方公共经济学现有研究范围的拘束，例如，其中就缺少公有制经济的内容，因而有必要从马克思主义经典著作那里扩展公共经济学的研究范围。

第四节　公共经济学的研究对象和范围

公共经济学是与私经济学相对立的。公共经济学研究的是超出私有制以外的经济活动，其中也包括西方公共经济学所涉及的内容，如财政收支等。

事实上，恩格斯早就指出，"纳税原则本质上是纯共产主义的原则，因为一切国家的征税的权利都是从所谓国家所有制来的。的确，或者是私有制神圣不可侵犯，这样就没有什么国家所有制，而国家也就无权征税；或者是国家有这种权利，这样私有制就不是神圣不可侵犯的，国家所有制就高于私有制，而国家也就成了真正的主人。后面这个原则是大

---

① 董瑞华、胡德平：《中国公共经济学研究的马克思主义视野》，载《当代经济研究》2007年第4期。

家公认的"。① 而马克思指出，私经济学"不考察不劳动时的工人，不把工人作为人来考察，却把这种考察交给刑事司法、医生、宗教、统计表、政治和乞丐管理人去做"。② 那么，马克思主义公共经济学自然就需要考察作为人的工人，也就是说要把工人作为人去对待。

这样一来，马克思主义公共经济学研究的内容就要比西方公共经济学广泛得多。列宁认为，政治经济学的对象"是人们在生产中的社会关系"。③ 类似地，公共经济学的对象是人们在社会生活中的相互关系，并通过分析具体的公共经济活动把它们表现出来。如果说，人们扮演的经济角色不过是经济关系的人格化，那么，人们扮演的社会角色只不过是社会地位的人格化。

列宁还指出，"俄国马克思主义者正是从批评以前的社会主义者的主观方法开始的；他们不以指出和斥责剥削现象为满足，他们力求说明这种现象"。④ 同样地，现实社会生活中涉及公共经济活动的那些现象，包括西方公共经济学谈到过的现象，也是公共经济学要力求说明的研究对象。

政治经济学的研究从分析商品开始，公共经济学的研究也可以从分析公共产品和公共物品开始切入公共经济。我们不仅讨论西方公共经济学所涉及的内容，还讨论西方公共经济学没有涉及的公有制经济等内容，同时，我们还把西方公共经济学中的社会保障扩大为公共保障，并把公债从公共收入中单独列出来进行讨论。我们还对公共经济的未来，以及政府与市场的未来进行了推断。

总的来说，公共经济学是一门研究社会公共经济活动现象及其一般规律的学科，也是研究公共部门经济行为及其效应的学科。在这里，公共部门主要是指政府及其附属物，但也包含非政府的从事社会公共经济活动的部门。

第五节　公共经济学的研究意义

当前中国全面深化改革的一个重要议题是处理好政府与市场的关系，发挥它们各自的作用。而这个问题也是公共经济学的重点研究内容。显然，公共经济学的研究将有助于人们更好地把握和处理政府与市场的关系，了解"一些现今一般可能实现的所谓解决办法的萌芽"⑤。

黄恒学等认为，除了有助于政府更好地进行宏微观经济管理外，研究公共经济学的意义还在于，有助于政府更好地参与社会产品的再分配，维持社会公平和社会稳定，有助于在国际经济活动领域中为本国创建一个良好的国际环境，维护本国的经济利益。⑥

---

① 《马克思恩格斯全集》第 2 卷，人民出版社 1957 年版，第 615 页。
② 《马克思恩格斯文集》第 1 卷，人民出版社 2009 年版，第 124 页。
③ 《列宁全集》第 2 卷，人民出版社 1984 年版，第 171 页。
④ 《列宁专题文集（论辩证唯物主义和历史唯物主义）》，人民出版社 2009 年版，第 210 页。
⑤ 《马克思恩格斯文集》第 3 卷，人民出版社 2009 年版，第 333 页。
⑥ 黄恒学主编：《公共经济学》（第二版），北京大学出版社 2009 年版，第 18-19 页。

但是，要做到这一切，西方公共经济学是不能胜任的。只有科学的政治经济学即马克思主义政治经济学才能胜任。对此，习近平指出，"各级党委和政府要学好用好政治经济学，自觉认识和更好遵循经济发展规律，不断提高推进改革开放、领导经济社会发展、提高经济社会发展质量和效益的能力和水平"。① 而马克思主义公共经济学正是政治经济学在公共经济领域的应用，从而能够使人们认识那些已经由政治经济学揭示了的经济社会发展规律，对于提高经济社会发展质量和效益具有重要的指导意义。

虽然公共经济学是政治经济学的一个应用，但是，公共经济学本身的研究也有助于扩展政治经济学，而且通过使人们懂得现代社会生活中最重要的问题都同政治经济学问题有最直接的关系，也可以促进人们对相关研究以及政治经济学发生兴趣，并热心地投身于其中。

列宁曾经提到，资产阶级知识分子鼓吹资产阶级自己花钱来满足"人民需要"，举办医疗和教育事业，鼓吹通过地方自治机关逐渐地、一点一点地扩大"集体所有的财产"，把有轨马车公司和屠宰场这些行业实行"社会化"，企图以此来回避阶级斗争的存在和社会革命的必要性。然而，只要资产阶级还在实行阶级统治，它就不会容许别人触动这一统治的真正的基础。② 而公共经济学的深入研究，恰恰揭露了西方资本主义国家在公共福利事业和民主政治上的虚伪性，从而公共经济学的研究还有助于"增强道路自信、理论自信、制度自信，坚定不移推进中国特色社会主义伟大事业"。③

第六节　公共经济学的研究方法

作为政治经济学的一个分支，公共经济学的研究方法就是政治经济学的研究方法。而全部现代社会体系所围绕旋转的轴心即资本和劳动的关系，正是在政治经济学中才第一次得到了科学的说明。④ 习近平指出，"看待政治制度模式，必须坚持马克思主义政治立场。马克思主义政治立场，首先就是阶级立场，进行阶级分析"。⑤ 而公共经济学恰恰涉及政治制度模式，从而也离不开阶级分析法。

习近平还指出，"在革命、建设、改革各个历史时期，我们党运用历史唯物主义，系统、具体、历史地分析中国社会运动及其发展规律，在认识世界和改造世界过程中不断把握规律、积极运用规律，推动党和人民事业取得了一个又一个胜利。历史和现实都表明，只有坚持历史唯物主义，我们才能不断把对中国特色社会主义规律的认识提高到新的水

---

① 《习近平强调：更好认识和遵循经济发展规律推动中国经济持续健康发展》，http://news. xinhuanet. com/politics/2014-07/08/c_1111518431. htm，2014 年 7 月 8 日。

② 《列宁全集》第 16 卷，人民出版社 1988 年版，第 324-325 页。

③ 《习近平：认真学习党章 严格遵守党章》，http：//cpc. people. com. cn/n/2012/1119/c64094-19622693. html，2014 年 2 月 22 日。

④ 《马克思恩格斯文集》第 3 卷，人民出版社 2009 年版，第 79 页。

⑤ 《中国政治学研究新时代的到来》，http：//www. gmw. cn/sixiang/2014-07/01/content_11801150_2. htm，2014 年 7 月 11 日。

平，不断开辟当代中国马克思主义发展新境界"。①

实际上，公共经济学与一切人文社会科学的研究方法，都不外乎是历史唯物主义和唯物辩证法。马克思指出，"我的观点是把经济的社会形态的发展理解为一种自然史的过程"。② 恩格斯在谈到《资本论》第一卷时指出，"在就连自然科学也越来越变成历史的科学的时候（我们可以对照一下拉普拉斯的天文学理论，整个地质学和达尔文的著作），国民经济学到现在为止像数学一样仍旧是一种抽象的和普遍有效的科学。无论这本书的其他论断可能遭到怎样的命运，我们认为，使这种狭隘的观念就此终结是马克思不可抹杀的功绩"。③

恩格斯还指出，政治经济学本质上是一门历史的科学。人们在生产和交换时所处的条件，各个国家各不相同，而在每一个国家里，各个世代又各不相同。因此，政治经济学不可能对一切国家和一切历史时代都是一样的。政治经济学所涉及的是历史性的即经常变化的材料；它首先研究生产和交换的每个个别发展阶段的特殊规律，而且只有在完成这种研究以后，它才能确立为数不多的、适用于生产一般和交换一般的、完全普遍的规律。同时，不言而喻，适用于一定的生产方式和交换形式的规律，对于具有这种生产方式和交换形式的一切历史时期也是适用的。④

自马克思的时代以来，虽然资本主义社会发生了很大的变化，但资本主义的生产方式和交换形式并没有发生根本的变化，马克思关于资本主义的分析仍然是适用的。这就使得我们不仅可以运用历史唯物主义和唯物辩证法对现代社会进行与时俱进的分析，也可以沿用一些今天仍然适用的旧分析。另外，既然政治经济学不可能对一切国家和一切历史时代都是一样的，因而关于资本主义社会的公共经济学与关于社会主义（初级阶段）的公共经济学也是有差别的。但是，由于我们生活在一个资本主义与社会主义并存的世界里，因此，本书中的公共经济学不得不同时包含这些不同的内容。

西方经济学把研究方法分为两大类，一类是规范研究，另一类是实证研究。规范研究与价值判断有关，要回答的问题是"应该怎么样"。实证研究所提出的问题"是什么"，是对客观对象的描述，一般是排斥价值判断的。⑤

但是，相比所谓的规范研究，马克思和恩格斯指出，"共产主义者不向人们提出道德上的要求，例如你们应该彼此互爱呀，不要做利己主义者呀等等；相反，他们清楚地知道，无论利己主义还是自我牺牲，都是一定条件下个人自我实现的一种必要形式"。⑥ 马克思还指出，"你们认为公道和公平的东西，与问题毫无关系。问题就在于：在一定的生产制度下所必需的和不可避免的东西是什么？"⑦ "研究必须充分地占有材料，分析它的

① 《习近平：推动全党学习和掌握历史唯物主义更好认识规律更加能动地推进工作》，http：//cpc. people. com. cn/n/2013/1205/c64094-23748665. html，2014 年 1 月 29 日。
② 《马克思恩格斯文集》第 5 卷，人民出版社 2009 年版，第 10 页。
③ 《马克思恩格斯全集》第 21 卷，人民出版社 2003 年版，第 317-318 页。
④ 《马克思恩格斯文集》第 9 卷，人民出版社 2009 年版，第 153-154 页。
⑤ 黄恒学主编：《公共经济学》（第二版），北京大学出版社 2009 年版，第 13 页。
⑥ 《马克思恩格斯全集》第 3 卷，人民出版社 1960 年版，第 275 页。
⑦ 《马克思恩格斯文集》第 3 卷，人民出版社 2009 年版，第 56 页。

各种发展形式，探寻这些形式的内在联系"。① 恩格斯在反对马克思的女婿拉法格把经济学上的"政治的和社会的理想"强加给马克思时指出，"你是'科学家'，你就没有理想，你就去研究出科学的结论，如果你又是一个有信念的人，你就为实现这些科学结论而战斗。但是，如果你有理想，你就不能成为科学家，因为你已经有了先入之见"。② 他还指出，"我们越是能够摆脱个人的好恶，就越能更好地判断这些事实本身及其后果"。③

相比所谓的实证研究，马克思主义政治经济学开始要谈的前提不是任意提出的，不是教条，而是一些只有在臆想中才能撇开的现实前提。这些前提可以用纯粹经验的方法来确认。④ "马克思认为理论符合现实是理论的唯一标准"。⑤ "他没有在任何地方以事实去迁就自己的理论，相反地，他力图把自己的理论作为事实的结果加以阐述。这些事实他总是取自最好的来源"⑥。

更为重要的是，马克思指出，"只有抛开互相矛盾的教条，而去观察构成这些教条的隐蔽背景的各种互相矛盾的事实和实际的对立，才能把政治经济学变成一种实证科学"。⑦ 列宁在谈到必须把"民粹主义"思想说清楚时也指出，要"指明这种思想在我国现代社会经济关系中的物质基础"。⑧ 因此，公共经济学的实证研究就是要考察现代社会经济关系中的物质基础，说明各种互相矛盾的事实和实际的对立。

关 键 术 语

公共经济学　私经济学　新自由主义　马克思主义　共产主义　国家所有制　公共部门　阶级分析　历史唯物主义　唯物辩证法

复习思考题

1. 什么是私经济学？
2. 西方公共经济学有哪些局限？
3. 什么是公共经济学？
4. 应当如何研究公共经济学？
5. 研究公共经济学有哪些意义？

---

① 《马克思恩格斯文集》第 5 卷，人民出版社 2009 年版，第 21 页。
② 《马克思恩格斯全集》第 36 卷，人民出版社 1975 年版，第 198 页。
③ 《马克思恩格斯文集》第 10 卷，人民出版社 2009 年版，第 625 页。
④ 《马克思恩格斯文集》第 1 卷，人民出版社 2009 年版，第 516-519 页。
⑤ 《列宁专题文集（论辩证唯物主义和历史唯物主义）》，人民出版社 2009 年版，第 184 页。
⑥ 《马克思恩格斯全集》第 21 卷，人民出版社 2003 年版，第 339 页。
⑦ 《马克思恩格斯文集》第 10 卷，人民出版社 2009 年版，第 292 页。
⑧ 《列宁全集》第 1 卷，人民出版社 1984 年版，第 200 页。

第一章　公共产品与公共经济

【教学目的和要求】

公共产品是西方公共经济学的核心概念，借助这一概念，他们得以解释公共产品提供上的市场失灵现象和政府存在的必要性，并在此基础上提出了应当将政府的职能局限于仅仅提供公共产品的有限政府的理念。但是，西方公共经济学对这一概念的定义存在重大缺陷，而且他们还漠视了公共物品，也没有考察公共经济活动。

通过本章的学习，首先，要了解西方公共产品理论，知晓其缺陷，掌握公共产品的定义，并从公共产品的角度认识政府与市场。其次，还要了解公共物品的定义及其演变，认识个人利益与公共利益，把握公共经济活动。

第一节　公共产品

一、西方公共产品理论

公共产品是西方公共经济学的核心概念，离开了这一概念，西方经济学家就无法将西方经济学的分析框架套用到政治领域的政府部门，西方公共选择理论也就失去了根基。更为重要的是，为了解释市场失灵的现象，同时又不能妨碍西方经济学对市场的崇拜，西方经济学家必须借助公共产品这一概念。因此，西方经济学家历来十分重视对公共产品概念的研究。借助这一概念，他们得以解释公共产品提供上的市场失灵现象和政府存在的必要性，并在此基础上提出了应当将政府的职能局限于仅仅提供公共产品的有限政府的理念。

在西方公共经济学中，公共产品一般是指那些在消费上同时具有非排他性和非竞争性的产品。而所谓非排他性是指，产品一旦被提供出来，就不可能排除任何人对它的不付代价的消费。它包含三层含义：（1）任何人都不可能不让别人消费它，即使有些人有心独占对它的消费，但在技术上是不可行的，或者在技术上可行但成本却过高，因而是不值得的；（2）任何人自己都不得不消费它，即使有些人可能不情愿，但却无法对它加以拒绝；（3）任何人都可以恰好消费相同的数量。所谓非竞争性是指，一旦公共产品被提供出来，增加一个人的消费不会减少其他任何消费者的受益；也不会增加社会成本，其新增消费者使用该产品的边际成本为零。国防就被视为这样的公共产品。①

---

① 黄恒学主编：《公共经济学》（第二版），北京大学出版社2009年版，第93-94页。

但是，就国防而论，迈尔斯认为国防支出"最终具有竞争性，排他性也有可能"①，尽管他没有明确举出相应的例子。事实上，当张学良把他的军队撤进关内时，当年中国国民党政府的国防对关外的东三省民众来说就是具有排他性的。海曼认为，"只要我们保卫了一个人，我们也就保卫了所有人"。② 但是保卫了关内的人，不等于也保卫了关外的所有人。要收复失地，让敌占区的人民也享有国防，而不是割让土地，谋求"和平"，那就要增加国防支出即增加社会成本，把敌人打败，从这个角度来看，国防同样是具有竞争性的。这样一来，国防还能算是公共产品吗？

如果它是，那么非排他性就不是或不仅仅是指，"不可能不让别人消费"（或"不能排除非购买者享受"），而是指"不应当不让别人消费"（或"不应当排除非购买者享受"）。如果它不是，那么西方公共经济学若不是要让政府放弃国防这一重要职能，就只得承认需要政府去提供一些私人产品。而事实上，"在某些场合下，人们认为，保健服务和住房就是两个由公共部门提供私人产品的例子"。③

当然，政府（公共部门）不会去提供任意的私人产品，它之所以提供住房而不提供私家轿车，是因为住房和私家轿车相比虽然同样具有排他性和竞争性，但前者更具有公共意义。例如，新加坡的政府领导人曾经意识到，为了让军队和士兵保卫国家，就得让他们有自己的不动产，以便驱使他们至少为保卫自己的财产而战。"于是，'居者有其屋'、公共住房、公积金、全面防卫等政策一脉相承、一气呵成"。④ 相比之下，20世纪40年代后期，中国解放区的政府废除封建土地制度和封建生产关系，把乡村中一切地主的土地及公地，连同其他一切土地，平均分配给乡村人民，归个人所有，也使得大批青壮年在"参军保田"的口号下踊跃参军和支援前线，为解放战争夺取战略决战的胜利夯实了群众基础。⑤

西方公共经济学将有排他性无竞争性的产品称为俱乐部产品；将无排他性有竞争性的产品称为公共资源。⑥ 一条道路，如果收费即交费才能通过，就是排他性的；如果人员和车辆来往过多导致拥挤就是竞争性的。于是，按照上述理论，当它收费且因交费的车辆少而畅通时，它就是俱乐部产品；当它不收费而拥挤时就是公共资源；当它收费但仍然拥挤时，即同时具有竞争性和排他性时，就是私人产品；当它不收费又不拥挤时，就成为公共

① ［英］加雷斯·D. 迈尔斯著，匡小平译：《公共经济学》，中国人民大学出版社2001年版，第249页。

② ［美］大卫·N. 海曼著，章彤译：《公共财政：现代理论在政策中的应用》，中国财政经济出版社2001年版，第123页。

③ 黄恒学主编：《公共经济学》（第二版），北京大学出版社2009年版，第95页。

④ 陈抗：《序（最常任秘书眼里的新加坡经验）》，载严崇涛著，陈抗编选，《新加坡发展的经验与教训——一位老常任秘书的回顾和反思》，新加坡：汤姆森学习出版集团2007年版。

⑤ 《中华人民共和国史稿》（序卷），人民出版社、当代中国出版社2012年版，第206-207页。

⑥ 黄恒学主编：《公共经济学》（第二版），北京大学出版社2009年版，第96页。海曼把这样的公共资源称为拥挤的公共产品。他对公共产品的定义是指那些不能排除购买者享受其收益并且由大量的消费者分享其收益的产品。从而拥挤即竞争性并不改变公共产品的属性。参见［美］大卫·N. 海曼著，章彤译：《公共财政：现代理论在政策中的应用》，中国财政经济出版社2001年版，第123-129页。

产品。那么，我们又如何就一条道路本身来说它是公共产品还是非公共产品呢？

其实，拥挤只不过表明公共产品供给不足，而不应当就此改变产品的公共产品属性。而道路是否收费，与道路本身也没有任何关系。在古代，土匪的两把板斧，就能使一条道路从不收费变成收费的。难道这条道路就因此而不再是公共产品了吗？如果是这样，政府也没有必要剿匪来恢复道路的不收费了。

另外，一些生产厂家的虚假广告和实验室里制造出来的病毒，以及网络上的电脑病毒，在传播上倒也是非排他和非竞争的，难道它们就能算是公共产品，并要由公共部门来提供吗？

萨缪尔森等站在统治阶级的立场上，摆出一副让被统治阶级占了便宜的施舍面孔强调，"公共产品是这样一些产品，无论每个人是否愿意购买它们，它们带来的好处不可分割地散布到整个社区里"。① 然而，这种"好处"的散布却有强买强卖和强制消费之嫌。朱柏铭也指出，"任何人也不能用拒绝付款的办法，将与其消费偏好不一致的公共产品排除在他的消费范围之外"。② 其实，这种公共产品消费上的不可逃避性，恰恰是公共产品区别于私人产品的最重要的特性，它表明，对于不同的人，尤其是不同阶级的人来说，公共产品带来的并非只有好处，也有可能带来的是坏处。比如英国的国防军曾经奉命驱赶公有土地上的农民，并烧死了拒绝离开小屋的老太婆③，对于这些被驱赶的人来说，他们显然不愿意这样来消费国防。如果说，非排他性和非竞争性反映的是西方经济学的分析公共产品时的经济视角，那么，不可逃避性则反映的是西方经济学所看不到的政治视角。它不仅揭示出了西方经济学力图回避的公共产品的阶级性，也昭示了西方公共经济学和公共财政学几乎都回避了的否决预算的可能性和现实性。

当然，也有西方学者从生产的角度来定义公共产品，例如，布坎南关于公共产品的定义是，"任何集团或社团因为任何原因通过集体组织提供的商品或服务，都将被定义为公共产品"。④ 但是，作为公共产品理论，恰恰要说明的是被布坎南所回避了的"任何原因"，说明为什么这样的原因会导致需要通过集体组织来提供公共产品，而不是由私人来提供。而且，布坎南的这个定义意味着，私人是不会提供公共产品的，或者说，私人提供的都不是公共产品。但是，本书将指出，在历史上的确存在私人提供公共产品的例子。

最后，西方公共产品理论忽略了公共产品的不可或缺性（至少对某些人如此）。如果公共产品不是不可或缺的，那么，尽管它可以非排他性地给某些人带来一些好处，人们也可以不去消费它，从而也就不需要政府，更不需要西方公共经济学了。

二、一般公共产品

马克思曾经提到，"在亚洲，从远古的时候起一般说来就只有三个政府部门：财政部门，或者说，对内进行掠夺的部门；战争部门，或者说，对外进行掠夺的部门；最后是公

---

① 黄恒学主编：《公共经济学》（第二版），北京大学出版社 2009 年版，第 92 页。
② 朱柏铭编著：《公共经济学》，浙江大学出版社 2002 年版，第 43 页。
③ 《资本论》第 1 卷，人民出版社 2004 年版，第 839 页。
④ 黄恒学主编：《公共经济学》（第二版），北京大学出版社 2009 年版，第 92 页。

共工程部门。……现在，不列颠人在东印度从他们的前人那里接收了财政部门和战争部门，但是却完全忽略了公共工程部门。因此，不能按照不列颠的自由竞争原则——自由放任原则——行事的农业便衰败下来。但是我们在一些亚洲帝国经常可以看到，农业在一个政府统治下衰败下去，而在另一个政府统治下又复兴起来。在那里收成取决于政府的好坏，正像在欧洲随时令的好坏而变化一样"。①

在这里，马克思提到了三个公共部门：财政部门、战争部门和公共工程部门。其中，前两个部门主要是为统治阶级或统治集团服务的，后一个部门虽然也有利于统治阶级或统治集团，但更多的是为全社会提供服务的。对于亚洲古代的统治阶级来说，这三个部门都提供公共产品；而对于被统治阶级来说，第三个部门提供的才是主要的公共产品。

其实，西欧各国虽然国土面积不大，没有大江大河的水利工程需要治理，但是，对于跨越多国的河流也有保持其航行通畅的需要，例如，维也纳条约就规定："每个国家都应出资维修纤路和进行一些必要工作，以便使航行通畅无阻"。② 显然，在存在剥削阶级的社会里，每一个国家的政府部门除了完成帮助统治阶级进行剥削的职责外，也要完成一些对所有国民都有一些益处的更广泛的公共事务。这是因为，"要能够掠夺，就要有可以掠夺的东西，因此就要有生产"。③ 也就要有服务于生产的公共产品的提供。

马克思还指出，"在资产阶级共和国里，生活的各个领域都处在自由竞争的无限的统治之下，总共只留下一个必需的最低限度的行政管理，以便在对内对外政策上保障资产阶级的共同阶级利益并管理资产阶级的共同事务"④。这些共同事务也就是资产阶级共和国所提供给资产阶级的公共产品。

对于人类社会来讲，语言是最典型的公共产品，它不可能是单个人的产物。语言本身是一定共同体的产物，但是，随着历史的发展，在一个共同体内语言也不一定是共同的了⑤。在殖民地，外来的殖民者的语言冲击着本土的语言。更重要的是，阶级差别导致语言上的差别。"工人比起资产阶级来，说的是另一种方言，有不同的思想和观念，不同的习俗和道德原则，不同的宗教和政治"。⑥

科学及其研究、知识和教育也是公共产品，尽管私有化的知识产权妨碍了这些公共产品的公共性。在资本主义以前的社会里，这些公共产品垄断并局限于统治阶级内部，成为他们奴役被统治阶级的一个工具。在资本主义社会里，虽然它们仍然是统治阶级奴役被统治阶级的工具，但也多少开始向被统治阶级普及，以便那些具有一定知识水平的被统治者能够在生产上为统治阶级所利用。毕竟，"人类劳动力本身必须已有或多或少的发展，才能以这种或那种形式耗费"。⑦ 而且，随着国民教育的普及，就可以从那些以前受不到教育并且习惯于较差的生活方式的阶级中招收熟练工人和商业工人，从而加强了竞争，使熟

---

① 《马克思恩格斯文集》第 2 卷，人民出版社 2009 年版，第 679-680 页。
② 《马克思恩格斯全集》第 9 卷，人民出版社 1961 年版，第 449 页。
③ 《马克思恩格斯文集》第 8 卷，人民出版社 2009 年版，第 22 页。
④ 《马克思恩格斯全集》第 11 卷，人民出版社 1995 年版，第 423 页。
⑤ 《马克思恩格斯文集》第 8 卷，人民出版社 2009 年版，第 140 页。
⑥ 《马克思恩格斯文集》第 1 卷，人民出版社 2009 年版，第 437-438 页。
⑦ 《资本论》第 1 卷，人民出版社 2004 年版，第 57 页。

练工人和商业工人的劳动力贬值，尽管他们的劳动能力提高了，但是他们的工资下降了。① 当然，资产阶级是极其吝啬的，他们只会安排工人阶级受他们所许可的基本技能教育和带有统治阶级意识形态的奴役教育，使劳动者更好地当牛做马，提防教育导致工人阶级觉醒。

在阶级社会里，法律对于统治阶级来说，也是一项重要的公共产品。西方公共经济学常常举对外的国防作为公共产品的例子，而少提或不提对内的治安尤其是对工人运动的镇压作为公共产品的例子，是因为后者比较容易引导出关于族群对立进而阶级对立的分析。当然，社会稳定或者说有秩序有时对大多数人来说都是一种公共产品。邓小平曾经提到，当年千里跃进大别山之后，"人民对我们第一件要求是'安政治'，因为人民最怕紊乱，怕无政府，要求有秩序"。②

三、公共产品的定义

综上所述，公共产品的种类十分丰富，要给它下一个定义并不容易。受马克思关于知识是没有交换价值的说法的启发，再根据《资本论》中关于"物的有用性使物成为使用价值"③ 以及 "一个物可以是使用价值而不是价值。在这个物并不是以劳动为中介而对人有用的情况下就是这样。例如，空气、处女地、天然草地、野生林等等"④ 的说法，我们给公共产品下的定义是：

公共产品是以集体的活动为中介的没有交换价值或不进行交换的使用价值。

这个定义在一定程度上吻合西方公共经济学关于公共产品具有非排他性的说法。因为所谓的非排他性的特点就是无法向企图搭便车的人索取报酬，也就是无法获得交换价值。同时，这个定义还说明了西方公共产品理论中非排他性和非竞争性所没有明确涵盖的公共产品的有用性。这个定义还摆脱了西方公共产品理论的不可逃避性和不可或缺性，使公共产品不再是对所有阶级和人群，尤其是不再对排斥它的人，是普适的。这个定义使公共产品只对那些认为它对自己有用的人来说才是公共产品，从而适用于阶级分析。这个定义还使虚假广告和人造病毒难以混进公共产品的概念中，并能包含具有价值但免费提供而不交换的救灾物资等。总之，这个定义很好地克服了西方公共产品定义的局限。

需要加以明确的只是，正如服务有时也像物品一样是使用价值，这个定义中的"使用价值"不仅仅是指具体的物品，也包括语言、法律、政府、科学、教育等客观存在的东西和行为，还包括一些信息，比如哪些医疗机构和人员擅长治疗哪些疾病和疑难杂症、食品药品的安全信息，以及不费资本分文的"随着人口增长和社会的历史发展而发展起来的一切社会力量"⑤ 等。

在有史以来最伟大的资本家、慈善家、空想社会主义者欧文看来，"到目前为止仅仅

---

① 《资本论》第 3 卷，人民出版社 2004 年版，第 335 页。
② 《邓小平文选》第 1 卷，人民出版社 1994 年版，第 128 页。
③ 《资本论》第 1 卷，人民出版社 2004 年版，第 48 页。
④ 《资本论》第 1 卷，人民出版社 2004 年版，第 54 页。
⑤ 《马克思恩格斯全集》第 31 卷，人民出版社 1998 年版，第 168 页。

使个别人发财而使群众受奴役的新的强大的生产力，提供了改造社会的基础，它作为大家的共同财产只应当为大家的共同福利服务"。① 事实上，现代的社会生产力，不是哪个个人可以提供或创造的，它本身就是人类共同创造出来的，是最纯正的公共产品，尽管它可以被极少数人占有和垄断。

四、政府与市场

西方公共经济学把政府或公共部门视为公共产品的提供者，视为公共经济的一个主体。其实，国家和政府本身就是公共产品，尤其是对于统治阶级来说。

"社会创立一个机关来保护自己的共同利益，免遭内部和外部的侵犯。这种机关就是国家政权。它刚一产生，对社会来说就是独立的，而且它越是成为某个阶级的机关，越是直接地实现这一阶级的统治，它就越独立"。② "国家总的说来还只是以集中的形式反映了支配着生产的阶级的经济需要"③。而对于不同的阶级来说，其所倚靠的国家机器即相应的公共产品也有所不同。马克思在《法兰西内战》中指出，"工人阶级不能简单地掌握现成的国家机器，并运用它来达到自己的目的。奴役他们的政治工具不能当成解放他们的政治工具来使用"。④ 而随着阶级的消灭，国家机器这样的公共产品也会消亡，或者更严格地说，是被另一种公共产品所取代。"代替那存在着阶级和阶级对立的资产阶级旧社会的，将是这样一个联合体，在那里，每个人的自由发展是一切人的自由发展的条件"。⑤ 这也表明，在未来消灭了阶级的社会里，公共产品的性质将是普遍性的，是属于每一个人的，即不会把任何一个人排除在公共产品的受益者之外。

除了忽略政府这个公共产品外，西方公共经济学还忽略了另一个十分重要的公共产品，那就是市场。西方公共经济学一般认为，市场是自发形成的，只是在市场失灵的领域，才需要政府来提供公共产品加以弥补，尽管他们还认为，存在政府失败的问题，所以似乎政府没有存在的必要。

但是，现代市场经济的市场的确是由政府提供出来的公共产品，或者说，是由资产阶级借助于政府提供出来的公共产品。正因为政府是市场的提供者和维护者，它才有可能去干预市场。

列宁指出，"直接生产者同生产资料的分离，即直接生产者的被剥夺，标志着从简单商品生产向资本主义生产的过渡（而且是这一过渡的必要条件），建立了国内市场"。⑥ 而要普遍地剥夺直接生产者，离开了政府，是做不到的。在《资本论》中，马克思详细介绍了一个英国贵族把农民从领地上清扫出去的例子。农民居住的所有村庄都被破坏和烧毁，他们的所有田地都变为牧场。在这个过程中，英国的士兵"被派来执行这种暴行，

---

① 《马克思恩格斯文集》第 9 卷，人民出版社 2009 年版，第 279 页。
② 《马克思恩格斯文集》第 4 卷，人民出版社 2009 年版，第 307-308 页。
③ 《马克思恩格斯文集》第 4 卷，人民出版社 2009 年版，第 306 页。
④ 《马克思恩格斯文集》第 3 卷，人民出版社 2009 年版，第 218 页。
⑤ 《马克思恩格斯文集》第 2 卷，人民出版社 2009 年版，第 53 页。
⑥ 《列宁全集》第 3 卷，人民出版社 1984 年版，第 51 页。

同当地居民发生了搏斗。一个老太太因拒绝离开小屋而被烧死在里面"。①

西方经济学家声称，工人与资本家的结合是一种自愿的结合。但是，"单是在一极有劳动条件作为资本出现，在另一极有除了劳动力以外没有东西可出卖的人，还是不够的。这还不足以迫使他们自愿地出卖自己"。② 要迫使被暴力剥夺了土地、被驱逐出来而变成了流浪者的农村居民成为资本主义工厂里的工人，以便这些企业能够存在和经营，从而使市场能够出现，也只有靠政府的暴力强迫。因此，15世纪末和整个16世纪，整个西欧都颁布了惩治流浪者的血腥法律。"这些流浪者人数非常多，其中单单由英王亨利八世下令绞死的就有72000人，只有付出最大的力量，只有在他们穷得走投无路而且经过长期反抗之后，才能迫使他们去工作"。③

除了强迫贫民进工厂，资产阶级政府还强制压低工资。"支付高于法定工资的人要被监禁，但接受高工资的人要比支付高工资的人受到更严厉的处罚"。④ 如果说，现代资本主义社会里，经济关系的无声的强制能够一般地保证资本家对工人的统治的话，那么，在形成市场的初期，"新兴的资产阶级为了'规定'工资，即把工资强制地限制在有利于赚钱的界限内，为了延长工作日并使工人本身处于正常程度的从属状态，就需要并运用国家权力"。⑤

国外市场的形成和建立，也离不开资本主义国家的暴力机器。英国殖民印度、对中国的鸦片战争都是英国政府为本国资产阶级提供国外市场这样的公共产品的行为。如今西方发达国家还通过国际货币基金组织、世界贸易组织、世界银行等国际机构来"管理和维护"国际市场，强迫发展中国家开放本国市场，为发达国家的资本家们提供国际经济旧秩序这样的公共产品。

第二节 公 共 物 品

一、公共物品的定义

在西方公共经济学中并没有不同于公共产品的公共物品概念，虽然那里也提到阳光、空气等人类生活所不可缺少的东西，但把它们称为天然产品，认为这类产品的获得不必耗费经济资源。⑥ 但是，随着现代工业的发展和集中，城市里的空气变得污浊了，充斥着雾霾，获得新鲜空气已经成为需要耗费经济资源的事情。

我们把阳光和清洁的空气称为公共物品。所谓公共物品，是指人们生来就有权享有的东西。从人类发展的历史来看，水源、基本的生存条件和迁徙的自由，甚至土地都曾是公

---

① 《资本论》第1卷，人民出版社2004年版，第839页。
② 《资本论》第1卷，人民出版社2004年版，第846页。
③ 《马克思恩格斯文集》第1卷，人民出版社2009年版，第561页。
④ 《资本论》第1卷，人民出版社2004年版，第848页。
⑤ 《资本论》第1卷，人民出版社2004年版，第847页。
⑥ 朱柏铭编著：《公共经济学》，浙江大学出版社2002年版，第41页。

共物品。但是，随着资本主义制度的发展，大量的公共物品或者被直接毁灭，如迁徙的自由和清洁的空气，或者被极不光彩的私有化间接地毁灭了，如公有土地。

一般而言，公共物品不需要供应，只有公共产品才需要供应。但是，公共物品可能会遭受损害，因而，对公共物品提供的保护也可以视为一种公共产品，例如，环境是公共物品，环境保护则是公共产品。而要使得这种保护真正成为公共产品，首先就要认识到公共物品的存在。但问题恰恰在于，自私自利的西方经济学一心只想从国有资产和公共财产的私有化即所谓市场化中牟取暴利，根本没有意识到或者拒绝承认公共物品的存在。

实际上，西方经济学家也承认公有土地的存在或曾经存在。但是，他们大喊大叫公地的"悲剧"，胡说这样会导致公地的过度使用，以便"道义"上支持掠夺公有土地使其归极少数人所私有垄断的行为，并使得"工人无权利用自然界和它的产品"①。但是，这里的悲剧恰恰在于西方经济学家以私地的概念理解公地，把公地错误地理解为人人为自私目的可以自由使用的私地，而没有把公地当成私人无权滥用的、真正的公地。事实上，西方国家有很多免费的公园，它们并没有发生被私人滥用的"悲剧"。而土地私有化的后果之一，"正如傅立叶曾指出的，一个很能说明问题的事实是，在所有文明国家中，都有相当大的一部分土地始终无人耕种"。② 一方面，土地得不到使用；另一方面，很多人在饿肚子。

在历史上，本来应当保护公共物品的政府，也曾干着掠夺公共物品，将其私有化的勾当，以便为资本主义发展创造条件。"掠夺教会地产，欺骗性地出让国有土地，盗窃公有地，用剥夺方法、用残暴的恐怖手段把封建财产和克兰财产转化为现代私有财产——这就是原始积累的各种田园诗式的方法。这些方法为资本主义农业夺得了地盘，使土地与资本合并，为城市工业造成了不受法律保护的无产阶级的必要供给"。③

随着时代的变化，像清洁的空气这样的公共物品，不再是不用耗费经济资源就可以获得的。清洁的饮用水也是如此。城市里的居民不再可能直接利用地表水，这就使得他们的饮水必须依赖自来水公司。于是，当由国外利益集团控制的自来水公司谋求高价时，就直接侵犯了喝水这一最基本的人权和生存权，甚至国家主权。城市的照明也不再是古代的火把，而是电灯，这就离不开生活用电。2007 年 5 月 29 日，新西兰墨丘利电力公司切断了一家欠费用户的电力供应，导致一位患病妇女赖以维系生命的电力驱动呼吸机无法工作，使她在断电 3 个小时后死亡。④

虽然，维持生命权的公共物品日益变得离不开经济资源的投入，但是，今天的人们与古代的人们一样，仍然有权要求廉价甚至无偿获得公共物品。这就使得提供公共物品也成为一项公共产品。据互联网消息，俄罗斯总统普京在《真理报》发表讲话："一个把老百姓的居住权、健康权和受教育权拿来拉动经济的政府，一定是个没有良心的政府，真正执

---

① 《马克思恩格斯全集》第 32 卷，人民出版社 1998 年版，第 124 页。

② 《资本论》第 3 卷，人民出版社 2004 年版，第 857 页。

③ 《资本论》第 1 卷，人民出版社 2004 年版，第 842 页。

④ 《新西兰电力公司断电致患病妇女身亡 总理震怒》，http：//news. sohu. com/20070602/n250357174. shtml，2014 年 7 月 22 日。

政为民的政权，一定要把这三种东西当作阳光、空气和水，给予人民。一个国家不能变成弱肉强食的动物世界，文明是对弱势群体的关怀，而不是富人有多富。"这说明，老百姓的居住权、健康权和受教育权属于公共物品，政府有责任以提供公共产品的方式，让老百姓能够廉价享有和行使这些权利。①

此外，资本主义生产方式还以另外的方式来妨碍人们享有公共物品。资本由于无限度地盲目追逐剩余劳动，像狼一般地贪求剩余劳动，不断地延长工作时间，从而掠夺了工人呼吸新鲜空气和接触阳光所需要的时间。② 微薄的工资也使得许多工人只能住在阴暗潮湿很难晒到太阳的地方。从而，缩短工作日、提高（最低）工资标准、降低房价和房租、提供公共绿地和公共活动场所，也就成为保障和提供公共物品所必不可少的要求。

二、公共物品的演变

自古以来，土地就是公共物品。虽然原始社会解体后，私有财产甚至私有土地越来越多。但是，仍然有很多土地是公共的。在欧洲一些地方，在公有的耕地和草地私有化之后，森林、牧场和水域还依然是公共的。③ 在中世纪，那里的城市手工业者在公共森林中放牧牲畜，并且从这些森林中取得木材和燃料④。在19世纪的德国西部和南部的人民意识中还存在着一种根深蒂固的观念，"认为森林是公有的财产，在森林里，每一个人都可以采集花卉、浆果、蘑菇、山毛榉实等等，并且一般地说，只要他不做有害的事，他便可以在里面随意行动"。⑤

进入资本主义时代后，在英国仍然有大量的公有土地可供掠夺。议会每一会期都要通过一系列开垦公地的文件。"公地一块接一块被掠夺并且被改成耕地，这固然会提高农业生产，但是使无产阶级受到很大的损失。在有公地的地方，穷人可以在那里放驴、放猪或放几只鹅，孩子们和年轻人也可以有一个玩耍和嬉戏的地方。现在这种事情越来越少了，穷人的收入减少了，年轻人失掉了游玩的地方，只好上小酒馆去"。⑥ 尤其是，随着教会地产的被掠夺，不仅旧的世袭佃户被大批地赶走，失去了生活资料的来源，而且以往的法律所保证的贫苦农民对一部分教会什一税的所有权（这也是贫苦农民所拥有的公共物品），也同时被暗中取消了。⑦ 今天的中国，也有一些人利用特权和金钱私自占用城市里的公共绿地。对此，习近平在听取西湖周边会所整治工作汇报时指出："公共资源不能为少数人垄断享用，更不能搞不正之风，败坏社会风气"。⑧

新中国成立前，农村中也有许多的公共土地。有些是政治性的，例如一些区乡政府所

---

① 余斌：《微观经济学批判》（修订版），东方出版社2014年版，第300页。

② 《资本论》第1卷，人民出版社2004年版，第306页。

③ 《马克思恩格斯文集》第4卷，人民出版社2009年版，第160页。

④ 《马克思恩格斯文集》第3卷，人民出版社2009年版，第552-553页。

⑤ 《马克思恩格斯全集》第19卷，人民出版社1963年版，第359页。

⑥ 《马克思恩格斯文集》第1卷，人民出版社2009年版，第483页。

⑦ 《资本论》第1卷，人民出版社2004年版，第828页。

⑧ 《习近平关心西湖会所整治情况》，http：//news. xinhuanet. com/politics/2015-05/26/c＿111 5417100. htm，2015年6月7日。

有的土地。有些是宗族性的，例如各姓祠堂所有的土地。有些是宗教性的，例如佛教、道教、天主教、伊斯兰教的寺、观、教堂、清真寺所有的土地。有些是社会救济或者社会公益性的，例如义仓的土地和为修桥补路而设置的土地。有些是教育性的，例如学田。①

实际上，在资本主义生产方式下，土地所有者完全是多余的。激进的资产者曾经在理论上发展到否定土地私有权，"想把土地私有权以国有的形式变成资产阶级的、资本的公共所有。然而，他们在实践上却缺乏勇气，因为对一种所有制形式——一种劳动条件私有制形式——的攻击，对于另一种私有制形式也是十分危险的。况且，资产者自己已经弄到土地了"。②

公共物品，如土地，从公地演变为私地，再向公共土地演变的过程，其实也是公共物品所有权的演变过程。"一般说来，人（不论是孤立的还是社会的）在作为劳动者出现以前，总是作为所有者出现，即使所有物只是他从周围的自然界中获得的东西（或者他作为家庭、氏族或公社的成员，部分地从周围的自然界中获得，部分地从公共的、已经生产出来的生产资料中获得）。最初的动物状态一终止，人对他周围的自然界的所有权，就总是事先通过他作为公社、家庭、氏族等等的成员的存在，通过他与其他人的关系（这种关系决定他和自然界的关系）间接地表现出来。'没有所有权的劳动者'作为'基本原则'，倒不如说只是文明的产物，而且是'资本主义生产'这个一定的历史阶段上的产物"。③ 与资本主义制度从劳动者手里剥夺公共物品的所有权（或者说共有权）相适应，资产阶级学者，如"马尔萨斯干脆宣布，以往公认的每个生在世界上的人都有权获得生活资料的说法是完全荒谬的"。④ 然而，相反地，"无产者坚决相信，他们有勤劳的双手，他们正是必不可少的人，而无所事事的有钱的资本家先生们，才真正是多余的"。⑤

在资本主义社会里，"利益霸占了新创造出来的各种工业力量并利用它们来达到自己的目的；由于私有制的作用，这些理应属于全人类的力量便成为少数富有的资本家的垄断物，成为他们奴役群众的工具"。⑥ 然而，也正是由于资本主义时代的工业革命，使得人的劳动生产力"达到了相当高的水平，以致在人类历史上破天荒第一次创造了这样的可能性：在所有的人实行明智分工的条件下，不仅生产的东西可以满足全体社会成员丰裕的消费和造成充足的储备，而且使每个人都有充分的闲暇时间去获得历史上遗留下来的文化——科学、艺术、社交方式等等——中一切真正有价值的东西；并且不仅是去获得，而且还要把这一切从统治阶级的独占品变成全社会的共同财富并加以进一步发展"⑦。

无产阶级革命将实现这个转变。"无产阶级将取得公共权力，并且利用这个权力把脱离资产阶级掌握的社会化生产资料变为公共财产。通过这个行动，无产阶级使生产资料摆

---

① 《毛泽东选集》第 1 卷，人民出版社 1991 年版，第 129 页注释。

② 《马克思恩格斯全集》第 26 卷第 2 册，人民出版社 1973 年版，第 39 页。

③ 《马克思恩格斯全集》第 26 卷第 3 册，人民出版社 1974 年版，第 416-417 页。

④ 《马克思恩格斯文集》第 1 卷，人民出版社 2009 年版，第 484-485 页。

⑤ 《马克思恩格斯文集》第 1 卷，人民出版社 2009 年版，第 485 页。

⑥ 《马克思恩格斯文集》第 1 卷，人民出版社 2009 年版，第 105 页。

⑦ 《马克思恩格斯文集》第 3 卷，人民出版社 2009 年版，第 258 页。

脱了它们迄今具有的资本属性，使它们的社会性质有充分的自由得以实现"。① 这样一来，就可以"实现整个社会对一切生产资料——土地、铁路、矿山、机器等等——的直接占有，供全体为了全体利益而共同利用"②。

只有到了这个时候，公共物品才完成它的返璞归真但又是最高层面的终极演变，也就是说，使人类的社会生产力和全部文化在超越原始共产主义社会的基础上重新成为公共物品，进而使公共产品与公共物品合二为一。

第三节　公共经济

一、个人利益与公共利益

西方经济学家认为，"个人"是所有经济分析的基本单位，进而任何经济问题不可以从一群人、一个团体、一个社会或一个国家为起点来分析。然而，任何一个人，从他出生的那一刻起，他就离不开他人。幼年的他需要他人的照料，并在社会里成长，否则他就像狼孩一样，被当作狼或其他东西而不是被当作人来看。人的"个体是社会存在物。因此，他的生命表现，即使不采取共同的、同他人一起完成的生命表现这种直接形式，也是社会生活的表现和确证"。③ "人的本质不是单个人所固有的抽象物，在其现实性上，它是一切社会关系的总和"。④

其实，西方经济学家们很早就认识到存在不同于个人利益的公共利益（在略有不同的含义上又称社会利益、共同利益、公众利益、普遍利益、群体利益等）。但是，早期的西方经济学家们本能地宣称个人利益和公共利益是同一的，或者是和谐一致的。只有这样，他们才能把资产阶级自己的利益说成是普遍的利益。不过，斯密也不得不承认，"经营某一特殊商业部门或工业部门的人的特殊利益，在某一方面总是和公众利益不同，甚至常常同它相敌对。商人的利益始终在于扩大市场和限制卖者的竞争…… 这是这样一些人的阶级，他们的利益决不会同社会的利益完全一致，他们的利益一般在于欺骗和压迫公众"。⑤

恩格斯指出，"单个人的利益是要占有一切，而群体的利益是要使每个人所占有的都相等。因此，普遍利益和个人利益是直接对立的"。⑥ "正是由于特殊利益和共同利益之间的这种矛盾，共同利益才采取国家这种与实际的单个利益和全体利益相脱离的独立形式"⑦。法国资产阶级大革命之后，中央集权进一步发展，"每一种共同的利益，都立即脱离社会而作为一种最高的普遍的利益来与社会相对立，都不再是社会成员的自主行动而

---

① 《马克思恩格斯文集》第3卷，人民出版社2009年版，第566页。
② 《马克思恩格斯全集》第21卷，人民出版社1965年版，第386页。
③ 《马克思恩格斯文集》第1卷，人民出版社2009年版，第188页。
④ 《马克思恩格斯文集》第1卷，人民出版社2009年版，第501页。
⑤ 《马克思恩格斯文集》第1卷，人民出版社2009年版，第133页。
⑥ 《马克思恩格斯文集》第1卷，人民出版社2009年版，第73页。
⑦ 《马克思恩格斯文集》第1卷，人民出版社2009年版，第536页。

成为政府活动的对象——从某一村镇的桥梁、校舍和公共财产，直到法国的铁路、国家财产和国立大学"。①

马克思也曾指出，"在世界各国，当然也包括普鲁士国家，所谓公众利益也就是政府利益。普鲁士政府，在追究'民主主义者'察贝尔对我诽谤一事上，看不到、也不可能看到'某种明显的公众利益'。普鲁士政府的利益倒是在相反的方面"。② 这表明，公共利益其实也具有很鲜明的阶级性，往往只代表个别统治集团的利益。

不过，对于资产阶级来说，那些"为了保持他们的公共利益、他们本阶级的利益、他们的政治权力而进行的斗争，是有碍于他们私人的事情的，因而只是使他们感到痛苦和烦恼"。③ 在这种目光短浅、自私自利的资产阶级面前，更为贪婪和自私自利的金融寡头们甚至通过新自由主义的主张得以取代政府扮演大公无私的公共利益的代表。而美国金融危机爆发后，以中小资产阶级分子为主体的占领华尔街运动的出现，也表明那里的中下层资产阶级已经开始清醒地认识到金融寡头是如何"服从"公共利益的。

二、公共经济活动

顾名思义，公共经济学应当研究公共经济活动。但是，西方公共经济学却极少涉及政府财政活动之外的公共经济活动，这与它的私经济学本质有关。列宁指出，"在资产阶级制度下，干实事的是老板，不是国家机构，但是在我们这里，经济工作则是我们大家的事情"。④《共产党宣言》指出，"资本是集体的产物，它只有通过社会许多成员的共同活动，而且归根到底只有通过社会全体成员的共同活动，才能运动起来。因此，资本不是一种个人力量，而是一种社会力量。因此，把资本变为公共的、属于社会全体成员的财产，这并不是把个人财产变为社会财产。这里所改变的只是财产的社会性质。它将失掉它的阶级性质"。⑤ 而真正的公共经济活动就是以生产资料公有制为基础的经济活动。

在早期的原始公社里，由妇女料理家务，由男子获得食物，都是公共的、为社会所必需的事业。⑥ 原始公社解体后，这两项公共经济活动都沦为个别家庭的私人经济活动。随着资本主义经济的发展，个人的、以自己劳动为基础的私有制被资本主义私有制所否定⑦，一无所有的失业工人甚至连自己极少的私人经济活动也失去了。而资本家则通过占有生产资料而占有了随着人口增长和社会的历史发展而发展起来的一切社会力量，但是，资本家们却不愿意承担即便是服务于他们自身的公共利益的责任。"一个国家，例如美国，甚至可以在生产方面感到铁路的必要性；但是，修筑铁路对于生产所产生的直接利益可能如此微小，以致投资只能造成亏本。那时，资本就把这些开支转嫁到国家肩上，或者，在国家由于传统而对资本仍然占有优势的地方，国家还拥有特权和决心来迫使全体拿

---

① 《马克思恩格斯文集》第2卷，人民出版社2009年版，第565页。
② 《马克思恩格斯全集》第19卷，人民出版社2006年版，第358页。
③ 《马克思恩格斯文集》第2卷，人民出版社2009年版，第548页。
④ 《列宁全集》第41卷，人民出版社1986年版，第324页。
⑤ 《马克思恩格斯文集》第2卷，人民出版社2009年版，第46页。
⑥ 《马克思恩格斯文集》第4卷，人民出版社2009年版，第87页。
⑦ 《资本论》第1卷，人民出版社2004年版，第874页。

出他们的一部分收入而不是一部分资本来兴办这类公益工程，这些工程同时又表现为一般生产条件，因而不是某些资本家的特殊条件；在资本还没有采取股份公司形式的时候，它总是只寻求自己价值增殖的特殊条件，而把共同的条件作为全国的需要推给整个国家。资本只经营有利的企业，只经营在它看来有利的企业"。①

恩格斯在谈到资本主义经济的弊端所造成的工人阶级的幼儿的高死亡率时指出，"如果我根据所引用的那些肯定为他们所熟悉的官方或非官方的证据，直接控告他们犯了社会谋杀罪，他们也是无法申辩的。他们应该想办法结束这种可怕的情况，否则就把管理公共利益的权力移交给工人阶级。对后一种办法，他们没有兴趣；而前一种，只要他们还是资产阶级，还坚持资产阶级偏见，他们就无力做到"。② 这表明，资产阶级既没有意愿，也没有能力领导公共经济活动。

的确如此，19世纪后期，英国郎卡郡的现代化纺纱工厂就遭遇过这样一件事。1888年收获的棉花已经用完，而1889年的还没有上市，所以这正是原棉投机的大好时机。有一个荷兰富翁，伙同其他一些同行的商人组成了一个垄断组织收购全部现有棉花并相应抬高价格。纺纱工厂主们反抗的办法只能是缩减消耗，即在新棉上市以前使各自的工厂每周停工几天或完全停工。这种试验他们已经进行了六个星期了，但总是搞不好，因为总有一些纺纱工厂主指望别人停工而自己不停工。而由于没有普遍停工，才使纺纱工厂主们毫无办法地让投机商摆布了六个星期。结果，厂主通过自己的中央委员会"正式"吁请工业中央委员会：让有组织的工人为共同利益通过组织罢工的办法迫使那些反抗的厂主们停工。厂主老爷们承认自己无能采取共同行动，请求以前他们痛恨的工会俯允对他们自己，即对厂主采取强迫手段，使他们，即厂主，迫不得已终于作为一个阶级为本阶级的利益而一致行动。他们是为工人所迫这样做的，因为他们自己对此无能为力。

工人俯允了，而且只要威胁一下就行。过了二十四小时，棉花投机商们的垄断组织就被摧毁了。这表明：厂主能做到什么，而工人又能做到什么。

这样一来，资产阶级暴露出自己无能维护本阶级的利益。不仅如此，它还对此直认不讳，由于它吁请有组织的工人强迫厂主自己维护自己的基本的阶级利益，因而它不仅自己声明自己让位，而且认为有组织的工人阶级是自己的有能力的、负有执政使命的继承者。它自己宣布：即使每一单个的厂主还能够领导他自己的工厂，也只有有组织的工人才能领导整个棉纺织工业。③

俄国十月革命胜利后，无产阶级及其政党开始正式领导公共经济活动。当时第一次世界大战刚刚结束，面对破产和贫困，列宁指出，"照战前那个老样子生活下去已经不行了，象个体小农经济那样浪费人力和劳动的现象也不能继续下去了。只要从这种分散的小经济过渡到公共经济，劳动生产率就会提高一两倍，农业和人类生产活动中人的劳动就会节省一半以至三分之二"。④ 当然，他也很清醒，俄国当年的农业生产力和生产方式，还

---

① 《马克思恩格斯全集》第30卷，人民出版社1995年版，第529页。
② 《马克思恩格斯文集》第1卷，人民出版社2009年版，第422-423页。
③ 《马克思恩格斯全集》第21卷，人民出版社1965年版，第442-443页。
④ 《列宁全集》第35卷，人民出版社1985年版，第353页。

是以个体小农经济为主，十分落后，向公共经济过渡存在很多困难。"我们深深知道，由个体小农经济过渡到共耕制，是千百万人生活中一场触及生活方式最深处的大变革，只有经过长期的努力才能完成，只有到人们非改变自己生活不可的时候才能实现"。① 但是，"除了过渡到公共经济，别无其他办法"。② "出路在于从落后的分散的小农户转为有机器供应的、用科学成就武装起来的、能生产最大量商品粮食的联合的公共的大农庄。出路在于在农业方面由个体农民经济过渡到集体的公共经济"。③ 在这里，"农业公社是自愿建立的，不能使用任何强迫手段；对共耕制来说也是如此"。④ 而当时公共经济活动与小农的私人经济活动的关系，也是相互促进的。"公社和共耕社不应当同附近农民隔离，而应当努力改善农民经济。要把公社办成模范公社，使附近农民自己愿意来加入公社"⑤。

当然，要使习惯了生产力水平较低的生产方式的、分散的小农，去习惯所有的人都按照一个共同的计划和共同的规章，在公共的土地上和公共的工厂中工作的公共经济活动方式，困难是非常大的。这种公共经济活动方式需要有较发达的生产力水平和较高的文化水平，而这些水平的提高不是短期内就能完成的，需要较长期的努力。为此，在各自成立初期，苏维埃俄国和新中国都使军队参与生产劳动。这种劳动军或生产军的生产劳动本身就是公共经济活动。

在社会主义国家里，公共经济活动的开展，有利于较快地提高生产力水平和文化素质，而生产力水平和文化素质的提高，又能够促进公共经济活动。因此，不是说，只有等到生产力发达了和教育水平提高了，才可以来搞公共经济活动。实际上，它们是相辅相成的。事实上，新中国成立时的土地改革，在使农民成为土地的主人的同时，也改变了农民的劳动方式。土地改革完成较早的地区，农民普遍组织起互助组，以解决耕畜、农具、劳力不足的困难，有效地提高了劳动生产率，保证农业生产得以迅速发展。⑥

在社会主义国家中，还有一种资本主义国家所无法企及的公共经济活动。那就是，学雷锋那样的共产主义劳动。这种劳动，"从比较狭窄和比较严格的意义上说，是一种为社会进行的无报酬的劳动，这种劳动不是为了履行一定的义务、不是为了享有取得某些产品的权利、不是按照事先规定的法定定额进行的劳动，而是自愿的劳动，是无定额的劳动，是不指望报酬、不讲报酬条件的劳动，是按照为公共利益劳动的习惯、按照必须为公共利益劳动的自觉要求（这已成为习惯）来进行的劳动，这种劳动是健康的身体的需要"。尽管，由于社会各方面还比较落后，"还远远不能广泛地、真正普遍地实行这种劳动"。⑦

---

① 《列宁全集》第 35 卷，人民出版社 1985 年版，第 353 页。
② 《列宁全集》第 36 卷，人民出版社 1985 年版，第 26 页。
③ 《斯大林选集》（下），人民出版社 1979 年版，第 47 页。
④ 《列宁全集》第 36 卷，人民出版社 1985 年版，第 26 页。
⑤ 《列宁全集》第 37 卷，人民出版社 1986 年版，第 364 页。
⑥ 《中华人民共和国史稿》（第 1 卷），人民出版社、当代中国出版社 2012 年版，第 62 页。
⑦ 《列宁全集》第 38 卷，人民出版社 1986 年版，第 343 页。

关 键 术 语

公共产品　非排他性　非竞争性　不可逃避性　共同阶级利益　共同事务　公共物品
生存生活权　发展权　天赋人权　新帝国主义　公共资源　公共权力　公共财产　个人利
益　公共利益　社会关系　公共经济活动　生产资料公有制　共产主义劳动

复习思考题

1. 西方公共产品理论及其局限是什么？
2. 论述公共产品与公共物品的区别和联系。
3. 如何理解公共经济活动？
4. 为什么说政府是公共产品？
5. 为什么说市场是公共产品？

第二章　公共经济主体

【教学目的和要求】

　　政府与市场的关系是公共经济学要研究的一对核心关系，公共经济主体的多元化和政府治理结构的改革，也是公共经济学关注的焦点。

　　通过本章的学习，首先，要了解国家和政府既是公共产品，又是提供公共产品的公共经济主体。而市场只是一个客体，在市场中起作用的是法人和自然人。其次，还要了解多个部门和组织都能成为公共经济的主体，清楚政府治理结构改革的两个不同方向：新自由主义的改革与社会主义的改革。

第一节　政府与市场

一、国家与政府

　　正如每一个时代的人们既是本身的历史剧的剧作者又是剧中人物①，国家和政府既是公共产品，又是提供公共产品的公共经济主体。相比之下，市场只是一个客体，不是主体，不能主动地起作用。市场中的主体是法人和自然人。

　　"国家不是从来就有的。曾经有过一个时候是没有国家的。国家是在社会划分为阶级的地方和时候、在剥削者和被剥削者出现的时候才出现的"。② "确切地说，国家是社会在一定发展阶段上的产物；国家是承认：这个社会陷入了不可解决的自我矛盾，分裂为不可调和的对立面而又无力摆脱这些对立面。而为了使这些对立面，这些经济利益互相冲突的阶级，不致在无谓的斗争中把自己和社会消灭，就需要有一种表面上凌驾于社会之上的力量，这种力量应当缓和冲突，把冲突保持在'秩序'的范围以内；这种从社会中产生但又自居于社会之上并且日益同社会相异化的力量，就是国家"。③ 资本主义国家，"只是资产阶级社会为了维护资本主义生产方式的一般外部条件使之不受工人和个别资本家的侵犯而建立的组织"。④ "现代的国家政权不过是管理整个资产阶级的共同事务的委员会罢了"。⑤

---

① 《马克思恩格斯文集》第 1 卷，人民出版社 2009 年版，第 608 页。
② 《列宁全集》第 37 卷，人民出版社 1986 年版，第 62 页。
③ 《马克思恩格斯文集》第 4 卷，人民出版社 2009 年版，第 189 页。
④ 《马克思恩格斯文集》第 3 卷，人民出版社 2009 年版，第 559 页。
⑤ 《马克思恩格斯文集》第 2 卷，人民出版社 2009 年版，第 33 页。

以色列学者卡西姆认为，每个国家的"公共职能基本上分为两类，一是提供那些非政府主体不会提供的或无法提供的服务；二是通过政府行为（如执法、行政管理、法庭审判）或政治手段（折中和平衡）来处理矛盾、解决问题"。而且在第二类职能涉及强制实施某种解决办法时，"常常要越过道德标准或其他行为准则的界限"。① 所谓越过道德标准和准则界限，其实就是对被统治阶级采取不同于统治阶级内部处理的残酷措施，就是阶级压迫。

对于政府的含义和概念中外学者莫衷一是，形成了众多的观点。其中一种意见认为，国家的立法机关、行政机关和司法机关，都称为政府。② 鉴于"国家的本质特征，是和人民大众分离的公共权力"③，现代资本主义"国家无非是有产阶级即土地所有者和资本家用来反对被剥削阶级即农民和工人的有组织的总权力"④，以及我们在公共经济活动中经常需要区分立法机关和行政机关，因此，我们将国家视为统治阶级的各种强制机构即国家机器的总和，而将行政机关称为政府。

前面曾经指出，国家和政府是统治阶级为了维护自身统治而生产出来的公共产品，因此，把维护统治阶级的统治作为公共产品反过来提供给统治阶级，就是国家和政府作为公共经济主体的首要职能。"国家无非是一个阶级镇压另一个阶级的机器，而且在这一点上民主共和国并不亚于君主国"。⑤ 西方学者所谓没有政府调节的经济活动不会导致社会最优结果⑥，就是承认政府的"守夜人"的作用，就是要求政府维护市场交易的合法性和结果的不可逆性，从而维护交易中强者方的利益。⑦

除了提供政治统治这一公共产品外，政府还需要维护社会的经济基础，因为统治阶级的经济利益离不开这样的基础。"政治统治到处都是以执行某种社会职能为基础，而且政治统治只有在它执行了它的这种社会职能时才能持续下去。不管在波斯和印度兴起和衰落的专制政府有多少，每一个专制政府都十分清楚地知道它们首先是河谷灌溉的总管，在那里，没有灌溉就不可能有农业"。⑧

在现代，随着资本主义经济的发展，资本主义私有制越来越成为生产力发展的桎梏，经济危机更暴露出资产阶级没有能力继续驾驭现代生产力，这就使得在一定的发展阶段上，"资本主义社会的正式代表——国家不得不承担起对它们的管理。这种转化为国家财

① ［以］柴姆·卡西姆著，余斌等译：《民主制中的以色列地方权力》，北京大学出版社2005年版，第5页。
② 黄恒学主编：《公共经济学》（第二版），北京大学出版社2009年版，第64页。
③ 《马克思恩格斯文集》第4卷，人民出版社2009年版，第135页。
④ 《马克思恩格斯文集》第3卷，人民出版社2009年版，第299页。
⑤ 《马克思恩格斯文集》第3卷，人民出版社2009年版，第111页。
⑥ ［英］加雷斯·D.迈尔斯著，匡小平译：《公共经济学》，中国人民大学出版社2001年版，第5页。
⑦ 韩德强著：《萨缪尔森〈经济学〉批判——竞争经济学》，经济科学出版社2002年版，第287页。
⑧ 《马克思恩格斯文集》第9卷，人民出版社2009年版，第187页。

产的必要性首先表现在大规模的交通机构，即邮政、电报和铁路方面"。① 当然，在资本主义国家里，无论向股份公司的转变，还是向国家财产的转变，都没有消除生产力的资本属性。资本家的国家，理想的总资本家，它越是把更多的生产力据为己有，就越是成为真正的总资本家，越是剥削更多的公民。工人仍然是雇佣劳动者，无产者。资本关系并没有被消灭，反而被推到了顶点。生产力归国家所有不是冲突的解决，但是这里包含着解决冲突的形式上的手段，解决冲突的线索。这种解决只能是在事实上承认现代生产力的社会本性，因而也就是使生产、占有和交换的方式同生产资料的社会性质相适应。而要实现这一点，只有由社会公开地和直接地占有已经发展到除了适于社会管理之外不适于任何其他管理的生产力。②

对社会主义国家而言，列宁曾经提到，"我们决不责备那些单独去搜寻粮食和用各种手段弄到粮食的受苦挨饿的人，但是我们说，我们工农政府的存在，不是为了鼓励涣散和混乱，不是为了使这种现象合法化。要做到这一点并不需要有政府。政府之所以需要，就是为了把他们联合起来，组织起来，团结起来，自觉地去反对没有觉悟的现象"。③ 斯大林也在提及国家的两个基本职能即镇压国内被推翻了的阶级和保卫国家以防外来的侵犯之后，指出了国家的第三个职能，"这就是我们国家机关的经济组织工作和文化教育工作，其目的是要发展新的社会主义经济的萌芽，用社会主义精神改造人"。④

二、官僚集团

尼斯坎南认为，"从古代的苏美尔和埃及王国到现代的民族国家，官僚制一直是所有拥有广袤领土主权的政府的公共行政的特定形式。与许多其他工业国家一样，大约 1/6 的美国国家收入现在耗费在官僚机构上"。⑤ 他把官僚机构定义为同时具有两方面特征的组织：一是这些组织的所有者和被雇佣者并不挪用收益与成本之差的任何一部分作为个人收入；二是这一组织的再生收益的某些部分并不来自于按照单位价格销售产品。一言以蔽之，官僚机构是非营利组织，它至少在一定程度上是依靠周期性拨款或赠款获得财政资助的。⑥

在这里，最大的问题是，他没有说明为什么官僚制会是公共行政的普遍的特定形式，为什么会形成一个官僚集团。实际上，"由各社会集团的彼此关系产生出来的各个细小的个别的利益，同社会本身相分离并以国家利益的形式固定下来，成为独立于社会而且与社会对立的利益，这种国家利益由担任严格规定的、等级分明的职务的国务祭司们管理"。⑦

---

①《马克思恩格斯文集》第 9 卷，人民出版社 2009 年版，第 294-295 页。

②《马克思恩格斯文集》第 9 卷，人民出版社 2009 年版，第 295-296 页。

③《列宁全集》第 34 卷，人民出版社 1985 年版，第 434 页。

④《斯大林选集》（下卷），人民出版社 1979 年版，第 470 页。

⑤［美］威廉姆·A. 尼斯坎南著，王浦劬等译：《官僚制与公共经济学》，中国青年出版社 2004 年版，第 4 页。

⑥［美］威廉姆·A. 尼斯坎南著，王浦劬等译：《官僚制与公共经济学》，中国青年出版社 2004 年版，第 15 页。

⑦《马克思恩格斯文集》第 3 卷，人民出版社 2009 年版，第 191 页。

"人分为被管理者和专门的管理者,后者高居于社会之上,称为统治者,称为国家代表。这个机构,这个管理别人的集团,总是把持着一定的强制机构,实力机构,不管这种加之于人的暴力表现为原始时代的棍棒,或是奴隶制时代较为完善的武器,或是中世纪出现的火器,或是完全利用现代技术最新成果造成的、堪称 20 世纪技术奇迹的现代化武器,反正都是一样。使用暴力的手段虽然改变,但是只要国家存在,每个社会就总有一个集团进行管理,发号施令,实行统治,并且为了维持政权而把实力强制机构、其装备同每个时代的技术水平相适应的暴力机构把持在自己手中"。①

对于小农经济来说,马克思指出,小农人数众多,他们的生活条件相同,但是彼此间并没有发生多种多样的关系。他们的生产方式不是使他们互相交往,而是使他们互相隔离。因此,他们不能以自己的名义来保护自己的阶级利益,无论是通过议会或通过国民公会。他们不能代表自己,一定要别人来代表他们。他们的代表一定要同时是他们的主宰,是高高站在他们上面的权威,是不受限制的政府权力,这种权力保护他们不受其他阶级侵犯,并从上面赐给他们雨水和阳光。所以,归根到底,小农的政治影响表现为行政权支配社会。②

这表明,"剥削阶级和被剥削阶级、统治阶级和被压迫阶级之间的到现在为止的一切历史对立,都可以从人的劳动的这种相对不发展的生产率中得到说明。只要实际从事劳动的居民必须占用很多时间来从事自己的必要劳动,因而没有多余的时间来从事社会的公共事务——劳动管理、国家事务、法律事务、艺术、科学等等,总是必然有一个脱离实际劳动的特殊阶级来从事这些事务;而且这个阶级为了它自己的利益,从来不会错过机会来把越来越沉重的劳动负担加到劳动群众的肩上"。③

而在统治阶级内部也会进一步地进行分工,形成专门从事国家事务的官僚集团,同样获得了同授权给他们的人相对立的特殊利益,并且"为了追求自己的特殊利益,从社会的公仆变成了社会的主人。这样的例子不但在世袭君主国内可以看到,而且在民主共和国内也同样可以看到。正是在美国,同在任何其他国家中相比,'政治家们'都构成国民中一个更为特殊的更加富有权势的部分。在这个国家里,轮流执政的两大政党中的每一个政党,又是由这样一些人操纵的,这些人把政治变成一种生意,拿联邦国会和各州议会的议席来投机牟利,或是以替本党鼓动为生,在本党胜利后取得职位作为报酬。大家知道,美国人在最近 30 年来千方百计地想要摆脱这种已难忍受的桎梏,可是却在这个腐败的泥沼中越陷越深。正是在美国,我们可以最清楚地看到,本来只应为社会充当工具的国家政权怎样脱离社会而独立化"。④

显然,在存在剥削的社会里,官僚集团既然是从追求自身利益的剥削阶级中分化出来的,因此,那种认为他们会"寻求公共利益并且按照公共利益行动"的想法,那种认为"官员们在处理问题时完全没有个人纠葛,没有怨恨,不会感情用事,不会心胸狭窄,也

---

① 《列宁全集》第 37 卷,人民出版社 1986 年版,第 66 页。
② 《马克思恩格斯文集》第 2 卷,人民出版社 2009 年版,第 566-567 页。
③ 《马克思恩格斯文集》第 9 卷,人民出版社 2009 年版,第 189 页。
④ 《马克思恩格斯文集》第 3 卷,人民出版社 2009 年版,第 111 页。

没有人类的弱点"的想法，就是荒谬的了。正因为如此，现代西方公共经济学家也强调要分析政府官员的自私自利行为，但其结论通俗地说，只是要求小政府大社会而已。但是，他们所说的大社会是放任资产阶级剥削无产阶级的社会。而这样的社会，不仅根本离不开为资产阶级强力镇压无产阶级反抗的官僚机构，而且随着资本主义的日益没落还要强化这样的官僚机构，以挽救其衰亡的命运，从而与这样的大社会相伴的只能是大政府。

相反地，巴黎公社实现了所有资产阶级革命都提出过但从来没有做到过的廉价政府这一口号。① 对此，巴黎公社采取了两个可靠的办法。第一，它把行政、司法和国民教育方面的一切职位交给由普选选出的人担任，而且规定选举者可以随时撤换被选举者。第二，它对所有公职人员，不论职位高低，都只付给跟其他工人同样的工资。这样，即使公社没有另外给代表机构的代表签发限权委托书，也能可靠地防止人们去追求升官发财。② 社会公职不会再是中央政府赏赐给它的爪牙的私有财产。政府的压迫力量和统治社会的权威随着它的纯粹压迫性机构的废除而被摧毁，而政府应执行的合理职能，则不是由凌驾于社会之上的机构，而是由社会本身的承担责任的勤务员来执行。③

随着资本主义历史使命的完成，生产力获得了极大的提高，一旦劳动可以平等地、无例外地分配给一切社会成员，那么，每个人的劳动时间都能大大缩短，从而一切人都有足够的自由时间来参加社会的公共事务——理论的和实际的公共事务④。不仅资产阶级是多余的，官僚集团也是多余的。

三、"市场失灵"

西方经济学认为，完全竞争市场体系能够使经济资源得到有效利用。在完全竞争市场中，买卖双方均使其交换所得利益最大化，这种市场体系将使产出达到边际私人收益等于边际私人成本。但是，当商品或服务的边际社会收益超过其边际社会成本时，市场失灵，无法提供该类商品或服务。所谓市场失灵，即未能实现有效产出。其类型包括：在市场上行使垄断力量；市场交易对除买卖双方之外的第三方的影响；缺乏交易边际社会收益大于边际社会成本的商品的市场；不完全信息；经济稳定化，等等。⑤

其实，按照西方经济学边际收益等于边际成本才是市场有灵的原则，市场失灵还包括商品或服务的边际社会收益小于其边际社会成本的情况，这时私人的边际成本低于边际社会成本，而与边际社会收益或私人的边际收益相等。例如，企业生产过程中制造了环境污染。社会成本承担的总成本大于企业为生产而支付的成本。资本家得以用牺牲由社会来承担成本的环境为代价，攫取个人的利益。环境污染也是市场失灵的一个重要表现，这时也谈不上什么有效产出。

---

① 《马克思恩格斯文集》第 3 卷，人民出版社 2009 年版，第 157 页。
② 《马克思恩格斯文集》第 3 卷，人民出版社 2009 年版，第 110-111 页。
③ 《马克思恩格斯文集》第 3 卷，人民出版社 2009 年版，第 222-223 页。
④ 《马克思恩格斯文集》第 9 卷，人民出版社 2009 年版，第 189-190 页。
⑤ ［美］大卫·N. 海曼著，章彤译：《公共财政：现代理论在政策中的应用》，中国财政经济出版社 2001 年版，第 53-63 页。

资本主义市场经济的前提就是资本家垄断生产资料，工人被迫出卖自己的劳动力。从上述市场失灵的几个类型来看，如果有垄断就会市场失灵的话，那么市场从来就是不灵的。而且资本家对于生产资料的垄断还造成，为了迫使资本主义生产方式建立最起码的卫生保健设施，保护工人免受不必要的工伤，维护工人的健康，"也必须由国家颁布强制性的法律"。① 在中国，市场经济中的部分私人企业连干活拿钱这种自古以来就天经地义的事都做不到，工人们不得不冒死讨薪②。恩格斯也早就指出："竞争已经以垄断即所有权的垄断为前提的——这里又暴露了自由主义者的虚伪——，而且只要所有权的垄断存在着，垄断的所有权也同样是正当的，因为垄断一经存在，它就是所有权。可见，攻击小的垄断，保留根本的垄断，这是多么可鄙的不彻底啊！"③

同时，市场中的每一个交易都会对第三方产生影响，否则就不存在竞争这回事，而交易成功的获胜者的背后是竞争失败者的毁灭。当工人的劳动力被作为商品每天都在市场上出卖并形成劳动力市场时，谈何缺乏交易边际社会收益大于边际社会成本的商品的市场呢？至于不完全信息，"在任何一次买卖中，两个人总是以绝对对立的利益相对抗；这种冲突带有势不两立的性质，因为每一个人都知道另一个人的意图，知道另一个人的意图是和自己的意图相反的。因此，商业所产生的第一个后果是：一方面互不信任，另一方面为这种互不信任辩护，采取不道德的手段来达到不道德的目的。例如，商业的第一条原则就是对一切可能降低有关商品的价格的事情都绝口不谈，秘而不宣。由此可以得出结论：在商业中允许利用对方的无知和轻信来取得最大利益，并且也同样允许夸大自己的商品本来没有的品质。总而言之，商业是合法的欺诈。任何一个商人，只要他说实话，他就会证明实践是符合这个理论的"。④ 事实上，"在所有资本主义国家里，都采取各种措施保守'商业秘密'，使任何一个'议会'都无法进行这种调查"。⑤ 如此一来，在市场经济中又怎么可能有完全信息呢？谁会提供完全信息呢？

更何况，"厂主怎么能够确定他的产品在某一个市场上需要多少呢？姑且假定他能够确定这个数字，但是他又怎么能知道他的竞争者送了多少产品到每一个这样的市场上去呢？一个很可能连自己刚生产出来的商品的去路都全然不知的厂主，又怎么能够知道他的外国竞争者有多少商品送到每一个这样的市场上去呢？关于这一切，他什么都不知道。他像自己的竞争者一样，凭猜测进行生产，用别人也必定这样行事的话来安慰自己。除了永远在波动的价格水平，他是没有什么东西可以遵循的。在他发货的时候，商品价格已经完全不同于人家先前用信告诉他的远方市场上的价格了。而当商品将要到达目的地的时候，商品的价格又和启运的时候不同了"。⑥ 相比之下，毫无现实感的西方经济学却认为，价格水平包括了一切信息，可以通过看不见的手调节价格水平的波动来达到生产和消费的完

---

① 《资本论》第 1 卷，人民出版社 2004 年版，第 554 页。

② 《从暴力开始，以暴力结束——2014 建筑业劳资关系年度盘点》，http：//ilabour.org/Item/Show.asp？m＝1&d＝3561，2015 年 1 月 7 日。

③ 《马克思恩格斯文集》第 1 卷，人民出版社 2009 年版，第 73 页。

④ 《马克思恩格斯文集》第 1 卷，人民出版社 2009 年版，第 60-61 页。

⑤ 《列宁全集》第 21 卷，人民出版社 1990 年版，第 372 页。

⑥ 《马克思恩格斯全集》第 2 卷，人民出版社 1957 年版，第 603-604 页。

美协调。因此，当沾沾自喜于"帕累托最优"的西方经济学家不得不面对"商业停顿，工厂开工半天，甚至完全停工，许多人破产了，存货不得不以低得荒唐的价格出售，过去处心积虑地积累起来的资本大部分因为这种商业危机而又重新化为乌有"① 的现实时，也只好承认存在市场失灵了。其实，这只不过表明市场从来就是不灵的，资本主义私有制下的经济也是不可能稳定的。

也许有人说，现在的企业可以通过订制来知道其产品的社会需求量。但是，这只对小规模的手工生产方式适用。对于具有大量固定资产的现代企业来说，必须实行大规模的销售。其以销定产的前提是其生产能力必然大大过剩，才能应对生产量由于受制于订制量的变化而发生的经常变动，这样的生产效率是偏低的，而且风险很大，通常需要垄断来保护。

此外，即便信息是完全的，也就是说，即便人们能够获得一个公司仅有一名员工、没有收入、没有产品、没有资产的信息，也不妨碍该公司的股价在一个月内暴涨200多倍，市值达到45亿美元，成为美股市场最大的闹剧之一。② 这样的市场又如何能够是有效的？

由此可见，市场本无灵，更谈不上失灵。其实，市场只是流通领域本身的总表现，它不同于生产领域③。因此，当西方经济学用未能实现有效产出来界定市场失灵时，其所谈的是市场经济失灵，它的实质是，"资本主义生产方式的全部机制在它自己创造的生产力的压力下失灵了"。④ 显然，这样的基础性的"市场失灵"是不可能通过引入维护资本主义生产方式的资产阶级政府来弥补的。个别资本家"不愿意做的事情，他们的国家也不愿意做"。⑤

而西方经济学家也不打算探讨这种基础性的"市场失灵"，他们只想对资本主义社会进行小修小补，给资产阶级政府的存在提供一个对于资本家自身来说是合理的理由。而资产阶级政府也的确为了资产阶级整体或其上层的利益而对市场进行了干预。

四、政府对市场的干预

西方公共经济学家认为，国家有理由加以干预的场合可分为两类：存在市场失灵的场合和不存在市场失灵的场合。后者可能是因为出现了下列情况：尽管某种均衡状态是有效率的，但根据国家福利标准未必是最优的。例如，经济虽然处于均衡状态，但贫困蔓延，收入分配不公现象普遍，国家认为可以通过收入再分配计划来提高福利水平。⑥ 其实，这后一场合也是市场失灵的场合，它表明市场已经成为大多数人无论如何努力也不能改变贫困状况的场所。因此，在贫困蔓延、收入分配不公现象普遍时，尽管西方经济学可以从理

---

① 《马克思恩格斯全集》第 2 卷，人民出版社 1957 年版，第 604 页。

② 《今日财经要闻：神秘公司 CYNK：仅一名员工市值 45 亿美元》，http：//finance.ifeng.com/a/20140714/12716258_0.shtml，2014 年 7 月 31 日。

③ 《马克思恩格斯全集》第 49 卷，人民出版社 1982 年版，第 309 页。

④ 《马克思恩格斯文集》第 3 卷，人民出版社 2009 年版，第 557 页。

⑤ 《马克思恩格斯文集》第 3 卷，人民出版社 2009 年版，第 299 页。

⑥ ［英］加雷斯·D.迈尔斯著，匡小平译：《公共经济学》，中国人民大学出版社 2001 年版，第 5-6 页。

论上表明经济处于均衡状态，但仍然是市场失灵的。

事实上，"机器引起的劳动力买者和卖者之间的法的关系的革命，使全部交易本身失去了自由人之间的契约的外表，这就为后来英国议会提供了国家干涉工厂事务的法律上的根据"①。贪婪的英国厂主们则"用纠缠不已的请求使议会对东印度的事务进行干涉"②。而当经济危机出现时，资本家们也到处请求政府给予"公共支持"，要求牺牲公众的利益来维持自己的"利润权"③。

另外，"随着工场手工业的出现，各国进入竞争的关系，展开了商业斗争，这种斗争是通过战争、保护关税和各种禁令来进行的，而在过去，各国只要彼此有了联系，就互相进行和平的交易。从此以后商业便具有了政治意义"④。例如，美国经济学家凯里发现，英国对世界市场的恶魔般的影响，使国家干涉即实行保护关税制度成为必要⑤。而英国的资产阶级则发现，其他国家的禁止性或保护性立法，是他们向这些国家输出工业品的障碍，于是，自由贸易学说就在英国流行起来⑥。

因此，西方经济学家是否支持政府干预市场，并不依赖于所谓的理论或模型分析与论证，而是取决于各个资产者切身的利益。今天的西方国家虽然还在口头上鼓吹自由贸易，但实际上已经对于贸易活动设置了大量障碍。例如，土耳其的安伊高铁是中国企业在欧洲拿下的第一单高铁生意。由于项目采用欧洲标准，所有高铁部件、监测设备等必须由欧洲实验室进行垄断性认证，仅道岔的认证就要至少花 600 万元，最后项目部不得不在欧洲采购，而无法采用"熟门熟路"的中国装备。⑦

由于"一切政府，甚至最专制的政府，归根结底都不过是本国状况的经济必然性的执行者。它们可以通过各种方式——好的、坏的或不好不坏的——来执行这一任务；它们可以加速或延缓经济发展及其政治和法律的结果，可是最终它们还是要遵循这种发展"⑧。否则，"如果撇开征服的情况不谈，当某一个国家内部的国家权力同它的经济发展处于对立地位的时候——直到现在，几乎一切政治权力在一定的发展阶段上都是这样——，斗争每次总是以政治权力被推翻而告终。经济发展总是毫无例外地和无情地为自己开辟道路"⑨。因此，政府能够对市场进行的干预也是十分有限的。例如，恩格斯曾经提到，旨在限制利率的反高利贷的法律"现在到处都已经废除，因为实际上它们经常遭到破坏或规避，而国家不得不承认自己对社会生产规律无能为力"⑩。

---

① 《资本论》第 1 卷，人民出版社 2004 年版，第 457 页。

② 《马克思恩格斯全集》第 9 卷，人民出版社 1961 年版，第 173 页。

③ 《马克思恩格斯文集》第 10 卷，人民出版社 2009 年版，第 139 页。

④ 《马克思恩格斯文集》第 1 卷，人民出版社 2009 年版，第 562 页。

⑤ 《资本论》第 1 卷，人民出版社 2004 年版，第 649 页。

⑥ 《马克思恩格斯文集》第 4 卷，人民出版社 2009 年版，第 335 页。

⑦ 《中国企业震惊海外：1 夜架 100 根电线杆 当地人 2 天 7 根》，http://finance.ifeng.com/a/20140122/11522655_0.shtml，2014 年 7 月 31 日。

⑧ 《马克思恩格斯文集》第 10 卷，人民出版社 2009 年版，第 626 页。

⑨ 《马克思恩格斯文集》第 9 卷，人民出版社 2009 年版，第 191 页。

⑩ 《马克思恩格斯文集》第 3 卷，人民出版社 2009 年版，第 266-267 页。

需要指出的是，政府对市场的干预也是大资本战胜小资本的一种手段。"大资本不愿满足于它用来打败小资本家竞争的经济手段中的优势，在英国大资本也采取了各种法律上的特权和各种特别法"①。例如，英国议会曾经立法规定，星期日任何公共娱乐场所除晚上6点到10点以外，一律不准营业。"这个新的强制性措施也得到了大资本的支持，因为星期日做买卖的只是一些小店铺，而大商店总是愿意用议会的手段来消除小店铺的星期日的竞争的"。② 1848年二月革命所成立的法国资产阶级临时政府，未到法定偿付期限，就急忙向国债债权人即大资本家付清了高额的国债券的息金，同时却宣布，凡存款在100法郎以上的储蓄银行存折今后不得提取现款。储蓄银行中的存款被没收了，由政府下令变为不予兑现的国债。迫使小资产者不得不把这种债券拿到交易所去出卖，从而直接听任交易所的宰割，而他们正是为了反对这些人才进行二月革命的。③ 如今，为了大垄断资产阶级的利益而损害中小资产阶级的做法，甚至在美国引起了一场由中小资产阶级领衔、社会各阶层参与的反对大垄断资产阶级的占领华尔街运动。

恩格斯指出，"当国家终于真正成为整个社会的代表时，它就使自己成为多余的了。当不再有需要加以镇压的社会阶级的时候，当阶级统治和根源于至今的生产无政府状态的个体生存斗争已被消除，而由此二者产生的冲突和极端行动也随着被消除了的时候，就不再有什么需要镇压了，也就不再需要国家这种特殊的镇压力量了。国家真正作为整个社会的代表所采取的第一个行动，即以社会的名义占有生产资料，同时也是它作为国家所采取的最后一个独立行动。那时，国家政权对社会关系的干预在各个领域中将先后成为多余的事情而自行停止下来"。④ 自然地，这时也不会存在政府对市场的干预问题了。

但是，在这样的时刻到来之前，为了促使这样的时刻到来，政府对于经济（包括市场）的干预是难以避免的。即便如此，政府的干预也应当是有限度的，必须遵循马克思主义经典作家指明了的经济发展规律。例如，毛泽东在1953年就曾经指出，我国在目前过渡时期，在农业方面，除国营农场外，还不可能施行统一的有计划的生产，不能对农民施以过多的干涉，还只能用价格政策以及必要和可行的经济工作和政治工作去指导农业生产，并使之和工业相协调而纳入国家经济计划之中。超过这种限度的所谓农业"计划"、所谓农村中的"任务"是必然行不通的，而且必然要引起农民的反对，使我党脱离占全国人口百分之八十以上的农民群众，这是非常危险的。他还指出，对于当年的互助组和合作社，给予积极的提倡和适当的指导是完全必要的，但是决不应当将它们混同于社会主义的集体农庄，决不应当施行过多的干涉。我党现在在农村中的主要的危险倾向，就是许多同志将分散的经济混同于集体的经济，就是干涉过多。⑤

改革开放之后，中国的经济发展一直是在政府对市场的营造、推动、干预和引导中进行的。这是因为，中国的改革开放是社会主义制度的自我完善，市场经济改革的方向必须

① 《马克思恩格斯全集》第11卷，人民出版社1962年版，第383页。
② 《马克思恩格斯全集》第11卷，人民出版社1962年版，第364页。
③ 《马克思恩格斯文集》第2卷，人民出版社2009年版，第92-93页。
④ 《马克思恩格斯文集》第9卷，人民出版社2009年版，第297页。
⑤ 《毛泽东文集》第6卷，人民出版社1999年版，第273-274页。

是社会主义的，而不能是资本主义的。这就使得中国政府不能不干预和引导市场，以便坚持以公有制为主体、以国家宏观计划调控为导向，这样才能实现资本主义市场经济从来没有做到也不可能做到的共同富裕的目标。

第二节　公共经济主体的多元化

一、私人部门作为公共经济主体

公共经济主体是公共产品的提供者。私人部门有时也会提供公共产品。"1755 年以前英国几乎没有运河。1755 年，在兰开夏郡开凿了从桑基布鲁克到圣海伦斯的运河，1759年詹姆斯·布林德利开凿了第一条有重要意义的运河，即布里奇沃特公爵运河，这条运河从曼彻斯特及附近的煤矿流到默西河口，并在巴顿附近通过渡槽越过艾尔韦尔河。由此开始了英国的运河建设，布林德利是第一个重视这一建设的人。现在人们已经向四面八方开凿了许多运河，河流也疏浚得可以通航了。仅仅在英格兰就有 2200 英里运河和 1800 英里可通航的河流；在苏格兰开凿了横贯全境的喀里多尼亚运河，在爱尔兰也开凿了好几条运河。这些工程，也像铁路和公路一样，几乎全部是私人和公司修筑的"。[①] 之所以由私人和公司来修建公路这样的公共设施，有两个原因。第一个原因是，当时的封建国家还不知道为资本家服务，"在这些方面国家做的事情很少，或者根本就没有做什么"。[②] 而在市场经济中，作为财富的随时可用的绝对社会形式的货币掌握在私人手中，从而使得社会权力成为私人的私有权力[③]。这样私人就有可能通过自己掌握的社会权力来进行公共产品的生产。第二个更重要的原因是，资本家这样做，的确有利可图。当时贸易的利润十分可观，而修筑运河和公路，可以大大促进贸易活动。

实际上，在有谋取暴利的可能性时，资本家也会主动要求提供公共产品和公共物品，其前提是在政府部门的帮助下拥有垄断地位，使其可以凭借垄断权或产权来勒索民众。例如，在英国，从 17 世纪开始，灯塔一直是由私人提供的，而进入港口的船只必须交纳灯塔税[④]，政府的征税部门成为私人"合法"敛财的工具。

据报道，美国亚利桑那州一对夫妇的拖挂式房车被一场大火焚为灰烬，他们已经无家可归了。事后，他们却收到了一家消防企业寄来的近 2 万美元的天价账单。火灾发生时，第一个到达现场的是市级消防署的消防队员，在火情被压制住后，那家企业的消防队才赶到并参与了扫尾工作——往热点上浇浇水。那位抓狂的丈夫说："如果我知道他们后来会寄账单，我就抓起花园的水管自己来了"。[⑤]

---

① 《马克思恩格斯文集》第 1 卷，人民出版社 2009 年版，第 401 页。
② 《马克思恩格斯文集》第 1 卷，人民出版社 2009 年版，第 401 页。
③ 《资本论》第 1 卷，人民出版社 2004 年版，第 154-156 页。
④ 黄恒学主编：《公共经济学》（第二版），北京大学出版社 2009 年版，第 75-76 页。
⑤ 《家被焚为灰烬后 美国夫妇收到消防队天价账单》，http：//www.guancha.cn/america/2013_11_12_185017.shtml，2015 年 4 月 7 日。

在今天中国的一些地方，一些公共设施，如自来水厂、道路交通等，被私有化到私人尤其是外资手里，从而当地的民众不得不承受价格高昂但品质低劣的公共产品和公共物品。例如，深圳的梧桐山收费隧道是深圳第一条以 BOT 方式建设的市政工程。即由企业投资建设、运营，并且获得收费权，在与政府协商的年限到期后，将项目归还政府。1997年隧道开通后，原有的不收费道路盘山公路被政府放弃维护而关闭，收费的隧道成为通过梧桐山的唯一通道①。隧道公司享有梧桐山隧道 30 年的收费权，一直到 2027 年。车辆通过隧道，要收费 10 元以上。由此造成的堵车、收费等问题，使得深圳市盐田区的经济发展遇到很大的瓶颈。从 1996 年开始至 2011 年，每年都有市、区的人大代表、政协委员，在罗湖、盐田、深圳市的"两会"上，提出议案、建议、提案，要求取消梧桐山隧道收费。深圳市政府也希望能以分期付款的形式收回隧道后，不再向车辆收费，但企业方则不同意政府收回，开出的价格也让政府很难接受。公众的民主意愿、地方人大和地方政府的公共权力受挫于私人利益，直到新的公共产品出现。2008 年 7 月深盐二通道通车，以及作为盐田港疏港通道的盐排高速等建成后，梧桐山隧道的车流量明显下降，资本无利可图后，资本家才将大大贬值了的产权按高出贬值的价格转让出来，使梧桐山隧道得以取消收费，成为西方公共经济学中的公共产品。②

事实上，西方公共经济学也承认，私人部门取得某一（准）公共产品的提供权利后，可能会形成某种垄断优势。私人部门的这一垄断优势，可能会导致出现以下问题：提高此（准）公共产品消费的准入价格；不对消费者提供完全信息，从而欺骗消费者；在（准）公共产品的生产过程中任其产生环境污染等负外部性。针对上述问题，政府有责任对其他主体参与公共经济活动进行必要的规制，以切实保护社会公共利益。③

尽管资本主义私人企业一般是不可能违反自私自利的理性经济人本性来提供准公共产品的，否则西方经济学也就失去了自己的根基。但是，在西方经济学的眼界之外，也的确有私人提供公共产品的例子。例如，20 世纪 30 年代，当国民党军队不抵抗就撤入关内后，关外民众的自发抗日行为就为关内的国民党政府提供了部分的国防。但是，这样的公共产品由民众自发提供，其代价还是太大了，政府应当义不容辞地承担提供的责任。

就社会主义社会而言，列宁在称赞共产主义星期六义务劳动是伟大的创举时指出，"共产主义就是利用先进技术的、自愿自觉的、联合起来的工人所创造的较资本主义更高的劳动生产率。……普通工人起来承担艰苦的劳动，奋不顾身地设法提高劳动生产率，保护每一普特粮食、煤、铁及其他产品，这些产品不归劳动者本人及其'近亲'所有，而归他们的'远亲'即归全社会所有，归起初联合为一个社会主义国家然后联合为苏维埃共和国联盟的亿万人所有，——这也就是共产主义的开始"。④

中国也有一个义务劳动和为人民服务的楷模——雷锋同志。按照西方公共经济学的相

① 用西方公共经济学的术语说就是，公共产品不再提供，只提供准公共产品（此时排他性成立）。
② 《深圳：梧桐山隧道取消收费 预计 4 月起免费通行》，http：//www.cntour2.com/viewnews/2011/2/28/0228144542.htm，2014 年 8 月 2 日。
③ 黄恒学主编：《公共经济学》（第二版），北京大学出版社 2009 年版，第 87 页。
④ 《列宁全集》第 37 卷，人民出版社 1986 年版，第 19 页。

关定义，像雷锋同志一样的许多人所提供的志愿服务，如免费修理电器、免费给老人理发等，并不能算作公共产品，而是算作私人产品的。但是，我们仍然把这些志愿服务者视为提供公共产品的公共经济主体。这是因为，他们既没有把自己的劳动提供给某个特定的个人，也没有用来为某个特定的个人无论是他们自己还是某个老板获得私利，而是首先把自己的劳动义务地提供给了全社会，再落实到某个具体的服务对象上。

二、第三部门作为公共经济主体

在西方公共经济学中，第三部门是指除了政府部门和市场部门之外的社会部门，其称谓有非政府组织、非营利组织、独立部门、志愿者组织、慈善部门、社会团体、基金会、民办非企业单位，等等。第三部门作为公共经济主体的原因有以下几方面：一是市场提供公共产品的失灵。既然私人不愿或者不能提供公共产品，那么，只好由其他部门或组织来完成这项任务。二是政府在提供公共产品上的失灵。政府在提供公共产品方面的缺陷是第三部门兴起的现实原因。三是所谓自由主义的重新兴起和公民自决意识的觉醒。①

的确，政府在公共产品提供上的失灵或不作为，比如对环境保护不力，是催生像非政府环境保护组织这样的第三部门的主要原因。而这些第三部门也的确在弥补政府部门和市场部门对于公共产品提供不足的方面作出了一些贡献。但是，第三部门作为公共经济主体也存在较多的问题。首先，第三部门的存在，纵容了政府部门推卸提供公共产品的责任。其次，由于第三部门自身实力的不足，以及在公共产品的提供上随意性较大，不能使公共产品得到足额和公平的提供。再次，根据人都是自私自利的西方经济学"公理"，第三部门的行为绝不会是无私的，而往往会按其经费提供者的自私意图行事，从而有可能妨碍公共利益。例如，印度内政部调查发现，一些有美国和北欧国家背景的非政府组织，违反外国资助管理法，参与了资助反对该国库丹库拉姆核电项目的抗议者。其原因是这个核项目是印俄之间的事情，不符合美国核工业集团的利益。② 2004 年年底，乌克兰爆发"橙色革命"。美国议员透露说，索罗斯基金会下属的乌克兰开放社会研究所在发动"橙色革命"的过程中发挥了重要作用，后来当上总理的尤先科就是该研究所的董事会成员。西方一些国家的基金会等第三部门早就成了这些国家颠覆其他国家的工具。③ 它们为发达国家的垄断资本提供掠夺发展中国家的"公共产品"。最后，由于政府本身是各方争夺的焦点，因而政府所受到的监督反而远比第三部门多，而在监督不足的情况下，第三部门自身的运作上也存在很大的问题。其效率远没有西方公共经济理论所想象的那么高。美国的一项调查就发现，在全美最差劲的 50 家慈善机构，管理费所占比例均超过了 70%。事实上，在过去 10 年中，这 50 家慈善机构的项目只将他们所筹善款中的 4%用在了救助对象身上。有一家糖尿病慈善机构总共筹集了 1400 万美元，但只给了病人大概 1 万美元；最夸张的

---

① 黄恒学主编：《公共经济学》（第二版），北京大学出版社 2009 年版，第 81-83 页。

② 《印度封美欧背景非政府组织账户 打响核电保卫战》，http：//www.chinanews.com/gj/2012/03-01/3710343.shtml，2014 年 8 月 3 日。

③ 《揭秘美国伪智库：手握"软刀子"专门搞颠覆》，http：//news.xinhuanet.com/world/2007-12/26/content_7317192.htm，2014 年 8 月 3 日。

是，还有 6 家慈善机构甚至压根就没在项目开支上花过任何钱。① 而且人们"很难区分一家基金是纯粹的私人家族基金会还是慈善基金会"。② "例如比尔·盖茨就掌握着比尔和梅琳达基金会，《福布斯》杂志就认为该基金会的资产应该算是盖茨的个人资产。一方面要把持基金会的控制权，另一方面基金会的目的又是为了散财，这似乎存在矛盾"。③

三、社区作为公共经济主体

社区，如果作为一个地理概念，作为活动区域，它不可能是什么主体，但是，在社区中共同生活的人们由于共同的利益，面临共同的问题，具有共同的需求而有可能结合起来共同进行公共经济活动。这样被组织起来的包含有人群活动的社区，就可能成为公共经济的主体，提供某些公共产品。

西方公共经济学认为，社区作为公共经济主体的特点在于，社区公共产品的生产是基于生活聚集区的居民的实际需要，由居民根据协商原则集资完成，居民缴纳的资金并不出于利润的目的。社区具有自愿基础上的契约性。④ 但是，作为公共经济主体的社区属于自发组织，没有经费和酬劳，也没有稳定的组织和人员，其提供公共产品的能力十分有限。例如，在中国城区，如今最典型的社区组织是小区的业主委员会。作为开发商、物管公司与业主沟通的"桥梁"，业主委员会的作用不言而喻。然而，现实情况是，一方面，在一些城市的各大小区，成立了业主委员会的比例微乎其微。由于业主委员会的缺失，众业主无法实现与开发商和物业公司平等对话，经常不得不采取过激的方式进行维权抗议。另一方面，成立了业主委员会的小区，随着时间的推移，业主乃至业主委员会成员对业主委员会的热情也在慢慢褪去，部分业主委员会名存实亡。

四、国际组织作为公共经济主体

在西方公共经济学看来，所谓国际公共产品，就是具有一定的非竞争性和非排他性，而消费群分布在不同国家的产品。国际公共产品的产生是国家间生产专业化分工过程的衍生物，是国家间专业化过程中为了协调、承担分工利益的产物。主要包括多边国际贸易体系、国际金融体系以及以维持这些体系为责任的国际组织，商业仲裁机构、和平维持机构、国际法及其准则，以环境保护为基础的集体行为、绿色和平组织，国际红十字会，邮政、电信等方面的统一标准以及相应的维持性的国际机构，国际互联网等。⑤

国际组织的出现，是资本主义发展的产物。"不断扩大产品销路的需要，驱使资产阶级奔走于全球各地。它必须到处落户，到处开发，到处建立联系。……过去那种地方的和民族的自给自足和闭关自守状态，被各民族的各方面的互相往来和各方面的互相依赖所代

① 《美国黑心慈善调查：一机构筹款 1400 万只给病人 1 万》，http：//news. ifeng. com/shendu/ndzk/detail_2013_07/08/27257913_0. shtml，2014 年 8 月 3 日。

② ［法］托马斯·皮凯蒂著，巴曙松等译：《21 世纪资本论》，中信出版社 2014 年版，第 466 页。

③ ［法］托马斯·皮凯蒂著，巴曙松等译：《21 世纪资本论》，中信出版社 2014 年版，第 654 页。

④ 黄恒学主编：《公共经济学》（第二版），北京大学出版社 2009 年版，第 78-79 页。

⑤ 黄恒学主编：《公共经济学》（第二版），北京大学出版社 2009 年版，第 84-86 页。

替了"。① 从而也就需要一定的国际政治经济秩序和维护这套秩序的机构。

另外，"资本家的垄断同盟卡特尔、辛迪加、托拉斯，首先瓜分国内市场，把本国的生产差不多完全掌握在自己手里。但是在资本主义制度下，国内市场必然是同国外市场相联系的。资本主义早已造成了世界市场。所以随着资本输出的增加，随着最大垄断同盟的国外联系、殖民地联系和'势力范围'的极力扩大，这些垄断同盟就'自然地'走向达成世界性的协议，形成国际卡特尔"。② 这种大资本家的国际联盟，既是他们重要的国际公共产品，也是他们的国际公共经济主体。

很显然，无论上述哪种情况，都必然导致国际性的政治经济秩序首先操控在以武力为后盾的发达资本主义国家手中的，掌握在听命于他们的国际政治经济组织，如北大西洋公约组织和世界银行等手中。美国经济学家约翰·珀金斯坦率地承认了他自己的经济杀手身份后指出，经济杀手从世界各国攫取的数以千亿计的金钱，正是通过世界银行和美国国外的援助机构等国际组织，装入美国各大集团公司的金库和少数控制全球自然资源的显赫家族的口袋中。③

对于国际贸易和国际市场来说，最重要的国际公共产品，如各种商品的生产标准、质量标准和环境标准等，也掌握在受欧美发达国家控制的国际组织和跨国公司手里，成为发达国家谋取私利和限制发展中国家竞争的重要工具。

随着全球治理的呼声的提高，发达资本主义国家正试图强化他们所控制的国际组织的国际公共经济主体地位，以维护自己的霸权，而发展中国家则试图成立自己的国际组织，公正地为自己提供国际公共产品。据报道，2014 年 7 月 15 日，中国、巴西、俄罗斯、印度和南非在巴西福塔莱萨签署协议，成立金砖国家开发银行，建立金砖国家应急储备安排。这两个各拥有 1000 亿美元的金融机制的建立，有助于减少发达国家利用他们控制的世界银行和国际货币基金组织对发展中国家进行的掠夺，使发展中国家能够平等地成为全球治理的主角。

对于工人阶级而言，马克思领导和创办的国际工人协会即第一国际，是服务于他们的第一个国际组织，但在巴黎公社革命失败后，在欧洲资产阶级政府的联合压迫下被解散了。列宁创办的共产国际，是另一个服务全世界劳苦大众的国际组织，但是在第二次世界大战后期，也被英美资产阶级政府以世界反法西斯战争的需要为要挟而解散了。而后来背叛了马克思主义基本原则的第二国际和社会主义工人国际，因为已经不能代表工人阶级的利益，不再成为工人阶级的国际组织。

五、劳动者组织作为公共经济主体

在资本主义制度下，资本家可以依靠政府，工人只能依靠自己。"生产工人支配非生产劳动者的服务的可能性，比一切人都要少，虽然他们对强加于他们的服务（国家、赋

---

①《马克思恩格斯文集》第 2 卷，人民出版社 2009 年版，第 35 页。

②《列宁全集》第 27 卷，人民出版社 1990 年版，第 381 页。

③ ［美］约翰·珀金斯著，杨文策译：《一个经济杀手的自白》，广东经济出版社 2006 年版，作者自序。

税）支付报酬最多"。① 同时，"工人群众决不会轻信：他们国内的公共事务并不同时是他们自己的事"。② 更何况，工人阶级的解放应该由工人阶级自己去争取③，"工人阶级的解放只能是工人阶级本身的事业。不言而喻，工人阶级既不可能由资本家和大土地占有者，即它的敌人和剥削者来解放，也不可能由小资产者和小农来解放，小资产者和小农自己正被大剥削者的竞争所压倒，除了站到大剥削者一边或站到工人一边以外，别无其他选择"。④

资产者彼此间日益加剧的竞争以及由此引起的商业危机，使工人的工资越来越不稳定；机器的日益迅速的和继续不断的改良，使工人的整个生活地位越来越没有保障；单个工人和单个资产者之间的冲突越来越具有两个阶级的冲突的性质，因此，工人开始成立反对资产者的同盟；他们联合起来保卫自己的工资。他们甚至建立了经常性的团体，以便为可能发生的反抗准备食品。⑤

无产者组织成为阶级，从而组织成为政党这件事，不断地由于工人的自相竞争而受到破坏。但是，这种组织总是重新产生，并且一次比一次更强大、更坚固、更有力。它利用资产阶级内部的分裂，迫使他们用法律形式承认工人的个别利益。英国的十小时工作日法案就是一个例子。⑥ 限制工作日这种事情在英国，像在其他各国一样，向来只靠立法的干涉。如果没有工人从外部经常施加压力，这种干涉永远也不会实现。无论如何，这种结果绝不是工人和资本家的私人协商所能获得的。⑦ 在资本主义生产的历史上，工作日的正常化过程表现为规定工作日界限的斗争，这是全体资本家即资本家阶级和全体工人即工人阶级之间的斗争。⑧ "为了'抵御'折磨他们的毒蛇，工人必须把他们的头聚在一起，作为一个阶级来强行争得一项国家法律，一个强有力的社会屏障，使自己不致再通过自愿与资本缔结的契约而把自己和后代卖出去送死和受奴役"。⑨

在沙皇俄国，政府也只是在工人的压力下才放弃旧的工厂制度。工人运动的加强和波兰的罢工促使罚款法在华沙省和彼得库夫省（罗兹城在彼得库夫省）得到推行。梁赞省叶戈里耶夫斯克县赫卢多夫纺织厂的大罢工立刻促使罚款法在梁赞省得到推行。事情很明显，在工人自己没有干预的时候，政府也"自认无权"剥夺资本家老爷不受限制地（任意地）课处罚款的权利。⑩

在中国第一次国内革命战争时期，毛泽东在《湖南农民运动考察报告》中指出，在农会势盛地方，牌赌禁绝，盗匪潜踪。族长及祠款经管人不敢再压迫族下子孙，不敢再侵

---

① 《马克思恩格斯全集》第 26 卷第 1 册，人民出版社 1972 年版，第 437 页。
② 《马克思恩格斯文集》第 10 卷，人民出版社 2009 年版，第 377 页。
③ 《马克思恩格斯文集》第 3 卷，人民出版社 2009 年版，第 226 页。
④ 《马克思恩格斯文集》第 4 卷，人民出版社 2009 年版，第 421 页。
⑤ 《马克思恩格斯文集》第 2 卷，人民出版社 2009 年版，第 40 页。
⑥ 《马克思恩格斯文集》第 2 卷，人民出版社 2009 年版，第 40-41 页。
⑦ 《马克思恩格斯文集》第 3 卷，人民出版社 2009 年版，第 75 页。
⑧ 《资本论》第 1 卷，人民出版社 2004 年版，第 272 页。
⑨ 《资本论》第 1 卷，人民出版社 2004 年版，第 349 页。
⑩ 《列宁全集》第 2 卷，人民出版社 1984 年版，第 60 页。

蚀祠款。坏的族长、经管，已被当作土豪劣绅打掉了。从前祠堂里"打屁股""沉潭""活埋"等残酷的肉刑和死刑，再也不敢拿出来了。女子和穷人不能进祠堂吃酒的老例，也被打破。① 不仅如此，没有农会以前，乡村的道路非常之坏。无钱不能修路，有钱的人不肯拿出来，只好让它坏。略有修理，也当作慈善事业，修出些又狭又薄的路。农会起来了，把命令发出去，三尺、五尺、七尺、一丈，按照路径所宜，分等定出宽狭，勒令沿路地主，各修一段。不久时间，许多好走的路都出来了。塘坝也是一样。无情的地主总是要从佃农身上取得东西，却不肯花几个大钱修理塘坝，让塘干旱，饿死佃农，他们却只知收租。有了农会，可以不客气地发命令强迫地主修塘坝了。地主不修时，农会却很和气地对地主说道："好！你们不修，你们出谷吧，斗谷一工！"地主为斗谷一工划不来，赶快自己修。因此，许多不好的塘坝变成了好塘坝。②

而在社会主义制度下，尽管政府是为人民群众服务的，劳动者的自身组织也仍然是十分必要的。列宁指出，"即使在国营企业中，工会也义不容辞应维护无产阶级和劳动群众的阶级利益，使之不受雇用他们的人侵犯"。③ 他还指出，"如果共产党和群众之间的传动装置——工会位置摆得不正或工作得不正常，那我们的社会主义建设就必然遭殃"。④

六、公有制经济部门作为公共经济主体

在原始公社里，全体成年男女社员的会议通过各项重大决议，对公社成员进行审判，对比较重要的买卖特别是地产的买卖等作出决定⑤。这时没有政府这样的公共经济主体，作为公共经济主体的是公社这个公有制经济组织。

显然，公共经济离不开共同体的存在。"在过去的种种冒充的共同体中，如在国家等等中，个人自由只是对那些在统治阶级范围内发展的个人来说是存在的，他们之所以有个人自由，只是因为他们是这一阶级的个人。从前各个人联合而成的虚假的共同体，总是相对于各个人而独立的；由于这种共同体是一个阶级反对另一个阶级的联合，因此对于被统治的阶级来说，它不仅是完全虚幻的共同体，而且是新的桎梏。在真正的共同体的条件下，各个人在自己的联合中并通过这种联合获得自己的自由"。⑥ 因此，使共同体成员平等参与的公有制经济部门才是真正的公共经济主体。

实际上，西方公共经济学所认为的一些纯私人产品，也是具有外部性的。例如，工人个人的生活消费，并不是纯粹私人的事，它能够为整个社会再生产劳动力，因而也是社会的公共需要，应当作为公共经济，由社会特别是由公有制经济来提供。因此，即便国有企业生产的是在消费上具有排他性和竞争性的所谓私人产品，生产的是具有价值的商品，它仍然是公共经济的主体。

---

① 《毛泽东选集》第 1 卷，人民出版社 1991 年版，第 22-31 页。
② 《毛泽东选集》第 1 卷，人民出版社 1991 年版，第 41 页。
③ 《列宁全集》第 42 卷，人民出版社 1987 年版，第 367 页。
④ 《列宁全集》第 42 卷，人民出版社 1987 年版，第 372 页。
⑤ 《马克思恩格斯文集》第 4 卷，人民出版社 2009 年版，第 71 页。
⑥ 《马克思恩格斯文集》第 1 卷，人民出版社 2009 年版，第 571 页。

事实上，早在 19 世纪早期，共产主义，即以财产公有为基础的社会生活和活动，就在美国的许多公社中以及在英国的一个地方已经真正实现，并且颇有成效。所有共产主义移民区在十年到十五年内变得非常富裕，它们想要得到的应有尽有，而且比它们能够消费掉的东西还要多。① 共同生活的人花费的劳动比较少，而生活得很好，他们有很多空余时间用于智力的培育，同他们那些保留私人财产的邻居相比，他们是更好的、更有道德的人。所有这一切，美国人、英国人、法国人、比利时人以及很多德国人已经认识到了。所有国家都有一些人传播这种学说，并宣称自己是公有的拥护者。对此，恩格斯指出，如果说这件事情对所有人都是重要的，那么，它对一无所有的穷苦工人就更是重要，他们今天挣得的工资，明天就花完，并且随时都可能由于意外的和不可避免的事故而没有饭吃。这里展现在工人面前的前景是：独立的、有保障的、无忧无虑的生活，并且同那些现在靠自己的财富把工人变为自己的奴隶的人完全平等。②

俄国十月革命前夕，俄国农民已经开始夺取地主的农具，但他们没有把农具按农户分掉，而是把它变为公共财产。他们定下次序和规则，以便用这些农具来耕种所有的土地。他们采取这些办法是为了提高农业生产。对此，列宁指出，农民已经表明，他们比官吏们更懂得经营条件和社会监督，他们运用社会监督比官吏们强百倍。③

列宁曾经设想，一旦劳动生产率的提高能够大大缩短全体劳动居民的必要劳动日，那么就可以实现这样一项任务："每个成年公民每天从事体力工作 6 小时，从事管理国家的工作 4 小时"。④ 显然，只有通过公有制经济实现这样的任务，人民群众才能真正成为公共经济的主体，才会使得其他一些主体完全多余。

七、政党和政治团体作为公共经济主体

政党和政治团体是各项政策和法规包括公共经济政策和公共经济法规的提出者，它们可以从两个方面发挥其作为公共经济主体的作用。第一个方面是这些政党和政治团体可以通过它们掌握的其他公共经济主体如政府、社区、劳动者组织、公有制经济部门等来间接发挥公共经济主体的作用。第二个方面是这些政党和政治团体独立组织各种活动，向社会提供一定的公共产品，如党团员带头学雷锋等，从而直接发挥其公共经济主体的作用。

由于政党的成员可以包括但不限于政府成员，因此，政党，尤其是执政党，在作为公共经济主体发挥作用时，其范围可以涵盖并超出政府作为公共经济主体所发挥的作用。像中国共产党这样的不仅领导政府而且领导广大人民群众的领导党，其作用远非西方国家的执政党可以比拟，更是最为重要的公共经济主体。

八、黑社会组织作为公共经济"主体"

黑社会组织通常被视为有组织犯罪集团，这样的违法犯罪集团又怎么会成为公共经济

---

① 《马克思恩格斯全集》第 42 卷，人民出版社 1979 年版，第 221-222 页。
② 《马克思恩格斯全集》第 42 卷，人民出版社 1979 年版，第 236 页。
③ 《列宁全集》第 29 卷，人民出版社 1985 年版，第 412-413 页。
④ 《列宁全集》第 34 卷，人民出版社 1985 年版，第 131 页。

的主体之一呢？这是因为，公共经济活动是具有阶级性的。黑社会组织的存在对于现代资本主义国家的统治阶级压迫人民群众，其实是不可缺少的。鼓吹自由、平等、法治的现代资本主义国家，固然是资产阶级压迫无产阶级的残暴工具，但是，在无产阶级的抗争和国际舆论面前，这种压迫不能过于赤裸裸，因此，在国家机器不便替资本家出头的地方，黑社会组织就粉墨登场了。这也是那些国家虽然在法制上也致力于打击黑社会，但却实施放纵统治阶级犯罪和黑社会组织的所谓"无罪推定"法则从而保护那里的黑社会组织兴旺昌盛的原因。

据揭露，在日本政治家中，与黑社会势力有来往的不在少数。而且，从政治家到企业到一般市民，都在利用黑社会，在泡沫经济全盛时期，哄抬地价的 90%，高尔夫球场开发的 80%，大规模土木工程建设的 70% 都是由黑社会或其公司干的。那时一些城市银行、地方银行、大型不动产公司、信用社等都在有意无意地借助黑社会之手来达到自己的目的。日本某大报的一位资深记者曾经采访过一个黑社会分子。泡沫经济时期，此人专帮不动产公司做拆迁工作。当某不动产公司相中一块土地，打算收购来盖成公寓出售或出租时，往往会碰到土地所有者不愿出售的情况。这时不动产公司便会找他，由他出面去同业主交涉。而他的办法无非是黑社会那一套威胁骚扰，想方设法让那业主日夜不得安宁。这一招往往很灵。这也是为什么，日本的权力机关一方面将黑社会列为必须遏制的对象，另一方面却又容忍其存在，因为他们觉得黑社会有可以利用的价值。[1] 也就是说，黑社会可以给他们提供公共产品。

1997 年，美国中央情报局解密了一份长达 705 页的档案，根据解密档案和古巴安全部门统计，迄今为止，古巴前领导人卡斯特罗曾遭受到 634 次暗杀，其中的一些暗杀就是美国政府背后支持黑社会来进行的。例如，1960 年，时任美国中情局局长阿兰·杜勒斯密会佛罗里达州两大黑手党当家萨姆·吉安卡纳和桑托·特拉菲康特。几个星期之后，曾经在黑社会中做过卧底的美国联邦调查局特工罗伯特·马胡，接到中情局的调令，开始与黑手党频繁接触。他的联络人是迈阿密黑社会的头目：约翰·罗塞利，企图对卡斯特罗下毒。[2] 虽然暗杀行动没有成功，但它表明，美国政府和美国的资产阶级法制社会须臾也离不了黑社会。

事实上，在资本主义社会早期，资产阶级的市民自卫团，就被用来对付工人阶级的反抗。1869 年 3 月，在瑞士日内瓦爆发了两次罢工——建筑工人的罢工和排字工人的罢工。资本家从远处运来工人以反抗罢工。日内瓦的政务会议不仅派警察到火车站去迎接这些从远处运来的工人，使他们不能同罢工者有任何接触，它还纵容日内瓦的带着左轮手枪的"花花公子"即黑社会性质的人员，在大街上和其他公共场所袭击工人和女工。[3]

2005 年印度切蒂斯格尔邦政府为了将部落民赶出家园掠夺自然资源，同时打掉该邦蓬勃发展的"毛主义运动"的群众根基，招募了几千名青年组成民兵组织"特别警务

① 胡俊凯：《日本名门企业与黑社会联手内幕》，载《经济世界》1997 年第 3 期。
② 《卡斯特罗传奇——被美国暗杀 634 次》，http：//news.163.com/10/0903/05/6FKPPT1M00014AED.html，2014 年 8 月 3 日。
③ 《马克思恩格斯全集》第 16 卷，人民出版社 1964 年版，第 420 页。

队"，开展"和平行动"，对该邦的部落民进行袭击和侵扰。从 2005 年到 2008 年的 3 年间，"特别警务队"烧毁房屋、在水源和食物中下毒、毒打和杀害民众、强奸妇女，为了驱赶部落民离开家园无所不用其极。到了 2008 年年底，该行动已成强弩之末，"特别警务队"臭名昭著，受到公众广泛指责。印度中央政府和邦政府在外界舆论压力下，慌忙与其划清界限，谎称"和平行动"是部落民与毛派之间的"腥风血雨"。2011 年 7 月，印度最高法院判决"和平行动""非法"和"违宪"，并命令"特别警务队"尽快解除武装。尽管如此，该行动并未完全停止，在一些地方，"特别警务队"改头换面变成了更大规模的由印度中央政府发动的围剿印度共产党（毛主义）的"绿色狩猎战争"的一部分。①

有鉴于此，根据阶级分析的方法，我们将作为公共经济"主体"的黑社会组织定义为：以违反当事国法律的方式为当事国统治阶级服务的非政府暴力组织。它同时也是统治阶级或其中的一部分为自己提供的公共产品。这也是黑社会往往会在政府部门中找到保护伞的原因。

而那些并不能为统治阶级所容忍的暴力组织，如恐怖组织，则不定性为黑社会，而定性为有组织犯罪集团。当前，亚洲一些国家出现的恐怖组织和暴力分裂势力，曾经和仍在得到美国的官方扶持，因此，这些组织虽然在亚洲国家里是有组织犯罪集团，但它们是为美国统治阶级提供"公共产品"的，是美国官方的黑手。而"9·11"事件表明，美国人民也是美国官方黑手的受害者。

第三节　政府治理结构的改革

一、新自由主义的改革

20 世纪 70 年代以来，以资本输出为典型特征的旧帝国主义走向了以纸币和国债等白条输出为典型特征的新帝国主义，发达国家的金融寡头对于政治经济的直接控制力大大增加，国家这一间接工具开始有点碍手碍脚，于是，削弱国家作用的新自由主义及其公共经济学说开始兴起。作为公共产品供给者的公共经济主体日益多元化，政府的作用受到限制，大资本家所属企业通过获得一些政府垄断领域的"国民待遇"资格，而将公共权力转归自己私用，政府的治理结构出现了所谓放任市场其实是放任资本自由剥削的转型。

西方公共经济学提出，私人部门若想成功地提供某些公共产品，需要具备以下条件：一是私人部门提供的公共产品一般应是准公共产品，或者是公私混合的公共产品供给方式，例如某些国防产品可以由私人部门生产，但由政府通过采购来提供。二是在公共产品的消费上必须存在排他性技术，以便可以收费。三是要有制度保证，尤其是产权。②

由于产权是一种排他性权利，因此，私人部门在这三种条件下所提供的产品都是具有排他性的，不符合西方公共经济学规定的公共产品的非排他性特性。换句话说，在这里，

---

① 王静：《印度政府围剿印共（毛）的阶段、战略及成效》，载《南亚研究季刊》2014 年第 2 期。

② 黄恒学主编：《公共经济学》（第二版），北京大学出版社 2009 年版，第 75-76 页。

私人部门并没有提供公共产品，至多只是提供了准公共产品。而政府为了私有产权所有者的收益去向其他人群强制征税，是典型的公器私用，是把国家的权力转移给私人（利益集团），把国家的公务员变成极少数私人的私仆。

但是，即便政府让私人部门参与提供（准）公共产品，这些追逐私利的私人部门又是怎样提供的呢？在中国人民抗美援朝期间，"上海大康药房经理王康年用金钱、美女等手段腐蚀国家干部，涉及 25 个单位、65 人。他用失效药品骗取志愿军的巨额药款。武汉福华药棉厂经理李寅廷用垃圾箱乃至死人衣服里的烂棉花为志愿军制作急救包，致使受伤的战士用后致残致死。济南盛昌蛋厂经理刘云生等承制志愿军订购的食品以次充好，掺入大量臭蛋。天津 40 多家私营铁工厂为志愿军生产 17 万把锹镐，因偷工减料发到前线竟不能使用"。①

在日本，建筑抗震报告书曾经必须经过各地建筑主管部门检查确认，但 1999 年以后，日本政府放宽了限制，一些政府指定的、符合资质要求的民间机构也开始承接这一业务。然而由于建筑业竞争日益激烈，部分民间机构为了争揽业务，在检查、确认建筑抗震报告书的过程中往往只是走个过场，敷衍了事，导致爆出建筑设计师和开发商联手对高层建筑设计数据造假以及在施工中偷工减料等恶性舞弊事件。②

由此可见，在监管不到位的情况下，由私人部门来提供西方经济学的准公共产品可能会造成严重的后果，其损失可能会远远大于由政府部门来提供这些产品的成本。既然如此，那么非要由私人部门来提供这些准公共产品的理由，就只有向资本家即利益集团输送利益了，以帮助资产阶级更方便地剥削人民群众。

事实上，私人部门追逐私利的污染环境、造成工伤等行为，往往成为需要公共部门提供公共产品和公共物品的原因。例如，2007 年 6 月，一幕现代包身工的悲剧被曝光。上千名不满 14 岁的孩子被人用数百元的价格卖给私人资本拥有的山西黑砖窑。这些孩子每天工作 14 个小时以上，稍有怠工就会被监工拿起砖头砸得头破血流。此案最后惊动了中央领导，而地方政府还要动用公共的财政资金去替私人资本家补发工资和发放慰问金，并出资追捕逃跑的工头。③

重要的是，西方公共经济学在谈到政府的行为动机时指出，政府不能在营利动机的引导下安排自身的活动，其行为动机只能是公共利益的实现。凡是具有市场营利能力的领域，政府公共支出就不应该介入。即使政府提供的某些公共服务也附带产生了一定的利润，但其基本出发点和归宿仍然是满足社会的公共需求，而非营利。④ 既然作为公共经济主体的政府在提供公共服务时不应当营利，那么，又怎么能让追求市场营利性的私人部门作为公共经济主体来提供或参与提供公共服务呢？而限制发展不营利的公立医院，大力发

---

①　《中华人民共和国史稿》（第 1 卷），人民出版社、当代中国出版社 2012 年版，第 112 页。

②　《日本豆腐渣工程震惊全国 东京很多楼不抗震》，http：//money. 163. com/05/1130/11/23Q6HCJM00251LDK. html，2014 年 7 月 31 日。

③　《山西洪洞黑砖场案惊动中央 王兆国亲笔做出批示》，http：//news. sohu. com/20070614/n250560105. shtml，2014 年 8 月 3 日。

④　黄恒学主编：《公共经济学》（第二版），北京大学出版社 2009 年版，第 183 页。

展谋取暴利的私立医院，就是这样的悖论。

此外，私人部门生产国防产品与供给国防这样的公共产品并不是一回事，尤其是当这些国防产品有可能会卖给敌对国家时。例如，在列宁所摘录的布雷斯福德的《钢和金的战争》一书中就有这样的记载："德国公司在重建作为德国海军敌手的俄国舰队。不列颠公司在意大利设有分公司，这些公司建造的正是人们称之为我们的敌手的意大利无畏舰。所有主要的武器制造公司——英国的、法国的、德国的和美国的——都加入了诺贝尔托拉斯，不久前还加入了哈维公司。有一段时期，法国的施奈德公司和德国的克虏伯公司联合成一个辛迪加，来开采阿尔及利亚温扎的铁矿"。① 而德国与俄国、英国与意大利、英国与德国、法国与德国、美国与德国在当时恰恰是互相敌对的，并在那时的第一次世界大战中打得死去活来，在资本的驱使下各自都死伤了大量的民众。

二、社会主义的改革

"资本只经营有利的企业，只经营在它看来有利的企业"。② 如果提供（准）公共产品无法获得足够的利益，资本就会把相应的开支转嫁到国家肩上，把共同的条件作为全国的需要推给整个国家。

相比之下，只有社会主义国家才有可能依靠人民群众来实现政府治理结构的改革，使国家的职能只限于几项符合于普遍性、全国性目的的职能。③ 法国巴黎公社就曾经这样做过：一方面取缔国家寄生虫的非生产性活动和胡作非为，从根源上杜绝把巨量国民产品浪费于供养国家这个魔怪；另一方面，公社的工作人员执行实际的行政管理职务，不论是地方的还是全国的，只领取工人的工资。由此可见，公社一开始就厉行节约，既进行政治变革，又实行经济改革。④

中国共产党的领导人也非常重视发挥政府⑤之外的公共经济主体的作用。毛泽东曾经指出，"无论粮食问题，灾荒问题，就业问题，教育问题，知识分子问题，各种爱国力量的统一战线问题，少数民族问题，以及其他各项问题，都要从对全体人民的统筹兼顾这个观点出发，就当时当地的实际可能条件，同各方面的人协商，作出各种适当的安排。决不可以嫌人多，嫌人落后，嫌事情麻烦难办，推出门外了事。我这样说，是不是要把一切人一切事都由政府包下来呢？当然不是。许多人，许多事，可以由社会团体想办法，可以由群众直接想办法，他们是能够想出很多好的办法来的。而这也就包括在统筹兼顾、适当安排的方针之内，我们应当指导社会团体和各地群众这样做"。⑥

习近平也强调："办好中国的事情，既要靠党和政府，也要靠13亿人民"。⑦ 他在谈

---

① 《列宁全集》第54卷，人民出版社1990年版，第727-728页。

② 《马克思恩格斯全集》第30卷，人民出版社1995年版，第529页。

③ 《马克思恩格斯文集》第3卷，人民出版社2009年版，第197页。

④ 《马克思恩格斯文集》第3卷，人民出版社2009年版，第198页。

⑤ 这里的政府指行政部门。

⑥ 《毛泽东文集》第7卷，人民出版社1999年版，第228页。

⑦ 《习近平在北京市参加世界艾滋病日相关活动纪实》，http：//www.gov.cn/ldhd/2012-11/30/content_2279917.htm，2014年2月22日。

到为民办实事时曾经指出，"要调动广大群众的积极性和创造性，发挥广大群众的作用，使广大群众真正成为选择的主体、利益的主体，有的事还要成为行动的主体和投入的主体。在市场经济条件下，一些事可以不是由政府直接来办，要从扩大就业、应对老龄化、调整经济结构和转变增长方式的角度，大力发展生活型服务业，办好为群众服务的组织或企业，为更多的群众提供更好的服务。通过鼓励和扶持发展社会组织为群众解忧，实质上也是为党委、政府分忧。同时，要积极鼓励引导社会资金投入社会公益事业，参与实事项目建设，形成人人参与办事、人人得到实惠的良好局面"。①

当前，经过 20 多年实践，我国社会主义市场经济体制已经初步建立，但仍存在不少问题，其中最主要的问题是政企不分。邓小平曾经指出，"企业下放，政企分开，是经济体制改革，也是政治体制改革"。② 然而，只要各级国有资产管理委员会仍然是各级政府的直接下属单位，就谈不上政企分开，同时各级政府也容易被人诟病为既当"裁判员"又当"运动员"。另外，在各级政府直接管辖各级国资委的情况下，国有企业的改革和处置，也会成为各级政府工作中的重中之重，严重影响各级政府更好地提供各种公共服务。

因此，应当将国有资产监督管理委员会成建制地从各级政府划归同级人民代表大会常务委员会管辖，有助于使政府的工作重心转到提供各种公共服务上来，理顺政治体制和政府管理机制，释放政府活力，"提高政府效率和效能"，便于转变和"加快转变政府职能"，便于坚持"两个毫不动摇"，使各级政府一视同仁地对待国有企业和非公有制企业，做好裁判员，最终便于"处理好政府和市场的关系"。同时，各级人大作为人民的代表，管理属于人民的国有企业也是其应尽的职责。

不仅如此，各种公共产品的提供，如道路设施和自来水的供应等，是否引入私有企业的参与，也需要经过各级人民代表大会或其常务委员会的审批。只有这样，深圳梧桐山隧道事件才能避免重演。

不过，即便公有制经济事务转交给人民代表大会负责，中国政府在发展公有制经济方面也必须发挥积极作用，做一个有为的政府。这是由中国政府的社会主义性质所决定的。发展公有制经济，扩大公有制经济的比重和覆盖面，以便使中国特色社会主义从初级阶段发展到中高级阶段，进而向共产主义社会的目标前进，是中国共产党和中国政府义不容辞的责任。

关 键 术 语

公共经济主体　国家　政府　政治统治　官僚集团　公共事务　巴黎公社　市场失灵　市场经济　商业秘密　第三部门　非政府组织　非营利组织　社区　国际工人协会　共产国际　工会　公有制经济部门　共同体　共产主义　政党　政治团体　黑社会组织　政府治理结构　新自由主义　产权　准公共产品　政企不分　国有资产监督管理委员会　人民代表大会

---

① 习近平著：《之江新语》，浙江人民出版社 2007 年版，第 246 页。

② 《邓小平文选》第 3 卷，人民出版社 1993 年版，第 192 页。

复习思考题

1. 什么是政府？作为公共经济主体的政府的职能是什么？
2. 如何理解官僚集团？
3. 何谓"市场失灵"，其本质是什么？
4. 怎样理解政府对市场的干预？
5. 如何理解私人部门提供的准公共产品？
6. 为什么说公有制经济部门才是真正的公共经济主体？
7. 如何理解政府治理结构的改革？

第三章　公共经济的需求与供给

【教学目的和要求】

　　本章不仅批判了西方公共经济学关于公共产品的需求和供给理论的错误，而且把其内容扩大到公共经济的需求和供给。

　　通过本章的学习，首先，要了解西方公共经济学关于公共产品的需求和供给理论的错误。其次，要深入了解公共经济需求的影响因素，公共部门官僚的需求存在的问题，公共部门的供给以及公共经济的有效供给。最后，还要了解西方公共定价理论的问题，知晓公共物品、公共资源、公共服务和国有企业与工龄的定价原理。

第一节　公共经济的需求

一、公共经济需求的影响因素

　　西方公共经济学认为，市场经济条件下的公共需求，是指那些由个人和企业无法通过自身的市场活动得到满足，但又是为了市场经济的正常运行和社会的良好发展所必需的需求。[①] 马克思指出，"'社会需要'，也就是说，调节需求原则的东西，本质上是由不同阶级的互相关系和它们各自的经济地位决定的，因而也就是，第一是由全部剩余价值和工资的比率决定的，第二是由剩余价值所分成的不同部分（利润、利息、地租、赋税等等）的比率决定的"。[②] 因此，对公共经济需求影响最大的因素就是阶级利益。

　　19 世纪 60 年代当生产过剩危机使得工人也过剩后，英国工人愿意从事任何一种根据公共工程法令安排的劳动。而资产阶级政府也因此得到了双重的利益：第一，他们得以改善他们乌烟瘴气的、无人过问的城市；第二，他们付给工人的工资，比正常工资率低得多。然而，一段时间之后，由于工厂里工人的工资太低和工作条件差，引起了工人罢工，虽然工厂还没有全都开工，但工人已经不够了。同时，由于公共工程法令的实施，对工人的需求迅速增加，以致有些工厂工人现在可以在采石场每天挣得 4~5 先令，而以前他们做这种工作，根据家庭人口多少，每周只可以挣 4~12 先令。工厂主感到公共工程法令的作用是一种竞争，于是公共工程只好逐渐停下来了。[③]

　　而在保障工人利益的公共经济需求被资产阶级政府削减的同时，为了极少数剥削阶级

---

　　① 黄恒学主编：《公共经济学》（第二版），北京大学出版社 2009 年版，第 180 页。
　　② 《资本论》第 3 卷，人民出版社 2004 年版，第 202 页。
　　③ 《资本论》第 3 卷，人民出版社 2004 年版，第 145-151 页。

利益的"公共经济需求"却被大大扩张。"国家债台高筑、政府开支增加、没完没了的财政困难和国库亏损，都成了许许多多为财阀私囊增添财富的源泉，这些财源被狂吸猛吮，一年超过一年，国家的资源也就更加迅速地被耗尽；政府、陆海军、铁路及其它公共工程的开支为金融家们提供了成百上千的机会，他们就贪婪地抓住这些机会用弄虚作假的合同欺骗公众"，"他们把国家看作只是用来增加他们财产的工具和财源"。① 经济危机的来临也加强了资本主义国家的这种"公共经济需求"，以便大资本家把自己的亏损转嫁给全体民众。

习近平指出，我国发展虽然取得了巨大成效，但我国仍处于并将长期处于社会主义初级阶段的基本国情没有变，人民日益增长的物质文化需要同落后的社会生产之间的矛盾这一社会主要矛盾没有变。② 显然，发展我国的社会生产，满足人民日益增长的物质文化需要就是当前中国的公共经济需求，这是由我国的社会主义性质所决定的，也是无产阶级的阶级利益体现。

由于随着生产力的发展，生产资料规模扩大，个体单干模式早就不适应于现代经济。而资本主义私有制生产模式，又只能使得极少数资本家得以为自己积累财富，广大劳动者并不能为自己积累多少财富，所谓增加财产性收入对于大多数人来说，只是一句空话。2010 年 7 月，中国国家统计局发布 2009 年度在岗职工年平均工资调查报告。根据该报告，2009 年全国城镇私营单位就业人员年平均工资为 18199 元，而国企在岗职工年平均工资为 35053 元。《每日经济新闻》记者发现，上述数据表明私企平均工资比国企低48%。③ 因此，公有制经济特别是国有企业的发展，就成为公共经济需求的重要组成部分，与到私有企业去就业相比，人们更愿意到国有企业去就业。

然而，对于公有制经济的这种需求，却受到一些错误思想和做法的压制。前总理朱镕基曾经提到，像长春拖拉机厂那样的大厂，不经市里批准也在卖。他指出，有些所谓"卖厂"，实为送厂。买主哪有那么多的钱去买？工人连工资都拿不到，哪有钱买厂？我们收到一些群众来信，反映某些国有企业的固定资产被七折八扣卖给了原来的厂长或其家属。有的提出要"打破框框"；有的名为招标，实际上按最低价格卖，然后宣布银行债务作废；有的还开全省大会推广。这些做法是完全错误的。④ 然而，政府部门虽然看到了问题，却没有及时纠正这些错误做法，追讨这些错误做法造成的损失，并追究相关责任者的责任，从而致使国有资产大量流失，国有企业萎缩，离普通劳动者越来越远。

当前，一些人不仅反对公有制经济这样的公共经济需求，而且也反对像免费医疗这样的公共经济需求。2009 年 3 月 1 日，陕西神木县率先推行"全民免费医疗"制度后，就

　　① 《马克思恩格斯全集》第 44 卷，人民出版社 1982 年版，第 45 页。
　　② 《习近平：扎实把"十三五"发展蓝图变为现实》，http：//news. xinhuanet. com/politics/2016-01/30/c_1117944519. htm。
　　③ 《私企年均工资仅国企一半 专家称 10 年都难追上》，http：//business. sohu. com/20100723/n273703190. shtml，2014 年 8 月 8 日。
　　④ 《朱镕基：中央政治局常委没人同意"卖厂风"》，载《马克思主义文摘》2012 年第 3 期。

有人质疑它疑似"大跃进"。① 然而，一年后，陕西省神木县委书记郭宝成对实行"全民免费医疗"一年多时间以来最大的感触是：民生是高回报的投资。即使是算"经济账"，政府也"赚了一大笔钱"。唯一吃亏的是收红包的医生。而广东省卫生厅副厅长廖新波也表示：广东完全能复制神木医改模式，实施全民免费医疗。②

西方经济学认为，有意愿且买得起商品的需求才是该商品的有效需求。那些买不起商品的人的需求是无效需求。于是，在公共经济需求中，普通民众的需求和愿望，也受制于那些控制了金钱、权势和舆论的人。只有这些人需要的公共经济需求才是西方经济学的有效公共经济需求。"在国家由于传统而对资本仍然占有优势的地方，国家还拥有特权和决心来迫使全体拿出他们的一部分收入而不是一部分资本来兴办这类公益工程，这些工程同时又表现为一般生产条件，因而不是某些资本家的特殊条件；在资本还没有采取股份公司形式的时候，它总是只寻求自己价值增殖的特殊条件，而把共同的条件作为全国的需要推给整个国家。资本只经营有利的企业，只经营在它看来有利的企业"。③

毛泽东曾指出，"我们的国家，如果不建立社会主义经济，那会是一种什么状况呢？就会变成修正主义的国家，变成实际上是资产阶级的国家，无产阶级专政就会转化为资产阶级专政，而且会是反动的、法西斯式的专政"。④ 这里的社会主义经济指的就是以公有制经济为核心的社会主义公共经济。显然，社会制度是影响公共经济需求的最主要因素。

二、公共产品的需求

西方公共经济学认为，对公共产品的需求完全不同于对私人产品的需求。对某种纯粹的私人产品的市场需求，可以通过加总某一时间内市场上所有单个消费者在各种价格水平上对该种私人产品的需求量而得出。⑤ 对公共产品的需求，由于受益的非排他性的存在，纯粹的公共产品是不能定价的，但却又认为，可以知道消费者在既定数量的公共产品上所能获得的边际效益。⑥ 但是，一方面，经济学家和政府不可能知道每个人的主观意愿，从而实现不了私人产品在各种价格水平上的需求加总，至多只能观察到在现实中的某个价格水平上有多少成交量。另一方面，消费者的边际效益恰恰是西方经济学对私人产品市场定价的主要依据，怎么到了公共产品的场合反而不能定价了呢？

西方公共经济学认为，社会资源配置效率最大化的条件是：资源配置的社会边际效益等于其社会边际成本，并认为，这一条件对于私人产品和公共产品都适用。⑦ 然而，这一条件意味着资源配置的边际净效益为零，完全不存在进行边际资源配置的意义。有意思的

① 《京华时报：神木免费医疗疑似大跃进》，http：//www.chinanews.com/jk/jk-jkpl/news/2009/05-18/1695688.shtml，2014 年 8 月 8 日。

② 《陕西神木全民免费医疗 县委书记称"政府大赚"》，http：//news.163.com/10/0604/03/68A8UTI10001124J.html，2014 年 8 月 8 日。

③ 《马克思恩格斯全集》第 30 卷，人民出版社 1995 年版，第 529 页。

④ 《毛泽东文集》第 8 卷，人民出版社 1999 年版，第 297 页。

⑤ 黄恒学主编：《公共经济学》（第二版），北京大学出版社 2009 年版，第 99 页。

⑥ 高培勇等编著：《公共经济学》，中国社会科学出版社 2007 年版，第 55-56 页。

⑦ 高培勇等编著：《公共经济学》，中国社会科学出版社 2007 年版，第 57 页。

是，国内的西方经济学家茅于轼说，不要拿他交的税款去建航空母舰。① 然而，拿他交的税款去建航空母舰，同时拿别人交的税款去修马路，与拿他交的税款去修马路，同时拿别人交的税款建航空母舰，对于实际后果，有区别吗？② 如果要按消费者的边际效益来配置资源，那么又应当根据谁的边际效益来配置呢？至于像生存权、发展权、劳动权和法律体系这样的公共产品，则是根本谈不上消费者的边际效益的。

马克思曾经指出，"由于一个国家的气候和其他自然特点不同，食物、衣服、取暖、居住等等自然需要本身也就不同。另一方面，所谓必不可少的需要的范围，和满足这些需要的方式一样，本身是历史的产物，因此多半取决于一个国家的文化水平，其中主要取决于自由工人阶级是在什么条件下形成的，从而它有哪些习惯和生活要求。因此，和其他商品不同，劳动力的价值规定包含着一个历史的和道德的要素"。③ 同样地，公共产品的需要也包含着一个历史的和道德的要素。对于那些拥有大江大河的国家，水利工程将是不可缺少的公共产品。在劳动力与生产资料相结合以创造财富也就是劳动者就业经常没有保障的地方，社会保障也会成为人们所需求的公共产品，尽管变革生产关系以保证劳动力与生产资料相结合即保证劳动权利的落实，也同样可以看成人们所需求的公共产品。在计算机出现之前，人们不会有对互联网这种公共产品的需求，而在无线导航日益普及的情况下，人们对于灯塔这样的公共产品的需求也会下降甚至消失。另外，在洪水来临时，人们对强固堤坝的需求高于没有受到洪水时；在外敌入侵时，人们对于国防的需求也高于和平时期。

马克思在谈到像铁路建设这样的产业部门，在一年或一年以上的较长时间内不提供任何生产资料和生活资料，不提供任何有用效果，但会从全年总生产中取走劳动、生产资料和生活资料时指出，"社会必须预先计算好，能把多少劳动、生产资料和生活资料用在这样一些产业部门而不致受任何损害"④。同样地，在考察公共产品的需求时，社会必须预先计算好，可以把多少资源用于公共产品的生产上而不致使人们日常的生产生活受到损害。也就是要在"黄油"和"大炮"之间做好资源配置，尽量满足各种需求。

三、公共部门官僚的需求

在西方公共经济学看来，官僚们即政府官员，"尽管缺乏金钱上的动力来追求高效率，但作为理性经济人，他们却拥有其他目标，其中追求预算最大化是主要目标。这是因为，预算最大化不仅可以提高他们金钱上的报酬，更重要的是预算的扩大标志着这些官员

---

① 《茅于轼：不要拿我交的税款去建航空母舰》，http：//finance. eastmoney. com/news/1370，20110324126383743. html，2014 年 8 月 5 日。

② 茅于轼认为，中国修建航空母舰有利于增强国防力量是一厢情愿，只有假定别的国家不相应修建航空母舰，听凭中国加强国防，这才有道理。然而，恰恰是美国在中国周边驻有航空母舰，并支持中国周边国家侵犯中国利益，中国才要修建航空母舰的。为什么要中国听凭美国加强"国防"，满足美国人的一厢情愿呢？

③ 《资本论》第 1 卷，人民出版社 2004 年版，第 199 页。

④ 《资本论》第 2 卷，人民出版社 2004 年版，第 349 页。

有更大的行政权力和相应的所属机构规模上增大"。①

　　马克思早就指出，"法国资产阶级的物质利益恰恰是和保持这个庞大而分布很广的国家机器最紧密地交织在一起的。它在这里安插自己的多余的人口，并且以国家薪俸形式来补充它用利润、利息、租金和酬金形式所不能获得的东西"。② 布雷斯福德承认，"长时期以来，军队和民政部门的职位很多，有钱的资产阶级的子弟都能得到。对于这些人来说，印度和埃及终于有了现实的意义——这是让儿子、兄弟甚至堂兄弟'过好日子'的地方"。③ 而资产阶级子弟这个因素，也是现代西方公共经济学在考察官僚机构的问题时所忽略了的。

　　显然，这些子弟所要求的预算，自然是容易得到满足的。马克思在谈到美国轮流执政的两大政客集团时还指出，"这些人表面上是替国民服务，实际上却是对国民进行统治和掠夺"。④ 显然，在这种情况下，资产阶级政府的预算也会尽可能地扩大。英国历史学家艾瑞克·霍布斯鲍姆指出，"实行自由主义的英国，其1840年的政府开支竟相当于独裁的俄国的四倍之多"。⑤

　　除了通过更多的预算来直接享受预算带来的好处，如公款消费外，官僚们还会假公济私，谋取利益，这样又会进一步导致预算的扩大。恩格斯曾经提到，"Jobbery⑥一词的意思是官吏利用职权图谋个人或家族的私利。比如说，某一国家的国家电报局局长当了某个造纸厂的匿名股东，他用自己森林中的木材供给这个工厂，然后委托这个工厂为电报局供应用纸，那么这就是虽然很小，但毕竟是干得不错的job⑦，因为这件事足以表明Jobbery的原则是什么东西；顺便说说，这在俾斯麦统治下是天经地义和十分自然的"。⑧

　　官僚们的假公济私行为，也就是西方公共经济学所提到的寻租行为。西方公共经济学认为，寻租活动是政府干预的产物，没有政府干预就没有寻租活动。⑨ 然而，安徽阜阳假奶粉事件，恰恰是政府官员的不作为即不对市场进行干预导致的。自2003年5月至2004年2月，在阜阳市场存在并发现大量劣质奶粉，且已造成严重危害的情况下，当地政府相关部门却没有认真采取措施整顿清查奶粉市场，致使当地人民利益遭受重大损失，并造成极为恶劣的社会影响。⑩

　　在市场经济中，当整个社会都在追逐利益的时候，要官僚们淡泊名利是很难的。一些国家会用所谓"高薪养廉"来"合法"地满足官员们的贪欲。无论哪一种情况出现，沉

---

①　黄恒学主编：《公共经济学》（第二版），北京大学出版社2009年版，第159页。

②　《马克思恩格斯文集》第2卷，人民出版社2009年版，第512页。

③　《列宁全集》第54卷，人民出版社1990年版，第726页。

④　《马克思恩格斯文集》第3卷，人民出版社2009年版，第111页。

⑤　韩德强著：《萨缪尔森〈经济学〉批判——竞争经济学》，经济科学出版社2002年版，第289页。

⑥　假公济私。

⑦　工作。

⑧　《马克思恩格斯文集》第3卷，人民出版社2009年版，第297页脚注。

⑨　朱柏铭著：《公共经济学》，浙江大学出版社2002年版，第95页。

⑩　《阜阳劣质奶粉事件"不作为"局长玩忽职守获刑6年》，http://news.163.com/05/0804/06/1Q9R3FH90001124S.html，2014年8月6日。

重的负担都会压在人民群众的身上。

只有做到了廉价政府的巴黎公社这样的社会主义性质的公共部门及其政治经济体制，才能把公共部门的需求限制在必要的程度上。在新中国成立初期，360 万军政干部的消费水平较国民党时期的公务员低了很多。上海市市长陈毅每月自由支配的个人收入仅合 50 斤小米。[①]

但是，后来从 1960 年 11 月起对在京高级干部和高级知识分子正式建立了食品特供制度，直到 1989 年 7 月才被废除。然而，随着食品安全形势的不断恶化，为了规避食品安全风险，政府机关及其工作人员开始纷纷使用公权力来退出主流食品系统，而选择食品特供的消费模式。因此，我们必须坚持人民公仆与人民群众同甘共苦的原则，即便不要求人民公仆吃苦在人民群众前，享受在人民群众后，至少也要破除一切实质性的"特供"，让人民公仆们像关心自己切身利益一样关心人民群众的切身利益。

第二节 公共经济的供给

一、西方公共产品供给理论

西方公共经济学提供了一个供给模型如下：

对于联合提供公共产品的集团来讲，每一种产品 X_j，都有一个与之相对应的表示集团规模的变量 N_j。这样个人的效用函数就是：

$$U^i = U^i \left[(X_1^i, N_1^i), (X_2^i, N_2^i), \cdots, (X_{n+m}^i, N_{n+m}^i) \right] \tag{3-1}$$

设 X_r 为标准商品，$\dfrac{U_j^i}{U_r^i}$ 为集团成员 i 对 X_j 和 X_r 的边际替代率，$\dfrac{U_{Nj}^i}{U_r^i}$ 为 i 对集团成员数量与 X_r 之间的"消费替代率"，也就是成员 i 为新增一个成员而愿意付出的货币（标准商品）的数量。当单个成员所负担的集团产品的供给成本因成员数量的增加而降低，或者成员数量增加本身就可以给原有成员带来效用时，这一数值大于零，集团成员可以付费以吸引新成员；如果由于集团产品发生"拥挤"等原因造成成员数量增加减少了原有成员的效用时，这一数值就小于零，此时新成员为加入集团则必须向原有成员付费。因为在其他条件不变的情况下，每个成员为集团公共产品所负担的供给成本随成员数量的增加而减少，因此集团规模这一变量进入生产函数：

$$F = F^i \left[(X_1^i, N_1^i), (X_2^i, N_2^i), \cdots, (X_{n+m}^i, N_{n+m}^i) \right] \tag{3-2}$$

这样，可以通过以上两个加入集团规模这一变量的效用函数和生产函数推导出成员 i 个人效用最大化的两个条件，一个是 i 消费集团产品 X_j 的最优条件：

$$\frac{U_j^i}{U_r^i} = \frac{f_j^i}{f_r^i} \tag{3-3}$$

即 X_j 和 X_r 这两种产品在消费时的边际替代率必须等于其在生产或交易时的边际替代或转

---

① 《中华人民共和国史稿》（第 1 卷），人民出版社、当代中国出版社 2012 年版，第 80 页。

换率。第二个条件为对 i 而言的集团最优规模：

$$\frac{U_{Nj}^i}{U_r^i} = \frac{f_{Nj}'}{f_r'} \tag{3-4}$$

共同提供集团公共产品 X_r 的集团成员数量和 X_r 在消费时的边际替代率也必须等于它们在生产时的边际替代率，即增加一个新成员给原有成员 i 带来的边际效用等于这一新成员同时给他们所导致的边际成本。联立上述两个条件，可得集团中实现个人效用最大化的完全条件为：

$$\frac{U_j^i}{f_j'} = \frac{U_r^i}{f_r'} = \frac{U_{Nj}^i}{f_{Nj}'} \tag{3-5}$$

此时成员 i 所能够消费的集团产品数量和提供这一产品的俱乐部成员数量，对他来讲都是最优的。即提供公共产品的集团的最优规模和这种公共产品之间是一一对应的关系，用函数表示如下：

$$N_j = N_j(X_j) \tag{3-6}$$

推论：由于政府代表的是一国全体公民，因此，当提供一种公共产品的最优集团规模为无穷大时，也就是集团增加一成员给现有成员减少的边际效用永远小于其边际成本时，以至于一国全体公民共同消费和提供才是最优的。因此这样的公共产品应该由全体公民的代表——政府来提供。①

不过，上述理论中隐含的一个限定前提条件为，所有成员对集团产品的偏好是相同的，从该产品中获得的效用相等，因而对集团产品供给成本的分担方式也是均等的。如果放宽这一限定条件，只假设集团产品对成员的效用大于零，则成员间对集团产品供给成本的分担方式就不会再是均等的了。此时集团成员必须进行集体决策以决定他们对集团产品供给成本的分担方式，这样就不可避免地要产生成员间达到一致所需的"谈判成本"，这种成本会随着集团成员数量的增加而急剧增大，当"谈判成本"超过了成员从集团产品中获得的收益时，集团也就无法继续存在了。②

在这里，且不谈一个集团内部的一部分成员对另一部分成员进行的阶级压迫，即便撇开阶级分析，上述模型也是十分幼稚的，尽管它采用了较复杂的数学工具：

第一，它不仅要求每个成员消费每种产品，而且要求每个成员都以同样的代价去生产或提供每种产品，包括货币这样的标准产品。而且不用考虑预算或资源约束，也不考虑生产的收益和利润。

第二，它要求每种产品的集团最优规模都相同，即 $N_j = N$，否则，无论集团的规模多大，总会有某种产品的集团规模不是最优的，从而无法实现个人效用最大化条件。

第三，如果说私人产品可以根据个人意愿和能力增加或减少消费，从而可以计算边际替代的话，那么，在西方公共经济学看来，公共产品的消费是共同的，是个人不可能随意减少和增加的，从而也谈不上基于个人的公共产品的消费替代率。

---

① 高培勇等编著：《公共经济学》，中国社会科学出版社 2007 年版，第 74-75 页。

② 臧旭恒、曲创：《从客观属性到宪政决策——论"公共物品"概念的发展与演变》，载《山东大学学报（哲学社会科学版）》2002 年第 2 期。

第四，货币是用来交换其他商品的，怎么能够直接比较货币与产品的效用呢？要知道，当商品的边际效用递减时，西方经济学并不承认货币的边际效用也递减，否则就会支持劫富济贫，把富人多出来的货币交给穷人，就能提高全社会的整体效用水平了。因此，即便构成什么标准商品来代表货币，该商品也必须是不能边际效用递减的，从而不能像一般商品那样进行边际分析，也就不能出现在上面的等式中。

第五，由于这里实际上假定所有的人是同一的，因此不用考虑某个成员的效用因成员数量增加而增加，另一个成员的效用因成员数量增加而减少的情形下，集团是该增加还是减少成员的问题。然而，如果集团成员增加能够给原有成员带来效用，同时也能给新成员带来效用的话，那么为什么一定是集团成员付费以吸引新成员，而不是新成员交费呢？反之，如果集团成员的增加减少了原有成员的效用时，为何新成员要为加入集团而付费？难道新成员的效用就一定是增加的吗？

第六，当集团增加一成员给现有成员减少的边际效用永远小于其边际成本时，这意味着最优化条件中的等式不成立，从而上述的最优化条件也不成立。

最后，也是最关键的是，集体决策的模式，与个人决策的模式存在本质差别，用西方经济学术语来说，这意味着这两个模式的效用函数是不同的。上述基于个人效用函数的分析也做不到集体决策的最优。《微观经济学批判》（修订版）一书中就提到了这样的例子。在那里，在西方经济学给定的效用函数的形式下，可以发现，私人自愿供给的公共产品数量少于基于集体决定的公共产品数量，但是，集体决策时每个人的效用都大于私人决定时的效用，尽管前者的私人产品消费较少。[1]

二、公共产品的供给方式

西方公共经济学认为，如果每一个社会成员都按照其所获得的公共产品的边际效益的大小来捐献自己应当分担的公共产品的资金费用，则公共产品供给量可以达到具有效率的水平。这被称作"林达尔均衡"。这种自愿捐献与成本分担的方式被视为公共产品有效提供的方式之一。[2] 但是，这种方式只是为提供公共产品而进行融资的方式，并不能直接提供公共产品。

另外，尽管提出了"林达尔均衡"，但西方公共经济学又认为它是不可能的。因为它需要两个不可能成立的假设前提：一是每个社会成员都愿意准确地披露自己可从公共产品的消费中获得的边际效益；二是，每一个社会成员都清楚了解其他社会成员的情况，从而不存在隐瞒个人的边际效益的可能。否则，人们完全有可能在不付任何代价的情况下，享受通过其他人的捐献而提供的公共产品的效益，即搭便车。如果所有的社会成员都采取这样的行为方式，其结果是，公共产品将没有任何资金来源，从而也就谈不到公共产品的效益了。对此，只有依靠强制性的融资方式来解决公共产品的供给问题。而政府正是一方面以征税手段取得资金，另一方面又将征税取得的资金用于公共产品的供给。[3]

---

① 余斌著：《微观经济学批判》（修订版），东方出版社 2014 年版，第 303-306 页。

② 黄恒学主编：《公共经济学》（第二版），北京大学出版社 2009 年版，第 108-109 页。

③ 黄恒学主编：《公共经济学》（第二版），北京大学出版社 2009 年版，第 109-111 页。

然而，一方面，即便没有人想搭便车，他们也无从知道自己从公共产品上所获得的真实的边际效益，比如，谁能说清楚，国防带给他的边际效益是多少？另一方面，强制性融资可以避免不付钱的搭便车的行为，但却解决不了少付钱而搭便车的行为，即解决不了付钱不平衡的行为，除非政府知道每个人的边际效益。

从生产的角度来考虑，西方公共经济学认为有两种公共产品的供给方式：一种是政府直接生产，另一种是政府间接生产。所谓间接生产，是将市场机制引入公共管理，政府治理的理念从"划桨"走向"掌舵"，通过规范市场秩序、充分运用预算安排和政策安排形成经济刺激，创造一个有效率的市场，使私人部门参与公共产品的生产。具体包括：（1）与企业签订生产合同，如美国的大量的公共产品是由各级政府委托给企业来生产的；（2）授予经营权，授予经营权构成了市场进入的障碍，保护了生产者的积极性，同时以牺牲效率为代价；（3）政府参股，主要是为了向私人企业提供资本和分散私人投资风险；（4）经济资助，指对于难于盈利的公共产品的生产，政府通过补贴、津贴、优惠、贷款、减免税收等形式鼓励企业生产。

然而，在盛行间接生产的美国，据报道，伊拉克战争后，一家时任美国副总统切尼曾经担任过其总裁兼首席执行官的美国公司，在无人竞争的情况下，轻而易举地从美国国防部承接了100多亿美元的重建合同，包括为驻伊美军提供后勤保障、重建伊拉克石油和基础设施等。该公司卖给驻伊美军的汽油价格为每加仑2.68美元，而市场上的平均价格仅为1.57美元。仅此一项，该公司就从美国政府那里多赚走了6100万美元，甚至上亿美元。[①]

总之，西方公共经济学的所谓间接生产，就是要以国家权力为后盾，或者赋予垄断性、排他性经营权，或者通过政府的强制税收给予资金支持，以保证私人资本获得较高的利润，从而成为假公济私或寻租的温床。

三、公共部门的供给

尼斯坎南试图用数学模型来说明官僚机构趋向于服务的过度供给[②]。为此，他给出了如下的设定。

集体组织对于某些服务的需求由如下预算/产出函数表示：

$$B = 200Q - 0.5Q^2, \quad 0 \leq Q < 200 \tag{3-7}$$

生产这种服务所需最低总成本可以用如下成本／产出函数来表示：

$$TC = 75Q + 0.25Q^2, \quad Q \geqslant 0 \tag{3-8}$$

企业生产这些服务的边际价值或需求函数为：

$$V = 200 - 1.00Q, \quad Q \leqslant 200 \tag{3-9}$$

企业的成本函数为：

---

① 《美国女军官曝国防部贪污丑闻 拒绝透露高官名字》，http://news.sohu.com/20041126/n223190132.shtml，2014年8月9日。

② [美] 威廉姆·A. 尼斯坎南著，王浦劬等译：《官僚制与公共经济学》，中国青年出版社2004年版，第59-63页。

$$C = 75 + 0.25Q, \quad Q \geqslant 0 \tag{3-10}$$

于是，根据西方经济学边际成本等于边际收益的利润最大化条件，由公式（3-9）和公式（3-10）相等，可得均衡产出 $Q = 100$。

而按照预算等于总成本即公式（3-7）和公式（3-8）相等，可得官僚机构的产出 $Q = 166.7$，多于企业的均衡产出。

在上面的设定中，私人企业的边际成本要低于官僚机构的边际成本，如果前者按照后者的边际成本来计算，那么私人企业的产出就只是官僚机构产出的一半。官僚机构的过度供给会更加严重。但是，供给较多并不等于过度供给，因为硬币的另一面也可能是私人企业的供给严重不足。事实上，私人企业追逐的是利润的最大化，而不是供给对需求的满足。也许有人会说，边际成本等于边际收益时，就是供给与需求相等之时。但是，了解西方经济学关于垄断企业分析的人会知道，当垄断企业按照边际成本等于边际收益来决定自己的产出时，西方经济学恰恰指责其产出不足。

最有意思的是，如果官僚机构将服务的生产分成两个部门来进行，每个部门生产 90 单位的服务，合计可以生产 180 单位的服务。根据公式（3-8），每个部门的总成本为 8775，合计为 17550，低于上述一个官僚部门均衡产出 166.7 个单位的总成本 19444。同样，如果安排两个私人企业各生产 55 个单位，其总产出会高于上述私人企业的均衡产出，而总成本则低于上述私人企业的成本。

由此可见，西方经济学根本不知道如何求得利润和产出的最大化，从而也就分析不了公共产品和公共部门的供给。

当然，上述分析并不表明公共部门就不会有过度供给，它只不过表明，西方公共经济学的分析方法不正确。事实上，公共部门的过度供给更有可能表现在供给了不必要供给或不该供给的地方。例如，济南街头新式垃圾箱装上温度表，就属于过度供给。[①] 虽然，公共部门的确要提供关于气温信息方面的服务，但是，一来没有必要通过那么多的垃圾箱来提供，二来用垃圾箱上的温度计来测量气温并不科学。这样的垃圾箱每个要 720 元，属于典型的过度供给。

马克思指出，资产阶级的政治利益"迫使它每天都要加强压制，即每天都要增加国家政权的经费和人员"[②]。因此，资本主义政府的过度供给其实是资产阶级维持其剥削条件和既得利益而必须承受的一个成本。

四、公共经济的有效供给

据《新民晚报》1989 年 8 月 30 日报道，上海市北京路上有幢房子，7 户人家合用一个 6 平方米的灶间。每当夜幕降临家家烧饭的时候，7 盏灯齐放光明，把个斗室照得通明。有人认为，公共产品（即电灯或灯光）的完全私有化（即每户拥有一盏灯）并非一

---

① 《济南街头垃圾箱装上温度表 如此"高大上"引热议》，http://energy.people.com.cn/n/2014/0813/c71661-25459861.html，2014 年 8 月 13 日。

② 《马克思恩格斯文集》第 2 卷，人民出版社 2009 年版，第 512 页。

件好事，对于社会来说，公共产品的完全私有化会导致资源重复配置，造成浪费。①

其实，即便是私人产品的生产，如粮食、服装的生产，一家一户的小生产与大生产相比，同样会存在资源配置效率低下，造成浪费的问题。因此，由公共经济即公有制经济来提供这些私人产品，也是更好的选择。而在公有制经济中，公共产品的提供，无需以强制性融资的方式来提供。

马克思曾经指出，在集体的劳动所得进行分配之前，首先要扣除：用来补偿消耗掉的生产资料的部分，用来扩大生产的追加部分，和用来应付不幸事故、自然灾害等的后备基金或保险基金。在这些扣除之后，还要扣除：同生产没有直接关系的一般管理费用，用来满足共同需要的部分，如学校、保健设施等。② 在这里，前一部分的三项扣除是用于提供公共物品的；后一部分的三项扣除就是用于提供公共产品的。显然，公有制经济供给公共产品不存在搭便车的问题。既然政府的确没有必要直接生产每一项公共产品，那么间接生产公共产品时，还是让不以赢利为目的的公有制企业来承担才合理。

在资本主义制度下，"所谓集体财富，公共福利究竟是什么呢？这是资产阶级的财富，而不是每一个别资产者的财富"。③ 在那里，工人阶级要想获得满足于自己生存和发展需要的公共产品和公共物品，是十分困难的。在那里，工人曾经独力创办起合作工厂，证明了：大规模的生产，并且是按照现代科学要求进行的生产，没有那个雇用工人阶级的雇主阶级也能够进行；他们证明：为了有效地进行生产，劳动工具不应当被垄断起来作为统治和掠夺工人的工具；雇佣劳动，也像奴隶劳动和农奴劳动一样，只是一种暂时的和低级的形式，它注定要让位于带着兴奋愉快心情自愿进行的联合劳动。然而，1848 年到 1864 年这个时期的经验也毫无疑问地证明，不管合作劳动在原则上多么卓越，在实际上多么有效，只要它仍然限于个别工人的偶然努力的狭隘范围，就始终既不能阻止垄断势力按照几何级数增长，也不能解放群众，甚至不能显著地减轻他们的贫困的重担。要解放劳动群众，合作劳动必须在全国范围内发展，因而也必须依靠全国的财力。但是土地巨头和资本巨头总是要利用他们的政治特权来维护和永久保持他们的经济垄断的。他们不仅不会促进劳动解放，而且恰恰相反，会继续在它的道路上设置种种障碍。所以，在那里，夺取政权已成为工人阶级的伟大使命。④ 只有这样，才能通过合作劳动为广大人民群众进行有效的公共经济供给，满足广大人民群众的需要。

恩格斯曾经指出，在现代社会里，住宅问题同其他一切社会问题的解决办法是完全一样的，这就是靠经济上供求的逐渐均衡来加以解决。这样解决了之后，问题又会不断产生，所以也就等于没有解决。但有一点是肯定的，现在各大城市中有足够的住房，只要合理使用，就可以立即解决现实的"住房短缺"问题。当然，要实现这一点，就必须剥夺现在的房主，或者让没有房子住或现在住得很挤的工人搬进这些房主的房子中去住。只要无产阶级取得了政权，这种具有公共福利形式的措施就会像现代国家剥夺其他东西和征用

---

① 朱柏铭编著：《公共经济学》，浙江大学出版社 2002 年版，第 63 页。
② 《马克思恩格斯文集》第 3 卷，人民出版社 2009 年版，第 432-433 页。
③ 《马克思恩格斯全集》第 4 卷，人民出版社 1958 年版，第 136 页。
④ 《马克思恩格斯文集》第 3 卷，人民出版社 2009 年版，第 12-13 页。

民宅那样容易实现了。[1]

第三节 公 共 定 价

在西方公共经济学中，公共定价是指公共部门运用强制性权力规定某些行业产品或劳务的交易价格。[2] 其广义的公共定价主要包括两类：一种是直接定价，对象为由公共部门直接提供的产品和服务，即公共企业的产品定价问题；另一种是干预定价或者称价格管制，即公共部门对企业的定价活动及生产活动进行管制，这一问题已成为规制经济学的主要研究对象。狭义的公共部门定价一般是指公共企业提供的产品及服务的直接定价问题。[3]

而我们所说的公共定价，是指公共经济活动中的相关价格的确定。它既受公共经济的需求与供给的影响，也影响公共经济的需求与供给，也就是说，它与公共经济的供求是相互作用的关系。在我们看来，广义的公共定价包括如下内容：（1）对政府本身的定价即对于政府预算收入的确定，其中既包括对政府提供的国防、治安等服务的定价，也包括对公务员工资待遇的确定、日常办公经费的确定等；（2）对于政府采购的商品，如办公用品、公务用车的定价；（3）对于纸币的币值，也就是对于相应的纸币的发行量的确定；（4）对于弱势群体的保障水平及其他方面的政府补贴的确定；（5）对于公共物品，如自来水、电信的定价，对于粮食、住房等商品的限价；（6）对于公共资源，如土地和矿产的所有权或使用权的定价；（7）对于公共服务，如公共医疗、公共教育的定价和法院服务费即诉讼费的确定；（8）国有企业出让的价格的确定，其中包括对于买断工龄的职工的工龄的定价等。

在这里，我们主要讨论上述后四类的定价问题。

一、西方公共定价理论

西方公共经济学认为，纯粹地具有非排他性和非竞争性的公共产品是无法定价的，尽管他们承认这些公共产品的供给成本还是可以确定的。西方公共定价理论只是针对具有一定排他性的准公共产品进行定价。但是，西方公共经济学又不得不承认，无论是按照哪种成本来定价，其前提都是要了解生产企业的成本情况。而私有企业并没有动力去公开自己的成本情况，从而使政府部门无从根据真实的成本情况来定价，会使得实际价格偏高。有鉴于此，政府必须为私有企业设计合理的激励机制，从而使私有企业得以获得信息租金。[4]

但是，除非私有企业的进入和退出是没有成本（包括时间成本）的，否则公共部门

---

① 《马克思恩格斯文集》第 3 卷，人民出版社 2009 年版，第 264 页。

② 朱柏铭编著：《公共经济学》，浙江大学出版社 2002 年版，第 385 页。

③ 杨全社、王文静：《西方公共定价理论——发展脉络及最新进展》，载《首都经济贸易大学学报》2012 年第 4 期。

④ 王利娜：《公共品定价理论评述》，载《东岳论丛》2012 年第 1 期。

必然受制于私有企业，而难于确定合理的价格。现如今，一个居民小区更换物业公司都十分困难，纠纷不断。设想，如果一个地方政府对一家私有的自来水公司不满意，该地方政府能够迅速地用其他自来水公司来替换，以保证自来水供应不中断吗？原自来水厂的入户管网、水表等资产会迅速地交给后来者使用吗？如果后来者必须自己重新铺设管网，不仅时间很慢，而且居民们实际上要为两套管网买单，费用也更多了。

但是，如果是由公有制企业来生产公共产品，公共部门要掌握其成本的信息就容易得多，尤其是可以采用内部竞争法，让企业内部那些掌握信息，能够降低生产成本和定价，同时又能保证企业可持续发展的人，出来竞争企业负责人的职位，以更换原来管理不善且定价偏高的企业负责人，这样无需变动企业资产的所有权，重复设置企业，就能够有效地达到竞争的节约效果。

除了根据生产企业的边际成本定价外，西方公共经济学还有一套根据消费者的边际成本来进行公共定价的理论。①

比如，一座不拥挤的桥梁。由于不必为增加一个通过者而增加桥梁的生产，因此，边际生产成本为零，而且桥梁的消费者的边际拥有成本也为零。于是，按照西方经济学的效率准则，在边际成本为零时，价格也应为零。从而，这座桥的运营效益也将是零，桥的固定成本无法弥补。而收费又会减少通过量，造成社会福利的净损失。为避免这种福利损失，这类产品应由政府免费提供，用统一征税的办法筹集资金，以弥补造桥的直接固定成本。

然而，征税修桥会使不过桥的人也负担了过桥者的费用，就一定合理吗？电脑软件复制的边际成本极低，是否其价格也要同样低？若开发成本得不到弥补，是否也应由政府征税来提供电脑软件？

再比如，一座拥挤的桥梁。当拥挤现象产生时，厂商的边际生产成本仍然为零，但由消费者承担的拥挤成本却增加了。这时如果仍然免费供应，就会出现过度消费。为避免过度消费，当供给量短期内无法增加时，就只有收费。但是，拥挤成本是由消费者而不是生产企业来承担的，所以不应由生产企业来收费，而应由公共部门来提供这类产品，按照边际拥挤成本收费。

但是，拥挤成本是虚的，穷人负担得起；而收费是实的，穷人负担不起。收费的结果使得富人横行天下，而穷人则寸步难行。此外，以一种成本代替另一种成本就能改进社会福利吗？而且收取的费用归谁所享用呢？

前些年，中国高速公路塞车时，遭遇要求退还高速公路通行费甚至索赔误工费及精神损害抚慰金的情况。但是，中国高速公路通行费的收取原则不含减少拥挤的因素，其收费也是为了补偿高速公路的建设成本和维护成本，并获得相应的利润和利息，收取的是道路使用费用。因此，没有理由因为出现塞车的情况而退还通行费。当然，也可以根据一些人的要求专门开通不塞车的高速公路，那样的话，其通行费要根据通行情况来调整，不塞车时收基本费即过路费，将要出现塞车时，加收免拥挤费，而且上不封顶，直到巨额收费能够挡住众多车辆，保证进入道路的车辆不拥挤。只不过，那个时候，又会有什么人该抱怨

---

① 黄恒学主编：《公共经济学》（第二版），北京大学出版社 2009 年版，第 112-114 页。

了。例如，北京市五环路原本是收费的公路，而且收费后车辆稀疏，道路畅通，但不收费的辅路则拥挤不堪，招来一片怨声载道。由于建设北京市五环路的是国有企业，所以北京市政府得以顺利地收回这条道路，废除了收费。

二、公共物品的定价

2006 年 9 月 10 日时任建设部副部长仇保兴表示，中国是世界上所有大国中最缺水的国家，水价不能充分反映水的使用价值，会在老百姓许可和承受范围之内，通过水价改革还水价一个真实的面孔，但水价的提高会是一个漫长的过程。仇副部长没想到，他的"水价会在老百姓许可和承受范围之内调整"的说法会引起如此强烈反响和质疑。有报道称，"百姓可以承受"看似一个非常人性化的标准，实际却包含一种带有掠夺色彩的思维，即根据老百姓的可承受能力来决定涨价幅度，决定从老百姓手中取走财富的多寡。但问题是如果把这些都加在一起，是否早已超出了百姓的可承受范围？① 三年后，在一场"解读水价问题"的小型论坛上，有专家语出惊人，"不能因为有些人喝不起水，就不提高水价"。专家们认为，跟发达国家相比，中国的水价处在中下水平，"低水价是资助了高收入者，而不是资助了低收入者"。有人质疑，跟发达国家相比，中国的水价的确处在中下水平，但中国老百姓的收入同样也处于中下水平，这个情况专家们怎么就视而不见呢？虽然高收入者用水较多，但提高水价对他们的生活不会产生太大影响，每月多收的几十元水费对他们来说简直就是九牛一毛。而低收入者虽然用水较少，但水价每提高一元，就意味着他们一两天的菜钱没了着落。水价的提高不能以伤害穷人的利益为代价。虽然专家称"弱势群体"喝不起水的问题不难处理，"城市里的低保户只要政府想一点办法就解决了"。事实上，很多城市都对低保户采取了免收或减收公用事业费的政策，真正喝不起水的是那些虽然家境困难但够不上低保标准的人。水价提高的话，他们得不到任何补贴。如果提高水价只是为了唤起公众节约用水的意识，那大可按用水量制定价格等级，对用水较多的家庭提高收费标准，对用水不多的低收入家庭则可适当减收。这样既不会影响低收入家庭的正常生活，也达到了提高水价、鼓励市民节约用水的目的。水价关系到千家万户的切身利益，不能仅由供水企业说了算。水价的成本也应当向公众公开，否则在信息不透明的情况下，容易引发公众的质疑。②

上述争议反映了目前我们对于马克思主义政治经济学的无知，不知道何为使用价值、何为价值，不明白如何判断水价的高低。

其实，亚当·斯密早就感叹过，水的使用价值很高，但交换价值很低。而这只不过是因为，"作为使用价值，商品首先有质的差别；作为交换价值，商品只能有量的差别，因

---

① 《"百姓可承受"，公共产品就可涨价？》，http：//zqb. cyol. com/content/2006-09/26/content_1522586. htm，2014 年 8 月 11 日。

② 《专家爆料：不能因为有人喝不起水 就不提高水价》，http：//news. xinhuanet. com/fortune/2009-07/18/content_11729448. htm，2014 年 8 月 10 日。

而不包含任何一个使用价值的原子"。① "物的有用性使物成为使用价值"。② "使用价值或财物具有价值，只是因为有抽象人类劳动对象化或物化在里面"。③ 因此，水价的高低不能看水的使用价值有多大，因为这两者是风马牛不相及也。水价的高低只能看水的生产过程中物化了多少抽象人类劳动，也就是说，水的生产费用是多少。如果水价已经充分表现了水的生产费用，那么即便这个价格很低，那也是公平的价格，谈不上资助了高收入者，至多只能算没有剥夺高收入者。更重要的是，城市居民关心的水价是自来水的价格，而不是矿泉水的价格，也不是高原雪水或小分子团水的价格。而后面这些种类的水才是高收入者的饮用水。因此，即便提高自来水的价格，但是只要不相应地提高矿泉水等的价格，也谈不上剥夺高收入者，而只会相反地剥夺了以自来水为主要水源的中低收入者。这时，即便对于低保户采取了免收或减收公用事业费的政策，使其饮用水的费用没有因为自来水价格的普遍上涨而增加。但是，低保户消费的其他商品的价格却可能因为水价的上涨而上涨，只要水是这些商品的生产要素之一，如豆浆等。这样一来，低保户的总体消费水平仍然会受水价上涨的影响而有所下降。

饮用水是人们生来就有权享用的公共物品。那些主张置别人于喝不起水的境地的人，是残酷的剥削和压迫阶级的代言人，是应当被人民群众唾弃的。作为公共物品的饮用水应当以极低的价格，甚至免费提供，就像空气不收费一样，而水的生产成本则由税收来弥补。有人会说，水资源十分宝贵，廉价提供会导致水资源的浪费。然而，水资源的浪费并没有浪费在水的饮用上，而是浪费在其他地方，比如不节水的洗车和工业上耗水量大的落后工艺上。因此，应当考虑把饮用水的供应，与水的其他消耗区分开来，直接限制耗水量大的落后工艺，及其他浪费水资源的行为。根据国家统计局官方网站上的数据资料，2013年全国生活用水760亿立方米，只相当于工业用水量的一半。因此，要涨水价，应当去涨工业用水和服务业用水，只不过由于成本的提高会转嫁到商品的价格上，这种做法对于耗水量大的企业的限制十分有限。只有采用公有制经济模式，对耗水大户实行国有化，并责令其负责人改进工艺，降低水的消耗。同时，注重采用教育的方式，尤其是官员们以身作则的方式，而不是用提高水价来进行惩罚的方式，来引导全体人民注意节约用水。

三、公共资源的定价

土地其实也是公共物品，但是城市里的居民并不是直接消费土地的，而是与住宅连接在一起消费土地，因此，我们把土地作为生产和消费的前提条件即资源来看待，并探讨此公共资源的定价。

马克思指出，未开垦的土地没有价值，因为没有人类劳动对象化在里面④。他还进一步指出，如果生产资料本身不是人类劳动的产品，那么，它只是充当使用价值的形成要素，而不是充当交换价值的形成要素。一切未经人的协助就天然存在的生产资料，如土

---

① 《资本论》第1卷，人民出版社2004年版，第50页。
② 《资本论》第1卷，人民出版社2004年版，第48页。
③ 《资本论》第1卷，人民出版社2004年版，第51页。
④ 《资本论》第1卷，人民出版社2004年版，第123页。

地、风、水、矿脉中的铁、原始森林中的树木等，都是这样。①

因此，单纯作为资源的土地，本身是没有价值的，也谈不上定价。但是，在现实社会中，目前的土地都是有价格的，这只是由于土地所有权的存在，使得土地可以带来地租，而地租的资本化就是土地的价格。

在资本主义市场经济中，地租的存在，是由于资本家只应当获得一般利润率。如果以土地为主要资产的收益高于一般利润率，那么超过的部分就要转化为地租，归地主所有。当前，中国房地产开发商霸占了富豪排行榜前列的位置，就在于他们的利润率远远超过了一般利润率，他们支付的地价远低于应当支付的地价。

据报道，广州在 2011 年要完成的保障性住房的目标为 8.4959 万套，年度投资总额约需 118 亿元，其中，市、区财政投资约 52 亿元，各项目业主利用自有资金或银行贷款解决 66 亿元。这意味着，每套保障房所需投资平均不过 13.9 万元。按照广州市 2010 年新建住房 13074 元/平方米的均价，以及新建住房价格涨幅可以低于全市年度生产总值增幅和城市居民人均可支配收入增幅的规定来看，每套保障房所需投资只不过是 10 平方米新建住房面积的市场价。如果按每套保障房面积平均 60 平方米计算，这意味着地价占房价的比重应当在 80% 以上。因此，即便地价占房价的比重达到 30%～40%，仍然是低了，而不是高了，开发商的确攫取了大量本来应当归为地价的利益。② 正是由于土地这样的公共资源的定价过低，才使得开发商和炒房团暴富，并使得用于公共服务的财力不足，进而导致一些人要让国有企业为开发商的暴利背黑锅，迫使国有企业私有化来杀鸡取卵地弥补公共财力的不足。

另外，当资源类企业盈利过低时，公共资源的定价并不应当跟着下降。正如没有地租就意味着土地所有权的实际废除一样，公共资源的定价偏低也意味着公共财富的流失。为此，需要详细分析资源类企业盈利过低的原因，如果是因为生产过剩导致盈利不足，那么，恰恰需要提高资源定价来限制生产；如果是因为加工深度不够，巨额利润被境外的深加工企业获得，那么也需要提高资源定价，收回境外企业掠走的资源租金。但是，这些做法的前提，是保证公共资源的公共所有权。然而，在市场化、私有化和追求 GDP 的改革中，我国的公共资源，一方面，被大量廉价地让给私人资本，甚至外资；另一方面，被过度利用，导致资源类产品价格偏低。"过去多年，中国以仅占全球总储量 23% 的稀土储备向世界供应了 95% 的稀土产量，不仅价格低得犹如'黄金卖了土豆价'，而且由于开采技术含量低，盲目开采，以致造成国内巨大的环境成本。当中国意识到问题严重开始限制稀土出口时，美日欧却极为不满，寻找大量证据来起诉中国，最后如其所愿，使得中国在稀土案中败诉了"。③ 对此，中国有可能征收资源税替代出口税。④ 但是，资源税代替不了

---

① 《资本论》第 1 卷，人民出版社 2004 年版，第 237 页。

② 余斌著：《45 个十分钟读懂〈资本论〉》，东方出版社 2011 年版，第 129-135 页。

③ 《中国稀土案败诉"败"在哪儿?》，http://newpaper.dahe.cn/dhb/html/2014-04/03/content_1052999.htm，2014 年 8 月 12 日。

④ 《稀土案败诉 中国或征收资源税替代出口税》，http://www.chinagb.org/Article-303248.html，2014 年 8 月 12 日。

资源定价，而且税收是政府的财政收入，归政府所有，但公共资源收入应当归公共资源的所有者即全体人民所有。这两种所有权并不相同，不能混淆。

鉴于"日本在购得大量稀土后，并不急于使用，而是将之存于海底，以应对未来能源之所需。美国是仅次于中国的第二大稀土资源国，但是美国储而不采，采取只探不采的策略"①，稀土资源的定价应当高到，或者使日本不再储备稀土，或者使美国转而开采本国稀土的程度。

还需要指出的是，在一般情况下，国内资源的价格宜高于国外资源的价格，从而刺激资源的进口，以便优先使用国外资源，保护国内资源。而这样做的前提是公共部门能够控制和限制国内资源的开发和生产。

四、公共服务的定价

据报道，国务院颁布的《诉讼费用交纳办法》于 2007 年 4 月 1 日起正式实施，4 月 2 日是新规实施后首个工作日。由于新办法大幅度降低诉讼费，致使当年前三个月不少"憋着不起诉"的案件涌入法院，加上不少终于"打得起"官司的案件加入，4 月 2 日当天南京各法院均呈现出诉讼高潮。② 这意味着公共服务定价是否合理，甚至直接影响到人们对于公平正义的追求。

马克思曾经提到，正如亚当·斯密所指出的，这些非生产劳动者的服务的价值是通过并且可以通过决定生产劳动者的价值的同样方法（或类似方法）来决定的。"这就是说，由维持他们的生活或者说把他们生产出来所必需的生产费用来决定"。③ 因此，当法官们已经领取工资，获得了把他们生产出来所必需的费用后，就不应当再收取高额的诉讼费。诉讼费用应当仅仅包括法律文书的纸张费等物资消耗费用。

当前，中国民众头疼的一个高价的公共服务是医疗服务。医院和医药企业都成了盈利机构，人们为了获得公共医疗服务，不得不向各路资本支付高额利润。对此，应当把医生像法官一样养起来，然后像降低诉讼费一样，降低诊疗费。同时，要大力培养更多的高水平的医生、创办更多的医疗机构，并利用公有制经济的制度优势，要求不以利润为追逐目标的国有药企为人民群众生产廉价高效的药物。在古巴，医疗不是商品④；按人均计算，那里的教育家、医生和体育教师的指数是世界上最高的。⑤ 古巴能做到的，我们没有理由做不到。

西方公共经济学认为，对于具有非竞争性和排斥性的混合产品，例如有可能会出现拥

---

①　《中国稀土案败诉"败"在哪儿？》，http：//newpaper. dahe. cn/dhb/html/2014-04/03/content_1052999. htm，2014 年 8 月 12 日。

②　《法院诉讼费 4 月起大幅降价 南京法院立案暴涨 2 倍》，http：//news. sohu. com/20070403/n249152879. shtml，2014 年 8 月 12 日。

③　《马克思恩格斯全集》第 33 卷，人民出版社 2004 年版，第 145 页。

④　［古］菲德尔·卡斯特罗著，徐世澄等译：《总司令的思考》，社会科学文献出版社 2008 年版，第 109 页。

⑤　［古］菲德尔·卡斯特罗著，王玫等译：《全球化与现代资本主义》，社会科学文献出版社 2000 年版，第 9 页。

挤的道路和桥梁，既可以由政府提供，也可以由市场提供。前者是由政府财政预算提供，消费者免费使用；后者是设卡收费，由使用该产品的消费者负担路、桥的成本费用。到底采用哪种提供方式，要对税收成本、税收效率损失与收费成本、收费效率损失进行比较后，择优而定。① 但是，政府部门也可以设卡收费，或者交由国有企业来设卡收费。但与私人资本要求利润不同，前两者可以不要求利润，只收回必要劳动部分就行。因此，即便前两者的成本偏高②，但只要低于后者的成本加利润，就能够给消费者提供一个低于后者的服务价格。因此，要比较采用哪种方式更好，只能比较消费者最终支付的价格。

关于公共教育，西方公共经济学认为，受到良好教育的公民使全社会都受益，这种利益是不可分的，但受到教育的公民也直接受益，这部分利益又是可分的。在市场机制下，人们按照本人获得的利益所决定的购买量，会导致效率损失。为了经济效率的实现，政府可以直接提供这一准公共产品，以较低的价格鼓励人们增加消费。几乎每个国家的政府都参与对教育的直接投资，但一般只提供基本的义务教育。其原因在于，公民达到基本的文化程度，对整个社会意义更为重大，而教育程度越高，越是更多地体现为直接受到教育的公民受益。③

但是，政府提供公共教育，也需要经费支出。如果这些经费来源于税收，而人们由于纳税的缘故，可支配收入减少，其对教育的消费未必增加，除非政府强加以受教育的义务。实际上，政府提供公共教育，也是在进行转移支付，让有能力的人为没有能力消费教育的人支付费用。只不过，中国的义务教育还远没有做到免费提供的程度。在此思想指导下，中国教育资源的配置严重不均衡，导致了高额的择校费和相关的学区房开支等费用。

另外，所谓受到良好教育的公民使全社会都受益的那种利益也是可分的。当英国政府在1843年的议会会议上要使徒有其名的义务教育生效时，工业资产阶级倾其全力来反对，尽管工人坚决表示赞成。④ 这是因为，这种义务教育会妨碍大批儿童在资本家的工厂里做工，使资本家难以榨取儿童的血汗。当年英国工人不断要求议会建立纯世俗的公共教育制度，而把宗教教育交给各教派的神职人员去管，但是当时没有一届内阁同意采取这类措施。这是必然的。内阁大臣是资产阶级的驯服的奴仆，而资产阶级又分成无数的教派；每个教派都只有在他们能够使工人同时接受这个教派所特有的教条作为抗毒素的时候，才同意工人受教育，否则，让工人受教育是危险的。因为这些教派至今还在为争夺最高的统治权而争吵，所以那时的工人阶级就只好暂时不受教育了。⑤ 不过，当时也有资本家意识到，"如果不教育工人（即教育他们服从资产阶级），他们就会片面地从邪恶的自私自利观点来看问题，并且容易被狡猾的煽动家所诱惑；他们甚至还会用忌妒和敌对的眼光来看待他们的最好的恩人——那些俭朴的富于进取心的资本家。在这种情况下只有正确地教育

---

① 黄恒学主编：《公共经济学》（第二版），北京大学出版社2009年版，第118-120页。

② 由于注意保护劳动者权益，不对劳动者进行残酷剥削，前两者的成本偏高是必然的。

③ 黄恒学主编：《公共经济学》（第二版），北京大学出版社2009年版，第114页。

④ 《马克思恩格斯文集》第1卷，人民出版社2009年版，第424页。

⑤ 《马克思恩格斯文集》第1卷，人民出版社2009年版，第425页。

他们才行，否则国家就要破产，其他灾祸就要发生，因为工人的革命将是不可避免的"。①这也是后来工人阶级得以受些教育的原因。同时资产阶级也用所谓公民教育在无产阶级中加强资产阶级意识形态的影响，强调个人主义，使工人脱离反对资产阶级的斗争。

由此，我们就可以理解，为什么发达资本主义国家只提供基本的义务教育了，那只是为了使资本家节省培训费用，为他们提供合用的、驯服的劳动力。当然，"如果说，在美国的几个州里，'高一级的'学校也是'免费的'，那么，事实上这不过是从总税收中替上层阶级支付了教育费用而已"。②

而对于社会主义国家来说，"对所有儿童实行公共的和免费的教育"③，则是《共产党宣言》中曾经提出的重要措施之一。新中国成立并在改革开放取得巨大成就之后，我们不仅应当也完全有实力这样做。

有些公共服务是与公共资源结合在一起的。例如，管道煤气的服务。因此，这里的定价涉及两个方面，一个是煤气的资源的定价，另一个是把煤气资源输送到居民家庭的服务的定价。在2001年8月某市管道煤气价格改革听证会上，对管道煤气公司的经营成本进行了认定。其中，将经营成本中的员工工资按当地社会平均工资进行了计算。④ 这种计算方法是不妥当的。因为该公司提供的是公共服务，其工资和福利水平应当参照同样是提供公共服务的公务员的工资和福利水平来确定，不应当与包括了刻意压低员工工资水平去追逐企业主私利的私有企业中的工资水平的社会平均工资去比较，除非当地公务员的工资和福利水平是参照当地社会平均工资和福利水平来确定的。

2014年北京市政府部门打算提高地铁和公共交通的票价，为此，他们召开了听证会，邀请了20来位代表，抛给了他们两套涨价方案，根据这些代表的选择，确定了涨价的方案。这种公共服务定价方式，既不民主，又不科学。首先，这些代表并不是民主选举出来的，其次，他们并不都具有公共经济学的知识，不清楚如何进行公共服务的定价才是科学的，更不清楚地铁和公共交通的票价上涨是普通乘客为房地产商买单。要知道，从地铁的建设中获得很大好处的是沿线的房地产商。随着地铁线的建设，沿线房地产商的房价大涨。这个好处主要是地铁建设带来的，应当用于至少是部分用于补偿地铁建设的成本，但是目前还没有对房地产因公共建设而升值的部分加征税收，于是所有的公共建设负担就由普通市民来为房地产商买单了。因此，相比地铁和公共交通涨票价，更应当首先开征税率在50%以上的地铁沿线物业增值特别费。

总之，公共服务定价的科学程序应当是，由政府相关部门向同级人民代表大会常务委员会提出公共服务定价申请，人大常委会审查同意后，由人大常委会指定一个工作委员会负责召集听证会。听证会由三方人员组成，政府相关部门与支持其意见的专家为一方，不同意政府相关部门意见的群众和专家为另一方，双方展开辩论，最后由出席听证会的第三方即由人大常委会指定出席听证会的人大代表们讨论并投票决定同意哪种定价方案。人大

① 《马克思恩格斯文集》第1卷，人民出版社2009年版，第435页。
② 《马克思恩格斯文集》第3卷，人民出版社2009年版，第447页。
③ 《马克思恩格斯文集》第2卷，人民出版社2009年版，第53页。
④ 朱柏铭编著：《公共经济学》，浙江大学出版社2002年版，第84-85页。

代表们意见不统一而不能形成多数意见的，则否决本次公共服务定价申请，责令政府相关部门重新形成更合理合法的申请意见，间隔至少半年之后，再提出申请。

五、国有企业的定价

国有企业的定价问题，是国有企业私有化的产物。正是因为国有企业在私有化时定价过低，才会出现国有资产流失、腐败严重、社会矛盾激化等问题，并且使得毫无经验的中国资本家的财富增长速度大大快于欧美国家的资本家。

在私有化的市场经济中，企业的价值就在于能够给资本家带来剩余价值。由于工人必须为资本家提供剩余劳动，使资本家不断地积累财富，因此，企业的价值必然大于企业资产的价值。从哲学上讲，整体大于部分的和。因此，那些把国有企业的各个资产单独评估后，再加总给国有企业定价的方法，必然会低估国有企业的价值。

另外，西方金融学给资产定价的法则是马克思提到过的资本化。"人们把每一个有规则的会反复取得的收入按平均利息率来计算，把它算作是按这个利息率贷出的一个资本会提供的收益，这样就把这个收入资本化了；例如，在年收入＝100镑，利息率＝5%时，100镑就是2000镑的年利息，这2000镑现在就被看成是每年取得100镑的法定所有权证书的资本价值"。① 这也就是说，如果一家国有企业每年能带来100万元的利润，那么在利息率为5%时，它的定价就应当是2000万元，哪怕它的净资产还不到1000万元。而这个定价，还是偏低了的。这是因为，国有企业的工资水平高于私有企业，一旦国有企业转变成私有企业，其工资水平必然下降，利润水平必然相应提高。因此，如果说国企100万元的利润，对应于100万元工资水平，那么国企私有化后，如果工资减少一半，利润将达到150万元，从而企业的定价就应当达到3000万元。这表明，即便国企是亏损的，只要其工资水平在私有化后会大大下降，其定价也是可以大于零。更何况，任何一个亏损的企业，其定价也不应低于其资产的变卖价格。因此，如果将国有企业私有化给私人资本或外国资本，其最合适的定价是让私人资本或外国资本觉得是可买可不买的鸡肋。

而在现实中，国有企业私有化的定价则毫无任何理论底线可言。例如，2005年，当私营企业建龙钢铁首次开始参与国有企业通化钢铁改制的时候，在双方评估资产时，通钢的1、2、3号三座尚在生产的高炉被作价为零。通钢的土地也被作价为零。通钢的专利权、非专利技术、商标权等50年来积累的无形资产全部作价为零。整个厂区的全部生产设备作价仅为900万元。与此对应的是，建龙之前7000万元购进的小高炉，则被作价10亿元入股。2005年9月，改制后的通钢开始大幅减员，30年工龄以上的职工全部下岗，共有7000人被内退、被下岗。事前既无通知，也没有召开职代会表决，完全被蒙在鼓里的时候，其命运已经被人改变。留下来的一般员工的月收入也比改制前有了明显下滑。②

---

① 《资本论》第3卷，人民出版社2004年版，第528-529页。

② 《评天则经济研究所"反国企"报告：漏洞百出的"研究"》，http://news.hexun.com/2011-09-07/133193484_4.html，2014年8月19日。

六、工龄的定价

与国有企业的定价一样，工龄的定价也是国有企业私有化的产物。由于工龄的定价是政府强制推行的，因而也算作公共定价。在国有企业的改革中，我们经常会听到买断工龄的说法。虽然在中国的法律与法规中并没有"买断工龄"一说，但国有企业与职工协商或强行协商解除劳动关系并进行一定的经济补偿，就是人们通常所说的"买断工龄"。而劳部发〔1994〕481 号文件《违反和解除劳动合同的经济补偿办法》就是给"买断工龄"提供的法律依据，其补偿标准也就是工龄的定价标准。

按照这个定价标准，因企业的原因要与职工解除劳动合同的，应该按"劳动者在本单位工作的年限，工作时间每满一年发给相当于一个月工资的经济补偿金"。假设 2004 年重庆市某被企业单方面解除劳动合同的职工，55 岁，本企业工龄 35 年，前 12 个月企业的平均月工资为 800 元。那么经济补偿金：$800 元 \times 35 = 28000 元$。该职工 55 岁，还应该继续缴纳 5 年的养老保险金和医疗保险金。而重庆市 2004 年的社会平均工资为 14357 元。按照个人缴纳养老金的比例为 18%、缴纳医疗保险金的比例为 7%，也就是说该职工在 2005 年应该缴纳 $14357 元 \times （18\%+7\%） = 3589.25 元$。我们再假设，从 2005 年起，直到 2009 年止，重庆市的社会平均工资都不增加，保持在 14357 元的水平，那么，从被"买断工龄"那一年起，该职工为了继续缴纳养老保险金和医疗保险金，直到法定退休年龄为止，他共需支付 $3589.25 元 \times 5 = 17946.25 元$。而他通过"买断工龄"得到的经济补偿金只有 28000 元。用 28000 元减去 17946.25 元，留给他和他家人 5 年的生活费只剩10053.75 元，平均每年 2010.75 元，平均每个月 167.56 元。比重庆市主城区最低生活保障还要低约 30 元。——此例中所举的企业平均月工资 800 元不是最低的、也不是最高的，月工资比 800 元还低的企业有的是。由此人们有理由怀疑劳部发〔1994〕481 号文件《违反和解除劳动合同的经济补偿办法》到底是要保护谁的利益。[1]

在这里，最关键的是，工作时间每满一年发给相当于一个月工资的经济补偿金，是根据什么原理来制定的呢？看来是根据工作时间每多一年，重新找工作需要多花一个月的时间来规定的，那么如果此人在 35 个月后还没有找到工作，在他可以领取养老金之前的这段时间该如何维持他的生活呢？更重要的是，即便此人在 35 个月内能够找到工作，这种工龄定价标准也是不合理的，它只适用于私人企业和外资企业的雇佣工人，而不适用于国有企业尤其是老国有企业的职工。

对于老国有企业的职工来说，买断工龄是赎回他们在国有企业曾经的贡献。因此，工龄的定价至少要按他们对国企的贡献来计量，不能随便设定年工资的十二分之一这么低的比例来计算。而国有企业职工对国有企业的贡献，要看他们以往提供的剩余劳动的多少而定。可以肯定的是他们每年提供的剩余劳动绝对大大超过年工资的十二分之一。

马克思曾经指出，"如果 1000 镑资本周期地（例如每年）创造剩余价值 200 镑，而这些剩余价值每年又都被消费掉，那就很清楚，同一过程重复 5 年以后，所消费的剩余价值量$=5 \times 200$，也就是等于原预付资本价值 1000 镑。如果年剩余价值只是部分地被消费

---

[1] 《说说"买断工龄"的法律依据》，http：//www.lawtime.cn/info/laodong/ldzyqtldzy/2011011994679.html，2014 年 8 月 12 日。

掉，例如只消费掉一半，那么，在生产过程重复 10 年以后，也会产生同样的结果，因为 10×100＝1000。总之，预付资本价值除以每年所消费的剩余价值，就可以求出，经过若干年或者说经过若干个再生产期间，原预付资本就会被资本家消费掉，因而消失了。资本家认为，他所消费的是他人无酬劳动的产品即剩余价值，而保存了原资本价值，但这种看法绝对不能改变事实。经过若干年以后，资本家占有的资本价值就等于他在这若干年不付等价物而占有的剩余价值额，而他所消费的价值额就等于原有资本价值。诚然，他手中握有一笔数量没有改变的资本，而且其中一部分如厂房、机器等等，在他开始经营的时候就已经存在。但是，这里问题在于资本的价值，而不在于资本的物质组成部分。如果某人借了等于自己全部财产的价值的债务而把全部财产耗尽，那么他的全部财产正好只代表他的全部债务。同样，如果资本家把自己预付资本的等价物消费掉，那么这些资本的价值不过只代表他无偿占有的剩余价值的总额。他的原有资本的任何一个价值原子都不复存在了"。①

这个原理对于国有企业同样适用。如果政府或其他部门从国有企业得到的上交的税利和其他利益，超过同等的私人资本或外国资本上缴的税费，且超过的部分大于历年来对于该国有企业的原始投资和追加投资，那么该国有企业的资产，也只是对国有企业工人的欠债而已。事实上，1953 年至 1957 年，鞍山钢铁联合企业向国家提供的利润和税收累计超过了同期的建设投资。② 以后的国有资产，基本上是由国企职工们的剩余劳动形成的。

对于这样的国企，如果要买断国企老职工的工龄，就要将该国有企业集体化，变成国有企业职工的集体财产，还要补偿历年来从该国企转移出去的偿还完国家投资后继续上缴的利润部分。这才是对国企老职工工龄的合理定价。

关 键 术 语

公共经济的需求 社会需要 有效需求 社会主义公共经济 公共产品的需求 官僚假公济私 寻租 特供 公共经济的供给 公共产品供给 间接生产 公共部门的供给 过度供给 公共经济的有效供给 公共定价 公共物品的定价 使用价值 交换价值 公共资源的定价 公共服务的定价 混合产品 国有企业的定价 工龄的定价

复习思考题

1. 影响公共经济需求的因素是什么？
2. 公共部门官僚的需求是什么？如何理解？
3. 公共经济如何实现有效供给？
4. 公共物品应该如何定价？结合水价调整谈谈自己的看法。
5. 公共资源应该如何定价？结合土地这种公共资源谈谈自己的认识。
6. 公共服务应该如何定价，并举某项服务为例。

---

① 《资本论》第 1 卷，人民出版社 2004 年版，第 657 页。
② 《中华人民共和国史稿》（第 1 卷），人民出版社、当代中国出版社 2012 年版，第 172 页。

第四章 公共支出

【教学目的和要求】

公共支出是公共经济活动的重要内容，是政府履行职能情况和公有制经济发展状况的体现。通过本章的学习，应着重掌握以下几个方面：

第一，了解公共支出的含义，明白这个含义超出了西方公共经济学的限定，还要了解公共支出的分类以及公共支出的原则；

第二，了解公共支出的影响，懂得对公共支出进行成本-收益分析，把握公共支出的归宿；

第三，对公共支出中的重要行为——政府采购的概念、原则和运行有一个基本的了解；

第四，了解公共支出规模不断增长的状况，学会分析公共支出增长的原因。

第一节 公共支出的概念

一、公共支出的含义

在西方公共经济学中，公共支出指的是公共机构通过政府财政部门在向社会成员提供公共产品的过程中，所支付的各种费用的总和。① 也有人认为，公共支出是公共部门为从事经济活动所消耗的一切费用的总和。② 前者其实是把公共支出等同于财政支出，可以看作是狭义的公共支出；后者则是较广义的公共支出，但还不够确切。

就中国而言，与西方发达国家不同，我们实行的是社会主义制度，尽管我们处于社会主义初级阶段，但是我国宪法规定"中华人民共和国的社会主义经济制度的基础是生产资料的社会主义公有制"，"国家在社会主义初级阶段，坚持公有制为主体、多种所有制经济共同发展的基本经济制度"。因此，公有制经济部门无疑也是我国重要的公共经济主体之一。公有制经济部门的支出，无疑也是公共支出。即便在西方国家，政府所控制的国有企业的支出，也同样是公共支出，而不是私人支出。

公共支出，在外延上超出了财政支出和政府支出，它是指公共经济主体在公共经济活动中所消耗的人力、物力和财力的总和。除了政府的财政支出外，它还包括公有制企业的支出、捐赠支出、志愿者的劳动付出，以及错误的公共经济决策所导致的流失性支出等。

---

① 黄恒学主编：《公共经济学》（第二版），北京大学出版社2009年版，第181页。

② 朱柏铭编著：《公共经济学》，浙江大学出版社2002年版，第127页。

在我国的社会主义初级阶段，财政支出之外，最重要的公共支出，是公有制企业的支出。

二、公共支出的分类

把公共支出划分为财政支出和非财政支出、政府支出和非政府支出，是公共支出的概念超脱出财政支出的概念之后的两个自然划分。在这里，财政支出是指纳入预算的政府支出，即狭义的政府支出；而政府支出是指政府部门的全部支出，包括没有纳入预算的各种支出。

总的来看，财政支出可以归为两类：一类是消费支出；另一类是运营支出。所谓消费支出，是指用于维持政府部门的费用，它包括政府部门人员的工资和福利，政府办公场所的建设和维护费用，非公务活动的公车使用费用，等等，也包括一些政府人员用公款支付的高额奢侈消费或享受型消费支出。所谓运营支出，是指政府部门执行职能的支出。这些职能在存在阶级差别的社会里，都是有阶级性的。只是有的职能阶级性比较强一点，比如作为国家机器的警察、法院等；有的职能阶级性弱一些，比如公共卫生方面的职能。有些支出的"公共性"还表现为对一个阶级的服务和对另一个阶级的压迫。

消费支出与运营支出，有时具有交叉性。例如，美国副总统拜登到中国来访问，其支出的主要部分就是运营支出，但是，他的孙女搭便车一起来①，其增加的费用就要算作纯粹的或者说不必要的消费支出。再比如，拜登出访法国，其支出的主要部分也是运营支出，但是他和他的随从人员在巴黎洲际大酒店住了一晚，花费掉58.5万美元②，超出了出访时的必要住宿经费开支。其超出部分就要算作消费支出。因此，在消费支出中，又可以分出必要的消费支出和不必要的消费支出两类，后者还包括政府成员的开支。在运营支出中，也可以分出必要的和不必要的两个类别，其中后者对应于前面的提到的公共部门的过度供给。

在财政支出中，必要的消费支出是第一位的支出。但是，如果没有运营支出，政府部门也就没有存在的必要了，也就得不到消费支出所需要的收入了。

毛泽东曾经指出，"一切空话都是无用的，必须给人民以看得见的物质福利。……为了革命，为了抗战，我们向人民要东西是完全合理的。我们的同志做了这一方面的工作算是做了他们应做的革命工作，这是很好的。但这只是做了一个方面的工作，而且还不是第一个方面的工作。我们的第一个方面的工作并不是向人民要东西，而是给人民以东西。……只有在做了这一方面的工作，并确实生了成效之后，我们去做第二方面的工作——向人民要东西的工作时，我们才能取得人民的拥护，他们才会说我们要东西是应该的，是正当的；他们才会懂得他们如不送出粮草等等东西给政府，则他们的生活就不会好，就不会更好"。③ 这段话中所谓"必须给人民以看得见的物质福利"，所谓"给人民

---

① 《美国副总统拜登携孙女访华》，http://www.ce.cn/xwzl/gnsz/gdxw/201108/18/t20110818_22627821.shtml。

② 《住酒店一晚花数百万元　美国副总统拜登大手笔惹怒民众》，http://www.chinadaily.com.cn/hqzx/2013-03/24/content_16340414.htm。

③ 《毛泽东文集》第2卷，人民出版社1993年版，第467-468页。

以东西"，就是要求人民政府为人民服务，这样的政府支出自然是运营支出。而这样的支出是第一个方面的工作，就是要求人民政府的财政支出，必须把为人民服务的运营支出放在首位，而把政府部门自己消费支出放在第二位。当然，不吃饭也干不了活。由此，我们把必要的消费支出和必要的运营支出称为刚性支出，其他的支出称为弹性支出。刚性支出是第一位的支出，弹性支出是第二位的支出。弹性支出中的消费支出必须削减，而运营支出则可以视情况而存在。

美国一些地方政府在遭遇财政困难甚至财政破产后，不得不削减一些政府部门、裁减部分人员、降低包括警力、照明、道路维护和清洁等服务的预算。那些保留下来的财政支出，可以视为刚性支出，而被削减的公共支出则可以视为弹性支出，尽管这些支出在平时或在其他地区也可以算作刚性支出。刚性支出与弹性支出的划分，反映了不同类型的公共支出有可能在资源配置上形成竞争关系，并明确了前者的优先地位。

需要指出的是，毛泽东的上述那段话是在抗战时期的 1942 年年底讲的。当时的抗战，按照西方经济学的说法，就是在提供国防服务，就已经是在给人民以东西了。但是，毛泽东仍然不满意，他进一步提出，"我们有什么东西可以给予人民呢？就目前陕甘宁边区的条件说来，就是组织人民、领导人民、帮助人民发展生产，增加他们的物质福利，并在这个基础上一步一步地提高他们的政治觉悟与文化程度。为着这个，我们应该不惜风霜劳苦，夜以继日，勤勤恳恳，切切实实地去研究人民中间的生活问题、生产问题，耕牛、农具、种子、肥料、水利、牧草、农贷、移民、开荒、改良农作法、妇女劳动、二流子劳动、按家计划、合作社、变工队、运输队、纺织业、畜牧业、盐业等等重要问题，并帮助人民具体地而不是讲空话地去解决这些问题"。① 这些话，对于今天的公共支出的安排，仍然具有十分重要的指导意义。如果今天的一些政府部门不去"组织人民、领导人民、帮助人民发展生产"，而仅仅只是把生产的事推给市场和那只看不见的手，不去具体解决那些蔬菜烂在地里卖不出去、下岗失业做小贩却为城管所不容、干活拿不到钱只能冒死讨薪等十分具体的问题，那么又怎么能在做向人民要东西的工作时取得人民的拥护呢？毛泽东提醒道："只有在我们的同志懂得并且实行了这样两方面工作的配合时，我们方能算得上一个完全的共产主义的革命家，否则我们虽也在做革命工作，虽也是一个革命家，却还不是一个完全的革命家。而且，对于某些同志说来，他们还是一个脱离群众的官僚主义者，因为他们只知道向群众要东西，却不知道或不愿意给群众一点东西，引起群众讨厌他们"。②

在西方公共经济学中，财政支出通常被划分为购买性支出和转移性支出两部分。购买性支出又称为消耗性支出，指政府以购买商品、公共工程和劳务的方式占用和消耗的社会资源，包括政府各部门的各种消费性支出和投资性支出；转移性支出指政府自身并不消耗社会资源，而是将社会资源在社会成员之间进行转移再分配。西方公共经济学认为，购买性支出产生资源配置的作用，转移性支出产生收入分配的作用。一些与公共购买性支出相关的社会集团的可支配收入增加，在某种程度上体现了收入分配的公平性，比如中小学义

---

① 《毛泽东文集》第 2 卷，人民出版社 1993 年版，第 467 页。
② 《毛泽东文集》第 2 卷，人民出版社 1993 年版，第 468 页。

务教育的支出、对某阶层所在行业和地区的政府优惠政策。由于以再分配为目标的转移性支出往往需要累进税来支持，而累进税往往扭曲人们在工作和闲暇之间的选择，并带来效率损失，这样转移性支出也可能影响到资源配置。①

其实，资源配置是指资源在不同人群间的配置，而不是单指资源在政府和社会之间的配置，因此，既然转移性支出使社会资源在社会成员之间进行转移再分配，那么它就是直接进行了或干预了资源配置。而在美国，那里实行的不是累进税而是累退税。据报道，美国奥巴马总统夫妇 2011 年的报税单显示，美国"第一家庭"2011 年的总收入是 78.9674 万美元，两人支付了 16.2074 万美元的所得税。根据测算，奥巴马夫妇 2011 年所缴纳的联邦所得税税率是 20.5%。这一税率低于许多比他收入低的美国人。再例如，副总统拜登夫妇的报税单显示，他们 2011 年的总收入约为 38 万美元，支付所得税约为 9 万美元，税率是 23%。② 这种累退税制表明，资本知道如何把公共支出的绝大部分"从自己的肩上转嫁到工人阶级和中等阶级下层的肩上"。③ 事实上，政府的阶级性决定了它的公平性与非公平性。在存在剥削阶级的社会里，无论是政府的购买性支出，还是转移性支出，都不可能去实现公平性。只不过，政府的购买性支出能够消化资本家卖不掉的商品，能够更好地向资本家输送利益，从而，在西方经济学的理论中，才显得比转移性支出"公平"。

还有一类投资性的公共支出，如主权财富基金或社会保障基金等对有价证券的投资，会衍生出一种支出，那就是由于投机失败而导致的亏损。例如，2008 年全国社会保障基金投资股票市场失败，投资收益率为 -6.79%④。这些亏损部分也形成公共支出，只是这种支出不参与提供任何公共产品，没有任何效益。

对于公共支出来说，一个重要的分类是生产性支出与非生产性支出的分类。其中，最有意义的是，公有制经济的生产性支出，尤其是其积累型的投资支出。英国《经济学家》周刊承认，每一个崛起的大国都曾依赖国家政府来推动增长或至少保护脆弱的行业，就连英国这个自由贸易思想的熔炉都曾成立东印度公司。"新兴国家一直在利用国家的权力来推动增长：想想 20 世纪 50 年代的日本和韩国，19 世纪 70 年代的德国，甚或独立战争后的美国"。"在第二次世界大战之后干涉不仅成为常识而且成为文明的标志。欧洲人建立了工业强国和福利国家。亚洲人将大量的资源投向大型国企"。由西方发达国家构成的经济合作与发展组织中，国有企业总值近 2 万亿美元，员工有 600 万人。⑤

与西方国家并非公有制的国有企业相比，社会主义公有制经济的生产性支出，不仅是公有制经济壮大的主要途径，而且支撑了国家的崛起，是实现中华民族伟大复兴的中国梦所不可或缺的物质基础，是走向社会主义中高级阶段和共产主义社会的必由之路。在社会

---

① 高培勇等编著：《公共经济学》，中国社会科学出版社 2007 年版，第 127-128 页。

② 《美国白宫：奥巴马家去年总收入约 79 万缴税 16 万》，http：//www.chinanews.com/gj/2012/04-14/3819128.shtml，2014 年 8 月 13 日。

③ 《资本论》第 1 卷，人民出版社 2004 年版，第 742 页。

④ 《全国社保基金年报发布：2008 年投资收益小亏 6.79%》，http：//news.xinhuanet.com/fortune/2009-05/06/content_11319890.htm，2014 年 9 月 17 日。

⑤ 余斌、张伟：《乱贴标签的资本主义之争及其对中国的启示——评英国〈经济学家〉关于国家资本主义的特别报道》，载《政治经济学评论》2012 年第 3 期。

生产力尚不发达的社会主义初级阶段，相比西方国家，我们更应当用政府财政来支持公有制经济，包括国有企业和集体所有制经济的发展，这也是人民群众当家做主即社会主义民主的体现。

斯大林就曾经提到，前苏联农业生产巨大增长的源泉是现代技术，而技术不能停止不前，它必须继续日新月异地改进，旧的技术必须作废，代之以新技术，新的再代之以最新的。但是，要把几十万台轮式拖拉机作废，代之以履带拖拉机，把几万台陈旧了的联合收割机作废，代之以新的联合收割机，以及例如，为经济作物制造新的机器，就要负担几十亿的支出，这些支出非经过六至八年之后不能完全收回。即使前苏联的集体农庄是百万富翁，也负担不了这样大的支出。这种支出只有国家才负担得了，因为国家，并且只有国家才能负担得起由于旧机器作废和换用新机器所受到的损失，因为国家，并且只有国家才能在六至八年之内承担这种损失，直到这笔费用收回为止。① 事实上，在招商引资的过程中，各级政府财政都以生产性支出的形式，直接和间接地给私人企业，尤其是外资企业，以相当大的支持。相比之下，对公有制企业给以支持就更是应当的了，这也是依宪治国的必然要求。对此，可以考虑在财政支出中设立专项基金，用于创办公有制企业或向公有制企业发放低息贷款。

在非生产性支出中，有一项非常重大的支出，是公共经济决策不当所造成的流失性支出，如国有资产流失所导致的支出、政策性亏损所导致的支出、政府官员贪污所得造成的支出，以及前面提到的在金融投机上的亏损等。还有一项流失性支出也值得关注，那就是为处理不当的公共活动的后果而增加的后续支出。例如，据报道，"新华视点"记者探访多地著名"政绩工程"发现，处置这些"政绩工程"继续消耗大量公共财政，同时，当地政府还在为其不良社会影响付出后续代价。在云南，河口县斥资 2.7 亿元建设的"文化长廊"在建成 3 年后，又花费 3 亿元拆除。② 这些拆除费用的支出是否适当，是完全毁掉以前的痕迹，从而全部建与拆的费用打水漂，还是做些调整，减少浪费和后续开支，其实是值得深入思考的。

三、公共支出的原则

西方公共经济学认为，良好的公共支出应奉行以下原则：一是弥补市场失灵的原则；二是社会利益原则；三是公平原则；四是厉行节约、讲求效益的原则；五是量入为出、保持平衡的原则；六是统筹兼顾、保证重点的原则；七是公开、透明的原则；八是法定原则。③ 这些原则，有的是可以借鉴的提高管理效率的一般原则，有的是出于资产阶级立场，有的只是空话。例如，将严重的两极分化略微缩小一点点，减轻一点社会矛盾，以利于两极分化的长期保持，是谈不上公平原则的，只能算是为了更好地维护不公平。

关于原则，恩格斯指出，"原则不是研究的出发点，而是它的最终结果；这些原则不

---

① 《斯大林选集》（下卷），人民出版社 1979 年版，第 608 页。

② 《"政绩工程"如何收场？——全国 663 个"形象工程""政绩工程"被叫停》，http：//news. xinhuanet. com/politics/2014-10/14/c_1112823898. htm，2014 年 10 月 15 日。

③ 黄恒学主编：《公共经济学》（第二版），北京大学出版社 2009 年版，第 184-187 页。

是被应用于自然界和人类历史，而是从它们中抽象出来的；不是自然界和人类去适应原则，而是原则只有在符合自然界和历史的情况下才是正确的"。①

因此，我们在谈到公共支出的原则时，考察的是现实中的公共支出实际遵循和在现阶段应当遵循的原则。它们分别是：

1. 阶级利益原则

在阶级社会里，作为阶级统治工具的政府的出发点必然是阶级利益。当然，有的时候，政府可能会为了自身的利益，而损害统治阶级的利益。但政府终究是要为统治阶级服务的。否则，在所谓宪政民主制度下，统治阶级可以通过议会拒绝批准预算，迫令政府关门。

西方公共经济学的社会利益原则要求，其实也是阶级利益原则。这一所谓的社会利益原则是指，政府的公共支出应以最大化社会利益为原则，即应当追求社会最大多数人的最大幸福，不能因考虑某些特殊私人、集团或阶层的利益而使资金分配产生人为的偏斜。但如果在这些私人、集团或阶层上的支出能够有利于增进整个社会的利益，也应列入财政支出。例如对某些私人企业以补贴，可以扩大就业、稳定经济。② 但是，"追求幸福的欲望只有极微小的一部分可以靠观念上的权利来满足，绝大部分却要靠物质的手段来实现，而由于资本主义生产所关心的，是使绝大多数权利平等的人仅有最必需的东西来勉强维持生活，所以资本主义对多数人追求幸福的平等权利所给予的尊重，即使有，也未必比奴隶制或农奴制所给予的多一些"。③ 西方经济学中的所谓最大多数人的最大幸福，是最大多数人在现有处境下凭借各自所拥有的财富所能达到的最大幸福，也就是说，乞丐和亿万富翁都能达到自己的最大幸福，尽管前者最大幸福状态下的生活水平还远远达不到后者宠物狗的生活水平。而西方经济学家所能想到的资金分配的人为偏斜，也是首先偏斜给资本家的。

在阶级利益的分化下，显然谈不上什么公共支出的公平原则。在英国殖民印度时期，"印度的财政连年亏空，军费负担过重，而公共工程的支出却等于零"④。马克思所提到的"欺骗性地出让国有土地，盗窃公有地"等流失性支出，也是为统治阶级集团少数人的利益而付出的。相反地，在1906年沙皇俄国面临饥荒时，列宁指出，"社会民主党要求取消用在宪兵、政治警察、警备人员等等上的开支，要求缩减身居高位的寄生虫们的俸禄和年金，要求检查国库的现金和账目。它也十分正确地要求把皇室的、皇族的、教会的、寺院的地产收入用来救济饥民"。⑤

当最大多数人的民族利益和极少数人的阶级利益都遇到威胁时，由极少数剥削阶级构成的统治阶级及其政府，甚至不惜牺牲民族利益来维护自己的阶级利益。普法战争期间，马克思在致比斯利的信中指出，"我必须告诉您，根据我从法国得到的种种消息来看，整

① 《马克思恩格斯文集》第9卷，人民出版社2009年版，第38页。
② 黄恒学主编：《公共经济学》（第二版），北京大学出版社2009年版，第184页。
③ 《马克思恩格斯文集》第4卷，人民出版社2009年版，第293页。
④ 《马克思恩格斯全集》第12卷，人民出版社1998年版，第196页。
⑤ 《列宁全集》第13卷，人民出版社1987年版，第253页。

个资产阶级都宁愿让普鲁士占领，而不愿让带有社会主义倾向的共和国取得胜利"。① 20世纪 30 年代，日本大举侵华之际，当时的国民党政府领导人蒋介石却提出，"攘外必先安内""国家的大患，不在倭寇而在江西的土匪""中国亡于帝国主义，我们还能当亡国奴，尚可苟延残喘；若亡于共产党，则纵为奴隶，亦不可得"。② 秉承蒋介石旨意的国民党山东省政府主席沈鸿烈则公然提出，"宁亡于日，不亡于共"，利用公共的军事开支做出了伤害抗日力量的行为。③ 只有在无产阶级掌权的社会里，由于统治阶级的成员构成了本民族的大多数，阶级利益才会与民族利益完全地一致起来，也才有可能实现公平原则，在公共支出上公平地惠及每一个人。

当然，极少数统治阶级的利益，有时也能与公共利益相一致。例如，恩格斯在晚年提到他早期所写的《英国工人阶级状况》一书中所描写的那些最令人触目惊心的恶劣现象，或者已经被消除，或者已经不那么明显时指出，"霍乱、伤寒、天花以及其他流行病的一再发生，使英国资产者懂得了，如果他想使自己以及自己的家人不致成为这些流行病的牺牲品，就必须立即着手改善自己城市的卫生状况"。④

此外，这里之所以谈阶级利益，而不谈统治阶级利益，是因为尽管公共支出的绝大部分是由为统治阶级所掌控的公共部门在为统治阶级利益服务的过程中支出的。但是，被统治阶级有时也会有非政府的公共支出，如工会的开支等，这些公共支出就是以被统治阶级的阶级利益为原则的。

2. 刚性原则

公共部门的支出，首先是要维护公共部门的存在。当然，这种存在必须符合统治阶级的利益。社会的公共需要在不同时期存在着一定的波动性，但也存在相对固定的需要，比如国防、治安、最低生活保障等。如果刚性支出得不到满足，那么，公共部门就得减少规模，甚至只好关门。不仅社会公共安全将会因此受到威胁，统治阶级的利益也会受到威胁。如今，一些地方政府在财政支出上优先满足政绩工程这样的弹性支出，拖欠乡镇干部和基层教师的工资那样的刚性支出，引发了很多矛盾和社会问题，也威胁到公共财政的健康运行。

根据刚性原则，在公共部门的刚性支出方面，应当量出为入，使公共收入的征收水平能够达到满足刚性支出的需要，以保持平衡，否则就要通过公共负债来解决。而债务的偿还同样需要提高（未来）公共收入的征收水平。

3. 分工原则

公共支出与私人支出是相对的。在支出的领域，公共支出与私人支出是相互分工、相互补充的。公共支出应当首先着眼于公共经济领域。例如，得到马克思高度评价的摩尔根

① 《马克思恩格斯文集》第 10 卷，人民出版社 2009 年版，第 346 页。

② 《攘外先安内：亡国之策遗臭万年、阴魂不散》，http://www.zaobao.com/forum/letter/jp/story20100905-34399，2014 年 8 月 28 日。

③ 《让毛泽东无比愤怒的太河惨案：200 余人被害》，http://history.huanqiu.com/china/2012-05/2743435.html，2014 年 8 月 28 日。

④ 《马克思恩格斯文集》第 1 卷，人民出版社 2009 年版，第 368 页。

对于古代社会的研究，就曾经在亲友的帮助下，得到了当时的美国政府的支持。① 但是，总的说来，"在资产阶级国家里，资产阶级真正用于文化目的的只能是小小的零头，因为巨额的款项它需要用来保证资产阶级的阶级统治"。②

而西方公共经济学所谓弥补市场失灵的原则，其实就是讲的政府与市场（实际上是公共部门与私人部门）在支出方面要有所分工，但表达方式十分蹩脚。因为他们所谓市场失灵，不是指市场在私人领域失灵，而是指市场在公共领域失灵。但是，从分工上讲，市场本来就不该进入公共领域，谈何失灵呢？从分工的另一面来讲，西方公共经济学的弥补市场失灵的原则，是要阻止公共部门进入市场即通常私人部门活动的领域。其理由有二：一是政府的购买性支出直接构成了社会总需求的一部分，政府对商品、劳务等的购买使这些社会资源流入到公共部门，意味着私人部门将无法使用这些资源，产生了所谓的"挤出效应"——公共部门的支出替代或挤出了私人部门的支出。③ 二是政府作为政权组织，其政治权力是企业和个人所不具备的，当政府依靠政治权力介入市场交换过程时，企业和个人就无法进行平等的市场交换；而当政府凭借政治权力去追逐尽可能多的赢利时，其行为所及之处就是市场关系的解体之处。④

但是，如果没有购买性支出，政府也就无法存在了，统治阶级的利益也就会受到损害。所谓的"挤出效应"并不产生于政府购买性支出的领域，而产生于使政府获得购买能力即为了维持政府的存在以及使政府发挥功能而不得不向政府提供公共收入的领域。在这里，当政府向企业和个人征收税款以获得公共收入时，是平等的市场交换么？如果不平等，那么市场关系因此解体了吗？实际上，即便政府依靠政治权力介入市场交换过程，获得了不平等交换的利益，但只要这些利益像税款一样用于公共支出，那只不过是另一种征税方式而已。

其实，对"挤出效应"的指责源于资本家担心政府创办的一些企业和搞的一些投资活动，对自己的同类企业和投资造成了竞争压力，限制了自己的暴利空间，甚至将自己在竞争中淘汰出局。但是，如果政府依靠政治权力介入市场是民主政治的要求和结果，难道也不能介入吗？那么，还有什么民主可言呢？另外，如果政治权力能够得到有效的民主监督，为什么不能用介入市场的方式来谋求公共利益呢？

由于，"鄙俗的贪欲是文明时代从它存在的第一日起直至今日的起推动作用的灵魂；财富，财富，第三还是财富——不是社会的财富，而是这个微不足道的单个的个人的财富，这就是文明时代唯一的、具有决定意义的目的"。⑤ 因此，在市场上，必然是尔虞我诈，各种低效率的欺诈横行。

于是，即便是在私人领域，市场本身也是失灵的。深究起来，没有哪一个领域是不存在市场失灵的。例如，在私人产品的生产上，我们可以看到没有哪一种私人产品不存在假

---

① 《马克思恩格斯文集》第 4 卷，人民出版社 2009 年版，第 30 页脚注。
② 《列宁全集》第 16 卷，人民出版社 1988 年版，第 306-307 页。
③ 高培勇等编著：《公共经济学》，中国社会科学出版社 2007 年版，第 127-128 页。
④ 黄恒学主编：《公共经济学》（第二版），北京大学出版社 2009 年版，第 183 页。
⑤ 《马克思恩格斯文集》第 4 卷，人民出版社 2009 年版，第 196 页。

冒伪劣问题，从假奶粉、转基因大米、劣质电线、注水肉到"打折股票"。每一个私人产品的生产领域最后都不得不让公共部门来对其进行监管，才能满足人们的正当需要。在中国只有公有制银行的时候，银行的储户们不用担心银行的倒闭会损害到自己的利益，而随着银行业要扩大对内对外"开放"，试办由私人资本发起设立自担风险的银行，储户们的存款变得危险了。① 尽管试点先行是成熟一家批设一家，但这个"成熟"不代表管理良好，不会破产，否则也不会推出什么银行破产条例了。而即便这样的银行没有破产，由于存款保险制度的设立，多出来的保险成本也是要由储户们来承担的。

让大多数人为极少数人的发财买单，在某些人看来，这是市场有灵，但它实质上就是市场失灵。这种市场失灵其实已经表明，私人生产方式已经不能适应这个时代的发展了。与其由公共部门投入大量的人力物力去监管私人生产，并克服各种信息不对称造成的难题，如行贿受贿问题，不如直接由接受全社会监督的公共生产方式即公有制经济来占领市场，在资源配置和商品生产上发挥基础性的和决定性的作用。

这样一来，在公共支出上的分工原则就要体现在政府部门与公有制经济部门之间。政府部门的公共支出应当主要满足行政事务的需要，包括教育和科研上的支出，而经济事务方面的公共支出则主要通过公有制经济部门来进行。

4. 民主法定原则

据报道，衡阳县乡镇干部和老师工资曾经被长期拖欠，引发上访不断。财政如此艰难，而奇怪的是，当地政府却是出手阔绰，耗资2000多万元建了巨型广场。个别单位送礼有钱，一年接待花费20多万元，但发工资没钱。② 其实，巨型广场不是不可以修，但它属于弹性支出，只有在优先满足了刚性支出以后，才可以支出。上述案例表明，公共支出需要一定的制度化安排。在这里，刚性支出尤其需要采用制度来固定或相对固定，不能由某一任公共部门的负责人任意变更。

"事实上，在编制财政支出计划时，常常把一些必须开支的项目不安排或少安排，使支出留下了缺口。缺口的存在是造成实际开支突破计划、收到难以平衡的一个重要原因。在经济发展的一定时期，国家以赤字的方式，适当地扩大生产性支出，拉动国内投资、扩大消费需求，对于扩大就业和保持一定的经济发展速度是很必要的"。③ 适当的赤字的确有时是必要的，但是除非只是安排必须开支的刚性支出时也不得不有赤字，否则，没有理由采用欺骗的手法，在预算中故意不安排或少安排刚性支出，违背刚性原则，等到预算通过后，再以刚性支出不满足就无法使公共部门正常运行来威胁突破预算，使立法机构民主决定的预算失去意义。对于这种做法，也必须用制度来加以限制和制止，追究预算起草者的责任。

网球运动员李娜获得澳网女单冠军后，湖北省委、省政府奖励李娜80万元人民币，

---

① 《存款超过50万请认真阅读 银行破产或将至》，http：//finance. qq. com/a/20140110/0087
84. htm，2014年8月26日。

② 《少开会少接待少批条 财政穷县衡阳"挤"出1300万》，http：//news. xinhuanet. com/news-
center/2005-06/05/content_3047959. htm，2014年8月29日。

③ 黄恒学主编：《公共经济学》（第二版），北京大学出版社2009年版，第185-186页。

也被质疑"政府权力的随意性太大，花钱太没规矩"，尤其是李娜早有表态她参加比赛并不是为了国家。①

所谓民主法定原则，就是指公共支出需要经过集体协商（包括立法机构的审议、职工代表大会的讨论），按照公共支出的各项原则达成协议（包括通过相关法案），并严格按照达成的协议来执行，不能由个别人随意开支。遇到公共支出的实际情况超出原订协议的情形，也必须根据协议中规定的办法通过集体协商来调整。

5. 廉价高效原则

当资产阶级还没有把整个社会、国家等置于自己支配之下的时候，资产阶级经济学把君主、法官、军官、教士和学者放在与他们自己的、由资产阶级以及有闲财富（土地贵族和有闲资本家）豢养的大批仆从和丑角同样的地位。这些人不过是社会的仆人，就像别人是他们的仆人一样。他们靠别的人勤劳的产品生活。因此，他们的人数必须减到必不可少的最低限度。国家、教会等，只有在它们是管理和处理生产的资产者的共同利益的委员会这个情况下，才是正当的；这些机构的费用必须缩减到必要的最低限度，因为这些费用本身属于生产上的非生产费用。② 这就是廉价政府和公共支出的厉行节约原则的由来。

但是，一旦资产阶级占领了地盘，一方面自己掌握国家，另一方面又同以前掌握国家的人妥协；一旦资产阶级把意识形态阶层看作自己的亲骨肉，到处按照自己的本性把它们改造成为自己的伙计；一旦资产阶级自己不再作为生产劳动的代表来同这些人对立，而真正的生产工人起来反对资产阶级，并且同样说它是靠别的人的勤劳来生活的；一旦资产阶级有了足够的教养，不是一心一意从事生产，而是也想从事"有教养的"消费；一旦连精神劳动本身也越来越为资产阶级服务，为资本主义生产服务——一旦发生了这些情况，事情就反过来了。这时资产阶级从自己的立场出发，力求"在经济学上"证明它从前批判过的东西是合理的。此外，这些经济学家（他们本人就是教士、教授等）也热衷于证明自己"在生产上的"有用性，"在经济学上"证明自己的薪金的合理性。③

这样一来，厉行节约的廉价原则在西方学者和资本主义社会那里都坚持不住了。相反地，所谓高薪养廉，也就是高成本地收买这些公仆，成为了常态。有人认为，1830—1850年欧美各国的人均公共开支的增加所反映出来的政府的不断扩大，是在制约市场力量，减弱其负面效用。④ 其实，那个时期，欧美各国还在对外尤其是对亚洲实行侵略战争，国内的资产阶级和工人阶级的斗争也日益激烈。公共开支的扩大完全没有用于制约市场力量，减弱其负面作用，反而是强化市场力量，扩大其负面作用。真正能够制约市场力量、减弱其负面效用的是工人阶级以阶级斗争形式进行的抗争，其结果是政府部门以提供社会福利的方式代替私人部门中的资本家承担相应的社会责任，导致这方面的公共支出有所扩大。

① 《政府奖李娜 80 万有违公共财政伦理 需看民意脸色》，http://sports.sohu.com/20140128/n394351885.shtml，2014 年 9 月 24 日。

② 《马克思恩格斯文集》第 8 卷，人民出版社 2009 年版，第 240 页。

③ 《马克思恩格斯文集》第 8 卷，人民出版社 2009 年版，第 241 页。

④ 韩德强著：《萨缪尔森〈经济学〉批判——竞争经济学》，经济科学出版社 2002 年版，第 289-290 页。

这也使得后来的资产阶级经济学家在讲廉价的政府时候，往往不是针对政府本身，而是针对这些社会福利。

相反地，为广大人民群众服务的无产阶级政权就能做到廉价政府和公共支出的廉价高效原则。"当巴黎公社把革命的领导权掌握在自己手中的时候，当普通工人第一次敢于侵犯他们的'天然尊长'的执政特权，在空前艰难的条件下虚心、诚恳而卓有成效地进行他们的工作，而所得报酬最高额还不及科学界高级权威人士所建议的伦敦国民教育局秘书最低薪额的五分之一的时候，旧世界一看到象征劳动共和国的红旗在市政厅上空飘扬，便怒火中烧，气得浑身颤抖"。①

1949 年 7 月 31 日，毛泽东在《我们是能够克服困难的》一文中也指出，实行精兵简政，简省国家开支，并以此作为初步地恢复和发展一切有益的工业和农业生产的两项基础之一。② 因此，公共支出的廉价高效原则对于政府部门来说是节省开支，厉行节约，少花钱，多办事，提高工作效率；对于公有制经济部门来说，则是提高支出的经济效率、讲究效益。为此，在公有制经济部门中，也"要合理确定并严格规范中央企业负责人履职待遇、业务支出，除了国家规定的履职待遇和符合财务制度规定标准的业务支出外，国有企业负责人没有其他的'职务消费'，按照职务设置消费定额并量化到个人的做法必须坚决根除"。③

其实，列宁早就看到，"资本主义文化创立了大生产——工厂、铁路、邮政、电话等等，在这个基础上，旧的'国家政权'的大多数职能已经变得极其简单，已经可以简化为登记、记录、检查这样一些极其简单的手续，以致每一个识字的人都完全能够胜任这些职能，行使这些职能只须付给普通的'工人工资'，并且可以（也应当）把这些职能中任何特权制、'长官制'的痕迹铲除干净"。④ 既然公务员并不比工人辛苦，也不比工人更能干，那么，他们只拿到普通工人的收入，就不仅符合廉价高效原则，而且符合公平的原则。同时，公务员的收入水平与普通工人的收入水平挂钩，还有助于他们关心普通工人的收入状况，为工人阶级服务。

公共支出的廉价高效原则还体现在量入为出、统筹兼顾上。新中国成立初期，百业待举。1952 年 11 月，中共中央和政务院发出号召，要求必须把有限的资金和建设力量首先保证重点工业的基本建设，特别是确保那些对国家起决定作用的、能迅速增强国家工业基础的主要工程的完成。一些次要的、可以推迟的建设必须推迟，一些对国家不起重要作用的工程投资必须削减，盲目铺摊子的现象必须克服。⑤

公共支出尤其是财政支出的量入为出，不等于有钱就花，必须要有一部分储备资金防

---

① 《马克思恩格斯文集》第 3 卷，人民出版社 2009 年版，第 159 页。
② 《毛泽东文集》第 5 卷，人民出版社 1996 年版，第 315 页。
③ 《习近平：共同为改革想招 一起为改革发力》，http：//news. xinhuanet. com/politics/2014-08/18/c_1112126269. htm，2014 年 8 月 30 日。
④ 《列宁全集》第 31 卷，人民出版社 1985 年版，第 41 页。
⑤ 《中华人民共和国史稿》（第 1 卷），人民出版社、当代中国出版社 2012 年版，第 171 页。

灾备荒和应对公共支出当中可能出现的波动情况。量入为出的前提是廉价和节约。

如今在中国科研领域的公共支出上，廉价高效原则既体现得不足，又体现过头了。体现不足表现在有些课题的科研经费偏高，体现过头则表现在科研经费中不含研究人员的劳务费。高校教师多上一些课，可以多得讲课费，但多做一些科研课题，却不能多得劳务费，科研经费只能用于科研过程中的资料费、设备费和调研费等。于是乎，国家用于科研的公共开支年年增长，但其中用于主持科研的人员的劳务支出却微乎其微。看上去很重视科研，但却漠视科研中最重要的人的因素。

6. 公开透明原则

西方公共经济学认为，公共支出所涉及的资金，来自于纳税人的钱，是纳税人十分关心的问题。因此，政府在进行公共支出时，必须公开、透明，及时地向公众公布钱用向何处，用于什么目的。[1]

事实上，公共支出所涉及的资金并不都是来自于纳税人。例如，有些来自外国的援助。公用事业也可以有一些营运收入，用于公共支出。更重要的是，人类社会是从原始公有制社会发展而来，尽管经过了长期的私有化过程，但是仍然有些公共资源掌握在政府手中，这些资源所带来的收入并不直接来自于纳税人。

公开透明其实来自于民主法定原则。这里把它单独列出来，是因为它的意义比较重大。即便公共支出所涉及的资金不是来自于纳税人的钱，也要公开透明。这是公共事务，要防止徇私舞弊。当然，从阶级分析来看，公开透明原则也要受制于阶级利益原则。国民党蒋介石政权从美国获得的用于打内战的军事援助，就不会向中国共产党和全国人民公开，而只会在极少数政权寡头们那里公开。

当前一些涉及国家和民族利益的公共支出，如果公开会导致国家和民族利益受损的话，也可以不进行大面积公开。但也要在一定范围内和在一定时期之后予以公开。

公开透明并不仅仅是为了让人们知道，公共支出把钱花在哪里了，而是为了通过民主监督来提高公共支出的效率和效益。例如，在对公共支出项目的选择和成本效益进行科学的评估时，如果仅仅依赖少数专家和机构，难免存在较大的偏差，这时，如果公开透明地发布相关项目，就可以发挥和利用各种公众人群的智慧，发现其中的偏差，改进公共支出项目的效率和效益。

7. 社会进步原则

《共产党宣言》指出，"共产党人为工人阶级的最近的目的和利益而斗争，但是他们在当前的运动中同时代表运动的未来"。[2] 社会进步原则也是阶级利益原则的一种体现，但它不是任何一个阶级利益的体现，而主要是无产阶级利益的体现，所以要单独列出来。

邓小平曾经提出的判断姓"资"还是姓"社"的"三个有利于"标准（即"应该主要看是否有利于发展社会主义社会的生产力，是否有利于增强社会主义国家的综合国力，

---

① 黄恒学主编：《公共经济学》（第二版），北京大学出版社 2009 年版，第 186 页。
② 《马克思恩格斯文集》第 2 卷，人民出版社 2009 年版，第 65 页。

是否有利于提高人民的生活水平"① ）就是以无产阶级和人民大众的利益为原则的，也是对社会进步原则的体现。这个标准，不仅是改革举措的判断标准，也应当成为评价公共支出的判断标准。

第二节　公共支出的评估

一、公共支出的影响

西方公共经济学讨论了政府部门的财政支出的影响，并认为公共财政支出对社会再生产的各个环节都产生着重大的影响，无论在政府管理活动中，还是在国民经济活动中，都具有重要的地位。②

例如，政府的购买性支出，首先影响到商品或服务的销售市场。当购买性支出增加时，市场价格水平上升，企业利润率提高；企业会因利润率提高而扩大生产，所需的资本品和劳动力亦将随之增多；所需资本品的增多，又可以推动生产资本品的企业扩大生产。所需劳动力的增多，会引起就业人数的增多，从而引起消费品的社会需求膨胀，生产消费品的企业的生产规模同样可能因之扩大。在各部门企业相互刺激和相互推动的情况下，购买性支出的增加有可能在全社会范围内导致一系列企业的生产有较为普遍的增长。随着社会生产的增长，对资本和劳动力的需求就可能增加，从而出现下述情况：在资本市场方面，由于投资的利润率有所提高，原来不愿投资的市场游资会转向生产，或者个人将储蓄资金的一部分用于投资；在劳动力市场方面，失业者会被吸收到生产中去，或者新生劳动力获得就业的机会。资本和劳动力供给的增加，均为继续扩大社会生产提供了所需的物质条件。于是，政府购买性支出的增加，往往会通过直接或间接刺激社会总需求的增加，导致社会生产的膨胀，形成经济繁荣的局面。当购买性支出减少时，则会出现相反的情况。如果政府购买性支出的总额不变，而只是所购买的商品或服务的种类发生变化，其结果是，各有关企业或部门从政府购买性支出中所获得的利润在比例上发生变动，有的增加，有的减少，整个社会的收入分配状况，将因政府购买性支出结构的变动而受到相应的影响。③

但是，政府的购买性支出要产生上述影响，不是没有前提条件的。这些前提条件，首先是，政府的购买性支出没有挤出私人的购买性支出。否则，当政府通过征税使私人收入减少，导致私人的购买性支出减少时，政府的购买性支出只不过填补了私人的购买性支出退出的空间，并没有从总体上增加对商品或服务的购买，从而不会导致市场价格上升和上面所描述的其他后果。曾经有人质问马尔萨斯："假如有人感到需求不足，那么马尔萨斯先生是否会劝他把钱付给别人，让别人用这笔钱购买他的商品呢？"④ 显然，即便政府购

① 《邓小平文选》第 3 卷，人民出版社 1993 年版，第 372 页。
② 黄恒学主编：《公共经济学》（第二版），北京大学出版社 2009 年版，第 189 页。
③ 高培勇等编著：《公共经济学》，中国社会科学出版社 2007 年版，第 129-131 页。
④ 《资本论》第 1 卷，人民出版社 2004 年版，第 189 页脚注。

买性支出能够提升市场价格促进生产，人们一般也不会认可，为了经济发展而让政府的购买性支出不断扩大。

其次，为购买性支出而融资的征税没有损害资本存量，否则购买性支出的增加，固然会使市场价格上升，但是企业无力扩大生产，还有可能遇到工资上涨等成本上升的问题，导致生产进一步萎缩。再次，不存在生产过剩危机，没有大量产品卖不出去的现象。否则，政府的购买性支出的增加，可以消除一些库存，让资本家少受些损失，但是未必会导致市场价格上升，而且由于市场前景不好，企业在库存消除到一定程度之前，并不会恢复此前的生产规模，更谈不上扩大生产。最后，如果政府的购买性支出的种类和结构变化，引起各有关企业的利润率变化，政治经济学所揭示的一般利润率规律将引起资本在各企业之间的流动，从而整个社会的生产结构也会受到影响。

西方公共经济学把降低消费价格使之低于市场价格的补贴称为价格扭曲补贴。① 从这个名称可以看出，西方经济学家对这类公共支出的影响的评价是非正面的。但他之所以反对价格扭曲补贴，只不过是见不得穷人的日子变好，认为那样会增加富人的负担。这就像马克思曾经提到过的 1866 年 12 月和 1867 年 1 月的英国《泰晤士报》所表达过的英国矿山占有者的心情，"文中描绘了比利时矿工的幸福生活，他们只是要求和得到为他们的'主人'而生存所绝对必需的东西。比利时工人备受熬煎，但是《泰晤士报》却把他们描写成模范工人！1867 年 2 月初，比利时的矿工（在马谢讷）用罢工作了回答，这次罢工是用火药和枪弹镇压下去的"。②

需要指出的是，发达国家的一些公共支出会产生严重的溢出效应或负外部性。例如，发达国家对本国农业的财政补贴支出，提高了本国农场主的收入和生产量，并压低了农产品的价格，从而不仅抑制了发展中国家农产品向发达国家的出口，反而使发达国家有大量农产品出口，压低了世界农产品的价格。这就使得以农业为主的发展中国家无法或难以通过剩余农产品的出口，获得足够的资金来发展本国的经济，也使他们无力偿还曾经欠下的外债，从而使发展中国家深陷于贫困之中而不能自拔。

由于公共支出涉足的领域很多，它的影响可以说是全方位的。有些公共部门的支出，如因公出国、公车使用、公款吃喝等"三公消费"，还会引起民众和舆论的不满和批评。当然，这其中有些支出是必要的，但有些的确是浪费。

在公共支出中，公有制经济的一项支出近年来有较大影响，那就是国有企业的工资支出。国有企业的职工的平均工资和福利水平，高于私有企业职工，引起了一些人的不满，认为它造成了收入分配不公，要求降低国企职工的工资水平。其实，国企职工的平均工资远低于私企老总的收入，私企老总的收入与私企职工的平均收入差距过大，才是收入分配不公的根源。削减国有企业职工的工资，以便私有企业主能够心安理得地给私企职工发更低的工资。其后果必然是收入差距的更加扩大。邓小平曾经指出，"贫穷不是社会主

---

① ［美］大卫·N. 海曼著，章彤译：《公共财政：现代理论在政策中的应用》，中国财政经济出版社 2001 年版，第 239 页。

② 《资本论》第 1 卷，人民出版社 2004 年版，第 693 页脚注。

义"①。中国的改革开放就是要不断提高人民群众的生活水平。国有企业的职工工资的水平相对较高，恰恰是中国改革开放巨大成就之一，是人民群众共享改革开放成果的一种体现。国企职工与私企职工的差距表明，应当以国有企业职工的工资水平为参照，不断强制提高私企职工的工资。

西方公共经济学还认为，政府支出在市场经济中会产生替代效应与收入效应。例如，政府对高等教育的补贴就存在着替代效应。因为补贴降低了教育费用的价格，居民便会用教育来替代他们原想花钱购买的其他商品；而政府给贫困人口提供的免费食品将产生收入效应，因为食品补贴改变了居民的财富状况，导致了居民消费结构的变化。正是由于不同的支出方式会导致居民的不同消费行为，政府便可以据此来达到政策调控的目的，尽管替代效应通常会产生低效率，因为它影响了市场得以有效运作的价格体系，造成对某一商品过度消费或消费不足。②

其实，私人支出也有收入效应和替代效应。如果某私人企业投资一项建设周期在一年或一年以上的较长时间的项目，那么，这个项目在一年或一年以上的较长时间内不提供任何生产资料和生活资料，不提供任何有用效果，但会从全年总生产中取走劳动、生产资料和生活资料。于是，一方面，货币市场受到压力，是因为在这里不断需要大规模的长期预付货币资本，从而导致利率上升。另一方面，生活资料和生产材料的价格都会上涨。自然地，这些后果会对其他企业产生替代效应和收入效应。如果说政府支出的替代效应通常会产生低效率，那么私人支出的替代效应同样会产生低效率，因此，完全没有必要拿政府支出会产生替代效应与收入效应来说事。

这里讲的建设周期在一年或一年以上的较长时间的项目，公共支出，尤其是公有制经济支出，通常也是会涉及的。由于新中国成立后，急于求成，漠视了马克思所揭示的规律，曾经导致基建项目过大，生产资料和生活资料短缺，价格上涨，不仅严重影响了人们的生活水平，而且一些项目上马后由于后续供给不足，又匆匆下马，造成了很大的浪费。

二、成本-收益分析

成本-收益分析是一种投资分析中常用的方法，它首先确定一个项目从投资到存续期结束的各期（各年）的支出（即成本）和收益，用收益减去成本得到净收益，然后按某种预期的收益率将各期净收益折算为净现值。如果净现值大于零，则该项目值得投资；如果有几个项目要取舍，则从净现值大于零的项目中，选择净现值最大者。

但是，未来的成本与收益在当前是未知的，只能用预测的方法来获得，而预测的准确性其实是没有把握的，否则市场经济中也不会有那么多破产出现了。其次，折现所使用的预期收益率实际上代表着资金的使用成本，通常各期是不变的，而这个成本在未来实际上是非常可能受各种因素的影响而发生变动的。从而，即便是对私人项目而言，成本-收益分析法也只是一种较为粗略的决策法。美国经济学家珀金斯揭露，如果美国打算用 10 亿

---

① 《邓小平文选》第 3 卷，人民出版社 1993 年版，第 64 页。

② 黄恒学主编：《公共经济学》（第二版），北京大学出版社 2009 年版，第 202 页。

美元贷款去"引诱"一个发展中国家，让该国领导人拒绝与前苏联结盟，那么在预测报告中，他就得把投资建造一座发电站、一条新的国家铁路线路以及一个通信系统的可能总收益作一个比较，他必须提供各种数据证明：如果该国建设这个项目，该国的国民生产总值能提高几个百分点。他的努力是要让那些接受了巨额贷款的国家都背上沉重的债务，以便当美国有所需要的时候就可以向这些国家提出要求，包括建立军事基地、联合国投票以及在他们国土上开采石油等自然资源。①

此外，私人企业在对投资项目进行成本-收益分析时，不考虑与金钱无关的、难以折算为金钱的内容，如是否为社会提供了就业岗位，是否损害了工人的健康，对环境造成了多大的破坏等，所以相对容易得多。而公共支出项目的成本-收益分析，则更多地要面对与金钱无关的、难以折算为金钱的成本和收益，只能勉为其难。

因此，与私人企业在进行成本-收益分析时，看重结果、强调定量、能赚钱才投资的决策不同，公共部门尤其是政府部门的成本-收益分析更看重过程，意在通过成本-收益分析，更全面地审视相关公共支出项目，以免有考虑不周之处，更强调定性一些。这其中，对于公共支出的不利影响和实际可能发生的成本支出，要估计充分，避免出现因人民群众意见较大或资金不足，而导致公共支出项目无法开展或出现烂尾工程的现象。当然，公有制经济部门的成本-收益分析则可以参照私人企业的成本-收益分析进行，只是要更加强调一下社会责任。

尼斯坎南指出，美国在 20 世纪 80 年代期间，国防的实际总支出增长了 60%，但在军事力量的水平、敏捷性和耐久性方面却没有一点提高；公立小学和初级中学中每个学生的实际开支增长了 40%，但中学毕业率或学生的考试分数却没有增长；人均医疗保健开支增长了 60%，但人们的普遍健康状况并没有明显的改进。对普通大众来说，大多数上述服务开支的增长，都应该被看成是浪费。② 但是，如果没有这些"浪费"，美国的相关项目质量只怕会下降。公共支出的这种增长我们稍后进行分析。不过，这里的分析也可以看成是一种成本-收益分析。也就是说，不直接将同一公共支出的成本与收益进行分析比较，而是把不同的公共支出的成本与收益，进行成本对成本、收益对收益的比较。在收益差不多时，比较谁的成本低，在成本差不多时，比较谁的收益多。

三、公共支出的归宿

公共支出的归宿指的是公共支出的分配效果。它揭示了公共支出的实质，即谁受益于公共支出。西方公共经济学承认，一方面，中高收入集团由于有较高的文化知识，有能力表达自己的意愿和组织游说集团，而成为公共支出计划的主要受益人。另一方面，公共支出项目名义上的受益者往往并非该种支出的最终归宿。这是因为，这些支出在实际分配过程中，会由于各种条件的变化及人们受益能力的不同而发生转移。例如，政府对穷人的住

---

① ［美］约翰·珀金斯著，杨文策译：《一个经济杀手的自白》，广东经济出版社 2006 年版，第 15 页。
② ［美］威廉姆·A. 尼斯坎南著，王浦劬等译：《官僚制与公共经济学》，中国青年出版社 2004 年版，第 274 页。

房补贴提高了住房供给的价格,所以,短期内受益的是房东而非穷人。① 因此,无论从直接归宿,还是间接归宿来看,富人们都是公共支出最主要的受益人。深圳市优先向腾讯公司老总马化腾等富豪而不是购房困难群众发放购房补贴或贴息,更是滥用公共支出。②

据新华网北京 2005 年 11 月 8 日电:30 位拥有亿万资产的浙江老总 7 日起齐聚清华大学经济管理学院,开始接受为期 12 天的封闭式脱产学习。其学费由浙江省政府出资,12 天课时共 42 万元,住宿费和生活费由学员自理。③ 清华大学经济管理学院党委书记陈章武教授认为,政府部门主动出资培训民营企业家,帮助民营企业更好地发展,从而带动整个地方经济的发展,增加税收、促进就业,这是一种良性循环。④

在这里,我们看到,30 位拥有亿万资产的老总直接获得了 42 万元公共支出的补贴,而他们是最不缺钱的。即便政府认为,这些老总需要培训,那么政府也只应当代他们联系相关院校,而不必为他们出资。而这些老总们经过培训,也许会使他们的企业有较大的发展,但是,在市场经济中,一将功成万骨枯。这些企业在发展的过程中,难免不会挤垮其他企业,在提高效率的同时,也可能会大量裁员,从而未必就能带动整个地方经济的发展、增加税收,反而有可能造成更严重的失业问题。对于那些被他们挤垮的中小企业主和因此而失业的人员来说,政府的这笔公共支出,带来的不是公共服务,而是灾难。

马克思主义经典作家早就指出了,政府的公共支出是如何有利于统治集团利益的。例如,恩格斯曾经提到,由于施行义务教育的结果,在普鲁士无疑还留下相当多的具有一定基本知识的人,这对资产阶级是非常有用的;随着大工业的发展,这批人最后甚至不够用了。抱怨开支大即征税多的呼声,主要是小资产阶级发出的;日益得势的资产阶级却考虑到,大国付出费用虽然讨厌,但却是不可避免的,是关系到未来的大国地位的,这些费用将从增高了的利润中得到绰绰有余的补偿。⑤ 更有甚者,西方列强用公共支出来扩充自己的军力,对外实行掠夺政策。"拿破仑借助于他用刺刀开辟的新市场,借助于对大陆的掠夺,连本带利一并偿还了强制性赋税"。⑥ 这种掠夺政策的好处,无疑也是落在了西方列强统治集团的头上。

需要指出的是,公有制经济在纳税之余,额外上缴财政的那部分利润,其直接归宿是其他的纳税人。这是因为,否则的话,这些纳税人就要为相应的财政支出提供额外的税收。而间接归宿就要看这笔用在什么地方了。要是用在培训私有企业主,那么,其最终的归宿,我们在上面已经分析过了。

---

① 黄恒学主编:《公共经济学》(第二版),北京大学出版社 2009 年版,第 200-201 页。

② 《腾讯独家回应:马化腾所获住房贴息将用于慈善事业》,http://news.xinhuanet.com/2010-10/28/c_12713262.htm,2015 年 1 月 5 日。与其让马化腾拿财政的钱作慈善,还不如由财政收回这些钱统一用于社会保障。

③ 《30 位亿万富翁清华脱产学习 浙江省政府 42 万买单》,http://news.xinhuanet.com/fortune/2005-11/08/content_3747767.htm,2014 年 9 月 24 日。

④ 《专访清华大学教授:浙商清华深造 充电还是做秀》,http://news.xinhuanet.com/fortune/2005-11/14/content_3776263.htm,2014 年 9 月 25 日。

⑤ 《马克思恩格斯全集》第 21 卷,人民出版社 1965 年版,第 481-482 页。

⑥ 《马克思恩格斯文集》第 2 卷,人民出版社 2009 年版,第 571 页。

第三节　政府采购

一、政府采购的概念

政府采购，顾名思义，它是政府部门购买商品和服务的行为，是政府部门购买性支出的实现，是公共支出的主要方式之一。但是，人们通常所说的政府采购，是指按照政府采购制度进行的采购行为，这些采购行为可以是政府部门采取的，也可以是得到财政资金支持的非政府部门采取的，或者其他受到政府采购制度约束的部门如一些国有企事业单位采取的。而政府采购制度，是指规范政府部门和有关部门采购行为的各个环节和各个方面的一套法律、法规。它包括：采购什么、由谁采购、向谁采购、如何采购、谁来监督、监督什么和如何监督，等等。

一般来讲，完善的政府采购制度应具有如下特点：一是有一套完善的公共采购法律体系；二是有明确的目标和原则；三是有一套以招标程序为主，适应各种采购环境的完整的采购程序；四是有比较完备的采购管理体制；五是有完善而有效的救济程序；六是注重对本国政府采购市场进行有效保护；七是有专门的公共采购机构和采购队伍；八是采取合同采购方式。①

2002 年 6 月 29 日，九届全国人大常委会第二十八次会议通过了《政府采购法》，并于 2003 年 1 月 1 日起施行。② 但是，政府采购制度的实施过程并不乐观。

2006 年 9 月，审计署公布了 42 个部门单位 2005 年度预算执行审计结果。教育部、国家自然科学基金委员会、文化部、国家民族事务委员会四部门违规进行政府采购活动，违规采购金额高达 3.8 亿元。③

2008 年 2 月 26 日京华时报报道，2007 年年底，北京市朝阳区芳草地小学利用财政性资金采购 29 套电子互动白板。根据政府采购的相关规定，芳草地小学委托中技国际招标公司进行招标。最终，北京海外星科技发展有限公司成功中标。此后，芳草地小学以中标产品不能完全符合要求为由，至今没与海外星公司签约。参与招标的朝阳区教委教学设备中心装备科科长刘影则向海外星公司表示，希望海外星公司申请退标，由此造成的经济损失，他可以通过其他方式"补偿"。2008 年 1 月 7 日，海外星公司向北京市纪委、朝阳区纪委、朝阳区采购办等多个部门递交了举报材料。举报朝阳区教委教学设备中心装备科科长刘影及芳草地小学的部分领导涉嫌存在暗箱操作，违反政府采购的相关法规。④

2008 年 11 月，在广州市番禺中心医院空调安装的政府采购项目中，报价 1707 万元

---

① 黄恒学主编：《公共经济学》（第二版），北京大学出版社 2009 年版，第 592-593 页。

② 黄恒学主编：《公共经济学》（第二版），北京大学出版社 2009 年版，第 623 页。

③ 《政府采购"违规清单"触目惊心 4 部门违规 3.8 亿》，http：//www.chinanews.com/cj/news/2006/09-18/791932.shtml，2014 年 10 月 1 日。

④ 《公司中标后被要求退出 曾遭一领导退市威胁》，http：//news.21cn.com/domestic/difang/2008/02/26/4391299.shtml，2014 年 10 月 1 日。

的专业生产空调的广州格力空调销售有限公司,败给了报价 2151 万元的根本不生产空调的广东省石油化工建设集团公司,政府多花了 400 万元买空调。①

2011 年 11 月,中国科学院空间科学与应用研究所,政府采购一个 128M 打印机内存条,价格高达 6247 元,比市场价翻了几十倍。此事经网络曝光后,采购合同被终止。②

显然,明确政府采购的原则,完善政府采购的运行程序,已经是推进国家治理能力现代化的应有之义。

二、政府采购的原则

一般来说,政府采购的目标是要降低成本。因此,在采购时的一般原则是公开、竞争、公平、公正、节约、直接和合规。

公开的原则是指,政府采购的需求信息和采购过程的相关信息和采购结果的信息都要公开发布,并要确保发布范围的广泛性,而不能只是小范围内发布。目前政府采购网上的公开信息只有商品的种类,而没有最关键的价格信息,这些信息只有输入账号和密码才能看到,这就不利于全民监督,无法落实《政府采购法》关于"集中采购机构进行政府采购活动,应当符合采购价格低于市场平均价格"的规定,而有利于徇私舞弊。

竞争的原则是指,政府采购的过程中,一般要求要有多家卖方的竞争。这是因为,在市场经济中,卖方的竞争是买方降低购买成本的有效方法。因此,只有在单一卖家拥有专享的知识产权或实力突出,市场垄断程度很高的情况下,才可以通过直接的谈判来进行政府采购。

而要吸引多家卖方的竞争,就要坚持公平、公正的原则。首先是要对市场上合法经营的所有企业尤其是参与政府采购竞争的多家卖方要一视同仁,使其能够公平的竞争。其次是在买方对卖方是一对多的情况下,买方与卖方之间也要公平。有些项目,卖方在报价时要提供很多操作上的信息,而买方则有可能会无偿利用这些信息,或与其他的卖方达成协议,或放弃政府采购,自行解决,或压低卖方的报价。而这对卖方是不公平的,必须保护卖方的这些信息付出。

节约的原则,一是指政府采购的需求以满足基本需要为主,不要铺张浪费。例如,在公车采购中,小排量的、简单配置的汽车能够满足的需求,不能提出大排量、高级配置的要求。二是指政府采购的总支出要低。这就要求除卖方的报价尽可以低外,还要求在政府采购之后的执行环节,政府部门的额外支出要少。比如,政府采购修车服务,地处偏僻地区的修车厂的报价可能很低,但是政府部门的车辆跑到或拖到那里去修的成本很高。这样也不符合节约原则。因此,遵守节约原则,就要考察政府采购项目在执行过程中所有环节的全部成本。三是指整个社会的总成本要低。节约不能以牺牲环境为代价,要突出节能环保,要顾及全社会的总成本。

---

① 《格力空调低价竞标却落选 怒告广州财政局乱花钱》,http://news.sohu.com/20091103/n267913116.shtml,2014 年 10 月 1 日。
② 《中科院回应"天价内存条"事件:目前合同已终止》,http://scitech.people.com.cn/GB/16441976.html,2014 年 10 月 1 日。

由于政府采购的过程本身也是有成本支出的，比如聘请专家和组织评审活动的费用、聘用有资质的招投标公司的费用等，因此要尽量节约相应的开支。这些费用固然可以由卖方来承担，但卖方在投标时会将相应的成本支出考虑在内，从而实际上这些成本还是由政府采购部门来支付的。在多家卖价的竞争过程中，必然会有失败的企业，对这些失败的企业来说，没有收益，只有支出。这是因为，失败的企业也会有相应的成本支出，比如购买标书，递送标书和派人参会的成本等。而这些失败企业参与竞争的行为却会产生正外部性，因为他们的存在，在竞争中获胜的企业不得不压低报价，从而节约了政府采购的支出。因此，如何给这些提供正外部性的失败企业以补偿，是值得研究的问题。如果没有补偿，长此以往，这些企业将失去参与政府采购的积极性，就难以形成竞争的局面。而在进行补偿之外，降低这些企业参与竞争的成本是十分必要的。比如，购买标书的费用应当按工本费来收取，并应当尽量采用不收费的电子文本。而通过网络视频来开评标会，也可以节省外地企业的差旅费用。

在这里，最好的办法是对于市场上存在适用产品的政府采购，也就是说对于不是特殊的创新产品的采购，不搞程序繁琐的招投标，而是把市场上所有合法经营的相关企业都作为合格的卖方，直接获取所需产品的市场价格信息，从中选择低价适用的产品直接向生产企业采购，并将采购情况和依据的市场价格信息登在政府网站上公开接受监督。

政府采购的直接原则要求政府采购直接面对生产企业，减少中间环节，节省中间环节产生的费用。这也是节约原则的必然要求。如今很多政府采购不是直接面对生产企业，而是通过中间商人来进行的。这就给徇私舞弊打开了方便之门，同时也提高了政府采购的成本，因为这些中间商人是要赚取利润的。前面提到的广州市番禺中心医院向非空调生产企业政府采购空调，不得不多花 400 万元，浪费财政资金，就是典型的例子。现在，不少中间商人是专门为政府采购而生的，成为寄生在政府和纳税人身上的寄生虫，也是官员腐败的温床。应当立法明确规定，除了因为成本过高而不采取政府采购制度的小额采购外，不得向非生产企业进行采购。这样才能真正"管住乱伸的'权力之手'，铲除滋生腐败的土壤，把宝贵的公共资金花在刀刃上"。事后问责总不如事先防范的效果好。

合规的原则是指，政府采购过程不仅要合乎国内的法律法规，还要符合本国签署的相关国际协议的规定，依照相关规定，在有监督的情况下进行。

三、政府采购的运行

政府采购的运行程序必须包括以下主要步骤：

一是研究和确定采购需求。这里要区分一般的常规采购事项，比如办公用品的采购，和特殊采购事项，比如公共工程的采购。一般的常规采购事项，通常先确定一个额度，由相关部门在额度内根据实际需要安排。特殊采购事项，则要一事一议，既要确定该事项的必要性，又要确定该事项的完成时间，这是因为，不同的完成时间，其成本不一样。还要预测完成该事项实际需要支出的成本，确定一个上限，确保财政资金能够满足支出的需要。在研究和确定采购需求时，特别要注意的是，采购的产品应当尽量是市场上现有的产品。如果这样，那么其成本可以由市场价来确定；如果不是，那么就得议价来决定，其成本会高于市场价。当前，一些政府采购的产品不是市场上现有的产品。例如，笔记本电脑，政府采购价明显高于市场价，其差别在于政府采购的产品的配置与市场上的产品的配置不同。但是，就一般的办公来说，完全没有必要采用与市场上的产品不同的配置。这样做，只会有利于投机商人，并给政府官员拿回扣提供腐败空间。因此，如果没有特别的必要，应当采购市场上现有的产品。

二是确定采购目标。政府采购的影响很大，其目标可以有多种，比如，支持残疾人就业、扶持贫困地区企业等。如果有这样的目标，那么，在政府采购时就会优先采购有大量残疾人工作的企业和贫困地区企业的产品，尽管这样的成本不是最低的。有些军工产品，如果只采购某一家企业的，会导致其他企业破产或转产，造成单一企业的垄断和军品供应的风险。为了避免这些问题，在采购时会同时向多家企业采购，尽管某一家企业可以用最低价满足全部的需要量。

《政府采购法》规定，除3种情形外，"政府采购应当采购本国货物、工程和服务"。但是，据报道，江苏一些部门在中央空调的政府采购中歧视民族品牌，在公开招标通告中提出：空调主机必须为进口品牌，产品为进口或合资产品；设备要求"国际品牌合资或进口产品"；品牌要求"中外合资及以上"。① 江苏这些部门的做法是明显的违法行为，其政府采购的目标出现了严重的偏差。更为严重的是，这不是江苏一省的问题。2009年国家发改委在其官方网站上承认，"目前在装备制造业招标采购活动中，通过在招标文件中设置歧视性条件违法限制国产设备使用的做法比较突出，在一些领域还相当严重，有关行业协会和企业反应强烈"。② 对于偏离《政府采购法》中政府采购目标的行为，必须加以纠正，并惩处责任人。

三是预防采购风险。要对政府采购过程可能遇到各种风险，包括采购目标和原则难以落实、物品短缺、价格上涨、不能按期完成、采购失败、购买国外企业的产品时操办人接受境外账户贿赂难以查证等，进行分析，选择风险相对较小的方案，并准备好应对各种风险的预案。

四是选择采购方式。《政府采购法》规定的采购方式有公开招标、邀请招标、竞争性谈判、单一来源采购、询价和国务院政府采购监督管理部门认定的其他采购方式。其中，公开招标是政府采购的主要采购方式。我们前面提到的直接根据市场价格信息到市场上去进行低价采购日常用品，包括非特殊要求建造的车辆、宾馆服务和电脑等，也应当作为政府采购的一种主要方式。要根据确定的采购需求、目标和原则，对采购风险的预防要求，以及各类采购方式的特点，选择适合的采购方式。

不过，政府在采用公开招标时会要求至少三选一，这样未中标的企业就会白白损失投标成本，这会使得一些企业在知道自己的中标可能性不大时，不愿意参加公开招标，甚至使公开招标难以达到三选一的要求，从而使政府采购要么难以进行，要么由最可能中标的一方去找合作企业来陪标以拼凑投标数，达不到公开招标应有的效果。因此，在进行公开

---

① 《人民时评：政府采购排斥国货?》，http：//news. xinhuanet. com/politics/2007-03/28/content_5904855. htm，2014年10月1日。

② 《九部委吁"4万亿"优先买国货 招标曾备受冷遇》，http：//news. fznews. com. cn/guonei/2009-6-15/20096152XH9WJ2_TS6535. shtml，2014年10月17日。

招标时，政府部门应当减轻未中标企业的投标成本，比如政府部门免费发放空白标书，甚至给予一定的投标补贴，使合格的企业有兴趣积极参与投标。

五是公开发布政府采购的需求信息和采购方式信息。除涉密项目外，要求在公开的政府网站上发布信息，以使发布信息的范围尽可能广泛。同时，要求发布的信息尽可能详尽，以便参与竞争的企业能够明确的列入计划，测算成本。不仅如此，发布的信息越详尽，公平程度越高，徇私舞弊的空间越小。有的政府采购项目，尤其是服务类项目，信息发布过于简略，让人不明白该项目具体要做哪些内容，而不同的内容，成本差别很大。这样一来，只有知道内幕消息的企业才能制定较为合适的方案，从而必然产生寻租和腐败现象。在公开招投标且竞争充分的情况下，政府采购的底价应当公开，而不必保密。这样做，会提高招投标的效率，达不到这个成本的企业会自动退出竞争，从而节约了相应的社会成本，而能够达成这个成本的企业的有效竞争同样会使竞争价格低于这个底价，不会出现因公开底价而提高政府采购的成本的现象，反而有利于阻止到处打探底价的寻租问题，避免相应的腐败和减少监督这一腐败的成本。

六是审核并确定供应商。审核供应商，首先要将非生产企业排除在外。其次，要将没有实力完成采购项目，或虽有实力但由于其他任务较多而没有精力完成采购项目的生产企业排除在外。这是因为，这样的企业必然会将项目层层外包，不能保证采购项目完成的质量。还要将以往在政府采购中表现不佳，且没有证据表明其进行了有效整改的企业排除在外。然后，根据供应商的竞争情况，选择质优价廉的供应商。

七是对供应商的确定结果进行公示。公示的范围为参加竞争的所有供应商，要对确定供应商的理由进行充分说明。按照救济程序，受理持有异议的被淘汰的供应商的申诉，公正地进行裁决。对于没有异议或经过裁决后的供应商，要上网公示，接受更大范围的监督。

八是签订和履行采购合同。供应商经过公示，无异议或经过裁决，最终确定后，政府采购的买卖双方就政府采购的相关事项，按照合同法的有关规定，签订合同，并认真加以履行。在合同中，要规定好相应的验收和结算条款。

九是验收和结算。根据采购合同的约定，对于政府采购项目的完成情况进行验收和结算。

十是记录供应商的信用。根据本次政府采购项目的完成情况，记录供应商的信用。对于完成情况不好、没能履行好合同、违规外包的供应商要列入黑名单，使其无法或难以参加日后的政府采购项目。对于合同履行完好的供应商，则要列入白名单，在日后的政府采购项目的招投标中，优先予以考虑。

十一是监督审计和奖惩。政府采购项目完成后，由政府采购部门以外的监督审计部门，对本次政府采购进行监督审计。重点检查是否达成了预定目标，尤其是有没有浪费财政资金，在执行政府采购过程中有没有出现什么偏差，和是否存在可以改进的地方。对于政府采购完成得好的先进单位和个人要进行奖励，对于政府采购完成得不好，违规严重的单位和个人要进行惩处。坚决制止暗箱操作、寻租腐败，遏制"天价采购""黑心采购""虚假采购"等违法违规现象。否则，政府采购就会流于形式，达不到应有的效果。公共支出的效果就会大打折扣，公共支出的效益就必然是低下的。

第四节 公共支出增长理论

一、公共支出规模的增长

西方公共经济学衡量公共支出规模的指标有两个：绝对指标和相对指标。绝对指标指公共支出的绝对数量，同时扣除通货膨胀的影响；相对指标指财政支出与相关经济变量如 GDP 即国内生产总值的比例。① 这表明，西方公共经济学所研究的公共支出规模的增长只不过是财政支出规模的增长。即便如此，这两大指标也不能很好地衡量财政支出规模的增长。

首先，绝对指标中对通货膨胀的扣除是不充分的。这是因为，西方经济学对于通货膨胀的度量是用物价指数上涨的幅度来计算的。但是，通货膨胀不必物价上涨，技术的进步和社会生产力的发展会导致单个商品的价值下降，如果此时，该商品的（纸币）价格保持不变，特别是当这种情况发生在物价指数所包含的许多商品上时，尽管物价指数不变，但通货膨胀却已然发生了。② 因此，这样的绝对指标会高估财政支出增长的规模。

要准确地测算公共支出规模增长，首先要将各经济指标从隐含着通货膨胀的价格量根据马克思的劳动价值论转化成由必要劳动时间计量的价值量，这样才能测算出公共支出的实际的绝对规模。其次，在衡量相对规模时，要将公共支出根据其资金的来源分成三个部分：一是其资金来源于私人部门所缴纳的税收和费用的部分，二是公有制经济或国有经济上缴财政进行转移支付的部分；三是公有制经济或国有经济（包括国有资源）用于经营活动的部分。第一部分要与私人部门中的国民收入进行比较，反映出私人部门所负担的公共支出的情况；第二部分要与第一部分进行比较，反映出公有制经济或国有经济部门相对于私人部门对公共支出的贡献，以及前者对后者的转移支出的相对规模；第三部分则要与全国的投资部分进行比较，反映出公有制经济或国有经济在总投资中所占的比重。第一个比值越大，说明私人部门的公共支出负担越重；第二个比值越大，说明公有制经济或国有经济部门，对于私人部门在公共支出负担上的减轻和对私人部门的资助越大；第三个比值只涉及国民经济的所有制结构，与国民负担无关，其比值越大，说明该国的社会主义或国家资本主义性质的成分越多。

根据西方经济学家的计算，1929—1931 年，美国政府支出占国内生产总值的比例分别为 10.0%、12.2% 和 16.2%，1934 年达到 19.2%。1942 年至 1945 年间美国联邦政府支出急剧增长，达到国内生产总值的近 40%，这反映了第二次世界大战对政府活动的影响。1960 年以后，美国政府支出的速度加快，在 20 世纪 70 年代的大部分时间里以及整个 80 年代，美国政府的总支出占国内生产总值的比例从 23% 增长到 30%~33%。在 80 年代及

① 高培勇等编著：《公共经济学》，中国社会科学出版社 2007 年版，第 135 页。
② 余斌著：《45 个十分钟读懂〈资本论〉》，东方出版社 2011 年版，第 169 页。

90 年代，美国政府支出平均占国内生产总值的 32%。① 不仅是美国，西方主要国家政府总支出占国内生产总值的比例也呈现大幅度上涨的趋势，在一些国家这个比例甚至超过了 50%。

二、西方公共支出增长理论

1. 瓦格纳法则

19 世纪德国经济学家瓦格纳提出一个命题："政府职能的扩大和经济的发展，要求保证行使这些职能的公共支出不断增加"。他提出，随着经济的发展，经济关系会变得越来越复杂，这就需要建立一套司法制度和执法部门；人口增长和生活密度的提高，导致了外部性的拥挤，要求公共部门加以干预和管理。由于人们收入提高，对教育、娱乐、文化、保健和健康服务方面的公共产品的需求也提高了，而且这种公共需求的增长要比国民收入的增长更快。一些新行业要求大规模的投资，而这类投资是私人部门不愿或不能实现的。②

这个所谓的法则，其实是就现象而论现象，是对公共支出增长的表面解释，只不过表述了政府职能扩大和公共支出增加的事实，尤其是没有说清楚公共支出相对增长的情况。这是因为，西方公共经济学是用公共支出与 GDP 的比例来说明公共支出的相对规模的，即便公共支出比国民收入增长得快，也不一定比 GDP 的增长更快，所以其相对规模未必增长。另外，在西方国家，娱乐、文化等通常也是由私人部门通过市场来提供的，瓦格纳也没有说明为何它们要作为公共产品的需求，用公共支出来满足。

2. 经济成长阶段论

该理论认为，就公共投资支出来说，在经济的起飞阶段，需要有较高的积累，此时政府应该承担起提供公共基础设施如交通设施、环境卫生、法律秩序等的责任，因此公共投资支出往往占有很大的比重。进入经济发展的中期阶段，公共投资支出不会占据主导地位。为了满足人们更高层次的消费需求如治安、环境保护等，公共消费支出呈上升趋势。就转移性支出来说，如果撇开社会保障支出，转移性支出的份额会随着收入的上升而下降。③

然而，这一理论即便说明了公共支出规模的绝对增长，也同样没有说清公共支出规模的相对增长。不仅如此，该理论实际上是用幻想代替细致的历史分析。我们在前面看到，英国早期的运河其实是私人而不是政府来修建的。政府提供法律秩序如"掠夺教会地产，欺骗性地出让国有土地，盗窃公有地，用剥夺方法、用残暴的恐怖手段把封建财产和克兰财产转化为现代私有财产"并不需要多大的公共投资支出。随着资本主义经济的发展，两极分化日益扩大，工人阶级的反抗也日益增强，这才是治安和转移性支出的开支扩大的根本原因。另外，经济危机的频繁发生，也使得统治阶级不得不放弃对市场的自由放任的

---

① ［美］大卫·N. 海曼著，章彤译：《公共财政：现代理论在政策中的应用》，中国财政经济出版社 2001 年版，第 12-13 页。

② 高培勇等编著：《公共经济学》，中国社会科学出版社 2007 年版，第 135 页。

③ 高培勇等编著：《公共经济学》，中国社会科学出版社 2007 年版，第 136-137 页。

政策，加强宏观调控，这也导致政府支出的增加。例如，在前面的论述中，我们看到，从1929年到1934年期间，美国政府支出占国内生产总值的比例几乎翻了一倍。而我们知道，1929年年末美国爆发了20世纪最大的大萧条，之后罗斯福总统上台，推行政府干预市场经济的新政，政府支出因此急剧增长。

3. 危机推动论

该理论的假设前提为：政府愿意多支出，国民不愿多纳税。这样国民心理上存在一个"可以容忍的税收水平"和相应的"可以容忍的公共支出水平"。当经济平稳发展时，国民收入上升，在不变的税率的税制下，征收的税收会上升，公共支出也会随着增加，这成为公共支出增长的内在原因。在外部冲击如战争、经济危机来临时，公共支出的压力骤然增加，政府被迫提高税率或开征"战争税"来增加军备或执行就业计划等，国民也认识到由政府来做的事日益增多，于是在心理上接受一个更高的"可以容忍的税收水平"，这就成为非常时期公共支出急剧增长的原因。社会危机结束以后，政府又往往面临着战后重建、偿付巨额债息等问题，因此维持较高的公共支出水平成为必须。当危机过后，投票者心理可容忍的税收水平并不回到原来的状态，因此政府维持较高的公共支出成为可能。①

该理论与其称为危机推动论，不如称为政府推动论，因为政府可以随意地使公共支出达到国民可以容忍的极限。否则，在危机发生前的经济平稳发展时期，政府就不可以随着税收的增加而无故增加公共支出，财政盈余将用于减税。其次，既然提到偿付巨额债息，那就说明公共支出的增加并不都是靠税收的增加来做到的，其中一些增加是靠借债来进行的。这一部分的增加不会提高国民心理对税收水平的可以容忍度。而且当经济危机来临时，国民的收入下降，其对税收水平的可以容忍度，只会下降不会上升。我们也经常看到在经济危机时期，政府的举措通常是减税而不是增税。另外，即便有政府推动公共支出增长，但是，经济总量也同样在增长，公共支出的相对规模就一定会增长么？

4. 多数决策论

在西方经济学家看来，导致公共支出规模扩张的因素还有很多。比如预算决策中的简单多数规则，在这种决策方式下，即便是总成本大于总收益的方案也会被顺利通过，由此必然导致公共支出规模的扩张。例如，某支出项目由A、B、C三个投票决定，总成本90元平均分摊，总收益80元由A、B两人分享，结果以A、B两票赞成通过。② 但是，即便是总成本小于总收益的方案，比如上例中的总收益由80元上调至100元，但仍由A、B两人分享，这样方案就合理吗，就不算公共支出规模扩张吗？

其实，无需多数决策论，即便是少数决策，只要能够满足决策者对个人利益的追求，其后果也会如此。1854年，澳大利亚维多利亚省的政府开支达到了3564258英镑，赤字是1085896英镑，即占总收入的三分之一强。而1855年的预算达到4801292英镑。"维多利亚总共不过30万居民，而要从上述总额中拿出1860830英镑（每人摊到6英镑）用在公共工程方面，例如：修筑道路、船坞、堤岸、营房、政府大厦、海关、植物园、公家的马厩等等。如每人按6英镑计算，大不列颠居民单是在修建公共工程方面每年就得缴纳

---

① 高培勇等编著：《公共经济学》，中国社会科学出版社2007年版，第137页。
② 朱柏铭编著：《公共经济学》，浙江大学出版社2002年版，第137页。

16800万英镑，也就是说要缴纳比他们所交的税款还多二倍的数目。工人居民起来反对这种过重的税收，是完全可以理解的。而官僚和垄断资本家靠别人出钱来这样大规模地共同修建公共工程，从而得到了多大的好处，这也是不难想象的"。①

5. 人力成本增长论

鲍莫尔认为，随着时间的变化，公共部门里的劳动力相对于私人部门来说越来越昂贵，因为公共部门的活动是劳动密集型的，其生产率的提高要比资本密集型的制造业慢许多，但是公共部门工资的提高却往往与私人部门同步，这就使公共产品的生产中维持相同产出水平需要更多的劳动力的投入，形成公共支出规模越来越扩大的趋势。② 在这里，鲍莫尔没有弄懂生产率与价值量的关系。"不管生产力发生了什么变化，同一劳动在同样的时间内提供的价值量总是相同的"。③ 资本密集型制造业的生产率提高，降低了商品的价值。如果工人的工资以前可以购买4件这种商品，现在可以购买5件，看上去工资提高了25%，其实工资水平可能反而下降了，如果现在1件商品的价值量低于以前的80%的话。通货膨胀会进一步掩盖这种下降，并使得公共部门的工资与公共支出同步增长，进而令人误解，以为前者是后者的原因。重要的是，在自由竞争的情况下，资本密集型企业的利润率与劳动密集型企业的利润率相同，这两个企业的工资水平也可以相同，公务员的工资不会受到资本结构类型的影响。

三、公共支出增长的一般理论

由于经济总量的增长，单纯解释公共支出增长的理论，解释不了公共支出相对于经济总量的相对增长。我们在前面分析西方公共支出增长理论时，已经提出了我们对于公共支出增长的一些看法。总的来说，公共支出增长有以下一些原因。

一是随着国民收入增长，公共收入得以增加，给公共支出的增长提供了可能。在公共收入增加之前，一些公共支出受制于量入为出而不能进行，导致公共支出不足。这部分公共支出会随着公共收入增加而得以实现，从而导致公共支出的增长。同时，除了受制于公共收入和借债能力，也就是实际上受制于国民收入的整体水平外，公共支出没有其他任何硬性限制，这也使公共支出的不断膨胀成为可能。

二是安插统治阶级子弟的官僚集团膨胀导致公共支出增长。西方学者一直在强调"小政府、大社会"，但是，欧洲各国政府一直在不断扩张。"1914年前后，欧洲公职人员在所有劳动人口中所占的百分比，从法国的3%，一直到德国和瑞士的5.5%~6%。20世纪70年代，在欧洲经济共同体的成员国内，这个数字已提高到10%~13%"。④ 有些官僚的子弟虽然没有安插在公务员、国有企业和公益事业单位的职员队伍中，而是安插在私有企业尤其是外资企业里，但是，私有企业接受这些子弟的前提是官僚们要通过公共支出向

① 《马克思恩格斯全集》第11卷，人民出版社1962年版，第121页。
② 高培勇等编著：《公共经济学》，中国社会科学出版社2007年版，第140-141页。
③ 《资本论》第1卷，人民出版社2004年版，第60页。
④ 韩德强著：《萨缪尔森〈经济学〉批判——竞争经济学》，经济科学出版社2002年版，第289-290页。

这些私有企业输送利益，从而也导致公共支出的增长。

三是官僚集团奢侈浪费和中饱私囊导致公共支出的增长。西方政体中的分权制衡对此也不起制约作用，因为所有这些上层人士代表的都是同一阶级的利益，尽管他们属于这个阶级中的不同利益集团。例如，当 1857 年的英国政府提出比以前高得多的预算开支时，"反对派领袖自然而然的策略应当是集中主要火力攻击这些过度的支出。但是，迪斯累里先生如果这样直接起来反对这种贵族式的挥霍，很可能受到自己那些同僚的暗算。因此他只好采取极其微妙的手腕——在论证他的反对帕麦斯顿预算的提案时，不说这个预算为 1857 年和 1858 年规定了过度的支出，而是说这个预算没有保证国家在 1858—1859 年和 1859—1860 年得到必要数量的收入"。① 事实上，一个分权的政体，如三权分立的政体，必然是一个昂贵的、政府开支较多的政体，因为每一个分到权力的部分都要最大化自己的利益。

四是统治阶级中的利益集团鼓吹西方公共经济理论，要求通过外包和政府采购等方式，将私人资本引入公共领域，参与公共产品的生产，借机向政府和民众索取高价，攫取垄断利润，导致相关公共领域的公共支出增加。由于统治阶级掌控下的政府买单要比市场买单爽快得多，垄断资产阶级更热衷于用这种方式获得垄断利益。这就使得公共支出不仅绝对增长，而且有可能也相对增长。而金融寡头们也通过公债绑架政府，公债利息的支付也日益成为公共支出的不小负担。

五是在经济危机表明资产阶级没有能力继续驾驭现代生产力的情况下，"资本主义社会的正式代表——国家不得不承担起对它们的管理"。这就使得国民经济方面的一些支出日益表现为公共支出，增加了公共支出的相对规模。西方公共经济学也认可，如果同样数量的资源交公共部门配置所获得的收益大于私人部门所能达到的收益，那么说明有效率且应扩大规模。② 西方经济学家甚至提出包含公共支出的内生经济增长模型，假定公共支出转化为生产性公共服务，成为经济内生增长的主要动力。③

六是工人阶级的斗争推动公共支出的增长。一方面，为了压制工人阶级的斗争，资产阶级政府不得不增加监视和镇压工人阶级运动的开支；另一方面，工人阶级的频繁斗争尽管受到了强力压制，但这些斗争与压制的过程本身也影响了资本主义的生产活动，给资产阶级造成了很大的经济损失。从减少这些损失的角度出发，加上社会主义国家的建立及其改善工人生活而在外部造成的压力，西方主要资本主义国家，不得不对工人阶级有所让步，提高工人的福利。但是，那里的资本家并不愿意由自己来承担改善工人阶级状况的责任，而是把这份责任推给政府，从而导致这方面的公共支出大幅度增长。

七是公有制经济的增长。公有制经济的支出属于公共支出。随着一些国家确立社会主义制度，公有制经济占国民经济的比重大幅增加，公有制经济部分的公共支出也相应地大幅增长。公有制经济的发展，是社会生产力发展的必然要求。"对生产工具一定总和的占有，也就是个人本身的才能的一定总和的发挥。……过去的一切革命的占有都是有限制

---

① 《马克思恩格斯全集》第 11 卷，人民出版社 1962 年版，第 147 页。
② 朱柏铭编著：《公共经济学》，浙江大学出版社 2002 年版，第 128 页。
③ 金戈：《最优公共支出与经济增长：理论综述》，载《经济社会体制比较》2014 年第 1 期。

的；各个人的自主活动受到有局限性的生产工具和有局限性的交往的束缚，他们所占有的是这种有局限性的生产工具，因此他们只是达到了新的局限性。他们的生产工具成了他们的财产，但是他们本身始终屈从于分工和自己的生产工具。在迄今为止的一切占有制下，许多个人始终屈从于某种唯一的生产工具；在无产者的占有制下，许多生产工具必定归属于每一个个人，而财产则归属于全体个人。现代的普遍交往，除了归属于全体个人，不可能归属于各个人。……随着联合起来的个人对全部生产力的占有，私有制也就终结了"。①

八是社会主义的公共支出增长。社会主义公有制经济的发展，不是为了少数人发财，而是要满足人民群众日益增长的物质和文化需要，这就必然导致社会主义公共支出的不断增长。例如，马克思在谈到未来社会时曾经指出，用来满足共同需要的部分，如学校、保健设施等，同现代资本主义社会比起来，这一部分一开始就会显著地增加，并随着新社会的发展而日益增长。②

新中国成立前夕，毛泽东强调："随着经济建设的高潮的到来，不可避免地将要出现一个文化建设的高潮。中国人被人认为不文明的时代已经过去了，我们将以一个具有高度文化的民族出现于世界"。③ 到新中国第一个五年计划完成时，五年共支出教育事业费76.64亿元，教育基建投资16.22亿元。其中，教育投资占国民总收入的2.3%、占国家财政支出的6.9%，教育事业费占国民收入的1.9%、占国家财政总支出的5.7%，教育基建投资完成额占国家基建投资总完成额的3.3%。④ 在卫生组织建设方面，到1952年年底，全国县卫生院已达2123所，即90%的地区建立了县级卫生机构，并开始发展县以下的区、乡卫生组织。工矿企业医院由新中国成立前的150所发展到367所；全国医院病床数比新中国成立前增加了4倍多；新培养出6万多名高、中级卫生人员，60多万名初级卫生人员。到1956年，农村联合诊所由1950年的803个发展到5.1万个，公立医院病床增加到32.8万张。在少数民族聚居的地区，建立了350个卫生院和30多个医院，培养了2000多名民族卫生干部。⑤

但是，在谈到共同需要的部分要显著增加的同时，马克思还指出，同生产没有直接关系的一般管理费用，同现代资本主义社会比起来，"这一部分一开始就会极为显著地缩减，并随着新社会的发展而日益减少"。⑥ 这就要求政府的行政管理费支出要相对地减少，甚至要绝对地减少。

关 键 术 语

公共支出　财政支出　政府支出　消费支出　运营支出　刚性支出　弹性支出　购买

① 《马克思恩格斯文集》第1卷，人民出版社2009年版，第581-582页。
② 《马克思恩格斯文集》第3卷，人民出版社2009年版，第433页。
③ 《中华人民共和国史稿》（第1卷），人民出版社、当代中国出版社2012年版，第245页。
④ 《中华人民共和国史稿》（第1卷），人民出版社、当代中国出版社2012年版，第255页。
⑤ 《中华人民共和国史稿》（第1卷），人民出版社、当代中国出版社2012年版，第262页。
⑥ 《马克思恩格斯文集》第3卷，人民出版社2009年版，第433页。

性支出　转移性支出　资源配置　生产性支出　流失性支出　挤出效应　廉价政府　量入为出　公开透明原则　社会进步原则　"三个有利于"标准　成本-收益分析　公共支出的归宿　政府采购　公共支出规模

复习思考题

1. 公共支出的含义是什么？
2. 财政支出是如何分类的？
3. 公共支出的原则是什么？
4. 如何理解政府的购买性支出产生的影响？
5. 如何理解成本-收益分析？
6. 如何理解公共支出的归宿？
7. 政府采购的运行步骤应该有哪些？
8. 如何衡量公共支出规模的增长？
9. 公共支出增长的原因有哪些？

第五章 公共保障

【教学目的和要求】

　　西方公共经济学只有社会保障的概念，没有公共保障的概念。公共保障是社会再生产得以顺利进行的重要环节，是十分重要的公共产品。通过本章的学习，应着重掌握以下几个方面：

　　第一，了解公共保障与社会保障各自的概念和它们之间的差别，了解公共保障的原则和一些公共保障的方式；

　　第二，了解社会保障的缘由和社会保障的归宿；

　　第三，了解社会保障的资金筹措方式和社会保障的支付模式，了解它们各自的利弊，认识社会保障制度碎片化的现状和形成原因；

　　第四，了解公共保障全覆盖和我国社会保障制度的改革构想，学会思考和提出自己的改革方案。

第一节　公共保障的概念与原则

一、公共保障与社会保障

　　在西方公共经济学中，一般只提社会保障而不提公共保障，或者将后者与前者混为一谈。这是因为，对公共保障的关注会影响西方发达国家对世界人民的掠夺，这个话题能避则避，尽管在国家安全问题尤其是国家经济安全问题的讨论中，我们其实也能接触到这一话题。相比之下，社会保障已经是西方发达国家政府财政上的重大问题，不能不加以讨论。

　　从范围上看，公共保障涵盖社会保障，社会保障只是公共保障的一部分内容，尽管是最重要的一部分内容。一般认为社会保障的内容包括了社会保险、社会救助、社会福利及社会优抚等。其中，社会救助保障社会成员的生存需要；社会保险保证劳动者在失去劳动能力从而失去工资后仍能享有基本生活水平；社会福利是增进全体居民生活福利的高层次社会保障；社会优抚，是指国家和社会依法对社会上的特殊公民——为保卫国家安全而作出贡献和牺牲的军属、烈属、残疾军人及退伍军人等所给予的优待和抚恤。由此可见，从生产过程来看，社会保障只涉及其中的劳动者。相比之下，公共保障则涉及生产的全过程，不仅要涉及劳动者，还要涉及生产过程所需要的生产资料和生活资料，涉及包括商业和金融在内的再生产的整个环节，以及对生产过程的保护如国防等，而且在劳动者方面，不仅涉及劳动者的生存生活，也涉及劳动者的教育。

99

2009 年 9 月至 2010 年 3 月期间，中国西南地区的云南、贵州、广西、重庆、四川等省（区、市）都遭遇大范围持续干旱，部分地区降水比往年偏少七至九成，主要河流来水之少创历史之最。秋冬春连旱使云南、贵州等省部分地区遭遇百年一遇的特大干旱，干旱范围和强度均突破历史极值。数万座 20 世纪 50—70 年代修建的小山塘、小水库年久失修，在干旱面前无法发挥作用。① 这次西南大旱暴露出，近些年来对于农业生产用水和农村地区生活用水的公共保障不如 20 世纪 50—70 年代重视。这也表明，公共保障不能仅仅只是西方国家的社会保障那些内容。另外，习近平指出，"技术和粮食一样，靠别人靠不住，要端自己的饭碗，自立才能自强"。② 这就是在强调，技术和粮食都是公共保障应有之义。

总之，我们将公共保障定义为：公共保障是社会所采取的维护社会再生产可持续健康发展的各种措施、制度和事业的总称。相应地，社会保障的定义是：社会保障是社会所采取的维护劳动力再生产的各种措施、制度和事业的总称。

需要指出的是，西方公共经济学中的社会保障，主要是指政府提供财政资金支持。但是，有钱买不到东西也是可能的。显然，讲保障，除了谈钱，还得讲物资和人力。因此，我们所说的公共保障，不仅包括使劳动力再生产可持续健康发展的社会保障，还包括维持劳动力生存的粮食的保障即粮食安全、保障再生产顺利进行的粮食和大宗生产资料等物资储备、环境资源可持续发展的环境保护和资源保障、公共水利设施、金融系统可持续健康发展的金融安全、国内市场的保护和国际市场的开拓、高素质的师资队伍以及国防，等等。

据报道，2014 年 10 月 13 日美国驻联合国代表团发言人柯蒂斯·库珀称，美国政府正进一步审查中国安邦保险公司收购纽约地标酒店华尔道夫一事，因为担心该公司重新装修酒店时"动手脚"，以便日后实施监听或间谍活动。③ 美国政府的这种做法就是出于公共安全保障的考虑，无可厚非。只不过，相比之下，中国在这方面做得是十分不够的。"IOE 是服务器提供商 IBM、数据库软件提供商 Oracle（甲骨文）和存储设备提供商 EMC 的简称。据调查，我国各级政府仍依赖 IOE 软件，造成巨大数据安全隐患，同时我国公共数据外流严重，一些政府部门对数据安全和'数据控制力'重视不够，'数据话语权'堪忧。此外，由于部分企业收集用户数据的使用权限边界界定不清，用户隐私和权益遭受侵害，一些重要数据被非法倒卖、流向他国，安全威胁已经从个人层面上升至国家安全层面，亟待引起重视"。④

实际上，"一般讲外资企业市场占有率过高就会危及产业安全和国家的经济安全。尤其是关系国民经济命脉的产业部门，必须确保本国资本的控制。中国作为一个发展中国

---

① 《西南罕见极端干旱暴露水利设施积弊》，http：//news. sohu. com/20100318/n270905887. shtml，2014 年 10 月 17 日。

② 《习近平：技术和粮食一样要端自己的饭碗》，http：//cpc. people. com. cn/n/2013/0830/c64094-22752446. html，2014 年 1 月 30 日。

③ 《美国担忧中企购纽约酒店做间谍活动 将重新评估》，http：//news. ifeng. com/a/20141015/42203534_0. shtml？_share＝sina&tp＝1413302400000，2014 年 10 月 15 日。

④ http：//www. wyzxwk. com/Article/guofang/2015/03/339793. html，2016 年 1 月 15 日。

家，不可能完全敞开市场，不可能完全放开股权控制特别是对重要产业部门和领域的股权控制。如果完全放开，中国产业安全和整个经济安全就会失去保障。国家经济安全要靠本国民族经济来保证，靠本国资本和技术建立起来的企业和产业来支撑。所以，在对外开放中，国家必须对外资的进入进行合理有效的控制和正确的政策引导，同时对事关国民经济全局的部门进行必要的保护，从根本上确保国家的经济安全"。①

二、公共保障的一般理论

马克思指出，"为了对偶然事故提供保险，为了保证再生产过程的必要的、同需要的发展和人口的增长相适应的累进的扩大（从资本主义观点来说叫作积累），一定量的剩余劳动是必要的"。②

事实上，社会再生产可能会因为各种原因而陷入困境。例如，由于自然灾害的发生，农作物减产，劳动者没有足够的食物，来年的农业生产缺乏足够的种子。再例如，由于国际关系的变化，国外对本国实行经济封锁，无法得到再生产所需要的原料和半成品。外敌的入侵更是对本国的社会再生产直接造成伤害。而本国生产力和生产关系之间的矛盾冲突的激烈爆发，也会出现经济危机，从而使社会再生产无法顺利进行。

而当社会再生产陷入困境后，社会稳定就会受到严重威胁，各种社会冲突都有可能爆发。为了防止社会再生产陷入困境及其带来的各种严重后果，以政府为主体的公共部门不得不采取一些预防措施来克服各种使社会再生产陷入困境的原因，这就为社会再生产的顺利进行，为社会安定和经济有序发展，提供了公共保障。

例如，为了改变当年我国经济在结构和布局上难以防御敌人的突然袭击的严重缺陷，1964年5—6月，我国政府下决心开展三线建设，建立后方工业基地，以便增加对付国外敌人发动大规模侵略战争的能力，有备无患。③ 这也是提供公共保障。事实上，公共部门提供的公共产品，在很大程度上都属于公共保障。例如，治安、国防、救灾，甚至教育等，都是为了社会再生产可持续健康发展。

当然，公共保障不能全靠政府，企业也要在其中起非常重要的作用。这是因为，商品的生产和原材料的使用的主体是企业。但是，私有企业常常会把自身的利益置于公共利益之上，甚至许多私有企业还要依靠公共利益所面临的威胁来大发其财。在我国，一些农业科研人员之所以在对转基因作物的不良后果还没有进行科学评估的情况下，就迫不及待地鼓吹转基因作物种植，也是因为他们在提供转基因种子的私有企业里拥有个人股份。

与私有资本过于看重自身利益，甚至会大量向外转移或外逃④不同，公有制企业能够立足于本国本地，是提供本国本地区公共保障的坚强力量。近些年来，中国宝贵的稀土资

---

① 《中华人民共和国史稿》（第4卷），人民出版社、当代中国出版社2012年版，第152页。

② 《资本论》第3卷，人民出版社2004年版，第927页。

③ 《中华人民共和国史稿》（第2卷），人民出版社、当代中国出版社2012年版，第216-217页。

④ 《外媒称中国大量资本外逃1年间流出2250亿美元》，http：//finance. jrj. com. cn/2012/10/17133114527768. shtml，2014年9月13日。

源大量地廉价外流，甚至制止不住，其原因也在于稀土产业的私有化。如果是国有大企业掌控稀土资源的开发，那么我们不仅能够从稀土资源开发中获得较高的收益，西方国家也难以通过世界贸易组织限制出口税来强迫我们出口稀土了。

另外，在公共保障中，信息安全也十分重要。对外开放初期，中国政府允许外国石油公司参与合作勘探和开采海洋石油资源，短短几年间就与 13 个国家的 48 家公司签订协议，完成了南海、南黄海 42 万平方公里石油地震普查工作，对这些海域的地质情况有了一个整体了解，发现了 400 多个可供找油找气的构造①。尽管这样做的前提是维护国家主权和经济利益，但是这无疑也使得其他国家或多或少地掌握了我国海域资源情况，使得南海周边国家和企图通过南海周边国家谋取海洋利益的国家，加强了对我国海域的觊觎，激化了后来的海洋领域的争端，为在国力尚不充足的情况下维护国家主权和经济利益增加了难度。

三、公共储备

物资储备在确保社会再生产顺利进行上起着非常重要的作用。"资本家必须储备一定量的原料和辅助材料，以便生产过程在或长或短的时间内，按照预定的规模进行，而不受每日市场供应的偶然情况的影响"②。美国南北战争爆发后，英国棉纺织工业生产所需原料棉花的供应受到威胁，幸好战争爆发前的储备也比以往任何时候都多。英国企业靠它度过了 1861 年，甚至 1862 年，而棉花的价格在 1863 年才达到了最高水平。③

对于国家和社会来说，更是少不得必要的公共储备。例如，毛泽东在长冈乡调查报告中提到一个仓库保管委员会，有三个人。"管公债谷及红军公田谷之保存。备荒仓亦归它管，将没收的三十六担田的谷拿来备荒，共十多担"④。这里所谓的备荒，其实就是提供农业再生产的公共保障。

再例如，印度曾经保存着"大量储存丰年很贱的谷物的习惯"。美国南北战争所引起的对棉花、黄麻等的需求的突然增大，使印度许多地方稻田的面积大大缩小，改种棉花、黄麻等，致使米价上涨，这时印度的生产者纷纷出售过去的存米。加上 1864 年到 1866 年期间稻米向澳大利亚、马达加斯加等地的空前输出。因此，就产生了 1866 年的大饥荒。这次饥荒单是在印度奥里萨省就夺去一百万人的生命。而过去的存米的外流是造成饥荒的一个重要原因。⑤ 资源紧缺的日本更是大量储备从中国进口的煤炭和稀土。而稀土资源大量廉价地流失到国外，则对中国未来的经济发展和国防建设构成了威胁。

现在，新帝国主义已经将魔爪伸向传统的农业生产，企图用垄断的转基因种子消灭传统的农作物种子，使农业生产失去自给自足的特性，成为不得不依附于新帝国主义跨国公司的一个产业，使全世界农民不得不任凭新帝国主义宰割，并以此控制全世界人民的生存

---

① 《中华人民共和国史稿》（第 4 卷），人民出版社、当代中国出版社 2012 年版，第 154 页。
② 《资本论》第 2 卷，人民出版社 2004 年版，第 138 页。
③ 《马克思恩格斯全集》第 32 卷，人民出版社 1974 年版，第 211 页。
④ 《毛泽东文集》第 1 卷，人民出版社 1993 年版，第 289 页。
⑤ 《资本论》第 2 卷，人民出版社 2004 年版，第 158 页脚注。

和他们的经济活动。只是目前新帝国主义的转基因食物仍然十分不安全，生产过程对农药的依赖程度大，且严重破坏生态环境，因而还只能通过新帝国主义的霸权和欺骗来加以推行。转基因技术作为一种新型的技术，我们应当加以研究，不能让外企独占转基因作物的市场。但是，只有在经过长期的科学研究和符合统计学规律的验证表明，其比传统农作物利多弊少，且对人体没有副作用的情况下，才能够在国内适当推广，同时，天然的、绿色的非转基因农作物也必须给以保障；其种子要妥善地加以储备。

公共储备可以用发行纸币的方式来收储，这不算是公共支出。这些公共储备物资将因此而成为纸币信用的保证，将来出让这些公共物资储备时，为此而发行的纸币就可以收回了。只有保管这些公共储备物资的费用才算是公共支出。这也意味着，公共储备在很大程度上是发行纸币的中央银行的职能。需要指出的是，大量储备外汇是损失巨大的一种公共储备方式，是牺牲国内财富向外汇发行国家缴纳沉重的铸币税。

四、公共保障的原则

西方经济学家只对社会保障提出了几项基本原则，但是他们漠视了在资本主义制度下，社会保障制度的首要原则是不能妨碍资本家对工人的剥削，也就是不能打击他们所说的劳动者的"就业积极性"。例如，为了使习艺所即"济贫法巴士底狱"里所谓受救济的贫民的劳动不致同私人产业竞争，分配给他们的工作多半是几乎没有用处的，如男人砸石子，女人、小孩和老头拆旧船索[1]。

就公共保障的总体而言，我们提出六项原则，分别是普遍、足额、及时、平等、公摊和法治的原则。

所谓普遍的原则，是指公共保障除了覆盖社会再生产的各个环节外，还要包括改善人民群众的生活水平。例如，2014 年 8 月深圳展鹏足球场宣告关闭。足球爱好者们在反对球场关闭的"倡议信"中表示，深圳目前"已经拆除的有梅林关草根球场、黄木岗、松坪山等十几个球场。莲花山足球场被拆，这里的 300 多支球队将面临无处踢球的困境……"与此同时，来自深圳市规划和国土资源委员会的信息则显示，目前深圳建成以及在建的高尔夫球场共有 15 个，总占地面积约 2400 公顷，而至今深圳法定图则中规划体育设施用地 283 处，用地总面积 752.9 万平方米。高尔夫球场总面积是规划体育设施用地的 3 倍多。[2] 而按照普遍保障的原则，应当优先保障普通民众踢球和从事体育活动的需要。

所谓足额的原则，是指公共保障的数量和质量要能够充分满足社会再生产和人民群众的需要。一个反面的例子是，在英国，虽然医疗服务对所有的人都是免费的，但人们并不能很容易地获得它。英国并没有足够的公共医疗服务可供分配。并且其服务的分配是根据很长的排队名单进行的。很多英国国民对排队等候以获得医疗服务已经丧失了信心，因

---

① 《马克思恩格斯文集》第 1 卷，人民出版社 2009 年版，第 488 页。
② 《新华社：高尔夫球场显"威武"足球场"黯然失色"》，http://sports.sohu.com/20141119/n406166797.shtml，2014 年 11 月 19 日。

此，他们经常去私人医院做手术，虽然他们必须为此支付全部费用。①

所谓及时的原则，是指公共保障必须反应迅捷，能够及时满足人们的保障需要。如果得到保障需要等待较长时间，就会使保障失去作用。现在有人主张延迟退休，延迟发放养老金，那么有可能出现高龄劳动者由于体力不济不能满足工作岗位的需要而失业，但又拿不到养老金的情况，这时必须发放高龄失业补贴，使这些人群得到保障。

另外，中国还有一个特殊的公共保障或社会保障问题。这就是中国的工资发放周期太长，容易出现拖欠工资，甚至企业关门让工人失去应得工资等风险，严重危害社会稳定，破坏劳动力再生产。因此，落实及时原则，就需要将工资发放周期从一个月及以上缩短到像西方一些国家那样的一个星期，一旦发现拖欠，劳动部门要及时介入，企业职工也可以向法院诉讼要求企业宣布破产清算以偿付工资。或者，也可以像租房子要预交好几个月的租金一样，劳动局要向所有工资发放周期超过一个星期的企事业单位预先收取三个周期的工资保证金，一旦企业由于任何原因出现拖欠，都能在五个工作日内由劳动局先行将工资发放到劳动者手中，并与企业主探讨企业延续经营的可能性问题，然后按照有利于保障劳动力再生产的原则与劳动者集体研究劳动合同的继续履行问题，并处理相关事宜。

所谓平等的原则，是指在公共保障上不搞特权。如果官员们能够单独享受高品质的安全食品，他们是不会在乎市场上的普通食品是否安全的；如果官员们可以低价买房，他们就会容忍甚至纵容市场上的高房价。所以，严格实行平等的原则，才能促进公共保障的普遍和足额原则的落实。

所谓公摊的原则，是指公共保障涉及部分人群的负担要全社会公摊，以体现保障的公共性和社会性。例如，女职工因怀孕和生育而导致的一些支出及产假工资需要由其所在单位负担，这会使得有些单位不愿意录用女职工或拒付相关费用或产假工资，应当规定这时女职工的相关待遇由社会保险发放，而不单独由女职工所在单位负担。所有企事业单位包括没有女职工或女职工少的企业都要按职工人数为此缴纳相应的保险费用。

所谓法治的原则，一是要从法治上为解决公共保障问题提供制度化方案，二是要严格执行涉及公共保障的法律。当前，《中华人民共和国劳动法》和《中华人民共和国劳动合同法》就是涉及劳动者公共保障的两部最重要的法律，但这两部法律的执行情况却不容乐观，劳动者权益没能得到有效保障。

第二节 社会保障的缘由与归宿

一、社会保障的缘由

人类社会的发展，经常会遇到天灾人祸等各种风险，对此，人类社会为了使自己能够顺利地存在和发展下去，就不能不采取各种公共保障措施。在前资本主义社会里，由于生产力水平低下，社会生产对人力的依赖程度较高，而那时的医疗水平不高，人口平均寿命

---

① ［美］大卫·N. 海曼著，章彤译：《公共财政：现代理论在政策中的应用》，中国财政经济出版社 2001 年版，第 340-341 页。

较低，死亡率偏高。这就更是提高了对外掠夺劳动力和对内保障劳动力的必要性。

在资本主义社会之前的那些同样建立在压迫阶级和被压迫阶级的对立之上的社会里，"为了有可能压迫一个阶级，就必须保证这个阶级至少有能够勉强维持它的奴隶般的生存的条件。农奴曾经在农奴制度下挣扎到公社成员的地位，小资产者曾经在封建专制制度的束缚下挣扎到资产者的地位"。① 但是，资本主义社会里的现代的工人却相反，"他们并不是随着工业的进步而上升，而是越来越降到本阶级的生存条件以下"。② "现代的工人只有当他们找到工作的时候才能生存，而且只有当他们的劳动增殖资本的时候才能找到工作。这些不得不把自己零星出卖的工人，像其他任何货物一样，也是一种商品，所以他们同样地受到竞争的一切变化、市场的一切波动的影响"。③ 于是，工人变成赤贫者，贫困比人口和财富增长得还要快。资产阶级"甚至不能保证自己的奴隶维持奴隶的生活，因为它不得不让自己的奴隶落到不能养活它反而要它来养活的地步"。④

而在就业期间，工人们能够得到的工资收入也极其有限，而且这点收入也不得不花大量的精力和付出尊严去讨得。例如，在福田一家家居制品公司做推销员的陈先生说，他曾经工作了一个多月，结果还倒欠单位131元，而且当月公司共有4名员工，工资都为负。在陈先生提供的工资条里，工资由几部分组成：提成94元，扣减225元，总额即为负131元。扣减项里包括预支、话费超支、管理罚款三类。没有底薪。⑤ 再例如，2010年7月27日，近200名装修工人到东莞市东城区藏宝国际大酒店讨薪，其间有两人被打。7月28日，东城区信访办就此举行协调会，工人提及被打一事，主持会议的信访办主任叶柱权称"活该"，并称工人拿不到工资是"交学费"。⑥ 工人的低微处境，使得他们也根本不可能有足够的收入和储蓄来应付自己在失业时的生活。

总之，在资本主义社会里，实行社会保障的根本原因有两个：

一是在资本主义生产方式下，除了出卖劳动力，工人阶级别无其他收入来源，而且其出卖劳动力的机会也不是总能保证的，其出卖劳动力的所得也不是能够足额补偿其劳动力价值的。这样一来，一旦工人失业或因生病而暂时丧失劳动能力时就会迅速陷入万劫不复的困境。但是，"正如奴隶主在7年内就把黑人生命耗尽因而不得不以新买来的黑人代替他一样，既然工人阶级的经常存在是资本的基本前提，所以资本本身不得不再次为工人的迅速消耗付出代价。单个资本家A可以通过这种'非蓄谋的杀害'发财致富，而资本家B或整整一代资本家B也许必须为此支付费用。但是，单个资本家经常背叛整个资本家阶级的利益"。⑦ 这就不得不引起资本主义国家政权的干涉，以保障服务于全体资本家阶级

---

① 《马克思恩格斯文集》第2卷，人民出版社2009年版，第43页。

② 《马克思恩格斯文集》第2卷，人民出版社2009年版，第43页。

③ 《马克思恩格斯文集》第2卷，人民出版社2009年版，第38页。

④ 《马克思恩格斯文集》第2卷，人民出版社2009年版，第43页。

⑤ 《网友自称"负翁"发帖晒工资条 实发额只有4元》，http://news.sohu.com/20100311/n270730078.shtml。

⑥ 《东莞工人讨薪遭到黑衣人殴打 信访办主任称活该》，http://news.sohu.com/20100730/n273865259.shtml，2014年10月17日。

⑦ 《马克思恩格斯全集》第32卷，人民出版社1998年版，第207页。

的全社会劳动力的再生产。

二是迫于工人阶级的斗争。由于工人不隶属于某个资本家，而是隶属于整个资本家阶级，因此，工人与资本家之间的关系，完全是阶级之间的关系，个别资本家通过整个资产阶级对全体无产阶级的压迫，来保证他能够廉价雇佣到劳动者，使他的资本增值。同样地，工人的生存保障既无法到个别资本家那里争取，也不能以工人个人的名义去争取，而只能以阶级对阶级的形式，通过工人阶级的运动到整个资产阶级及其政府那里去争取。1877 年德国国会（帝国国会）选举，工人候选人获得了 60 多万票。在萨克森的工厂区，许多城市已由社会民主党（当时的德国工人阶级政党）的管理机构领导。恩格斯指出，"由于在这次选举中的选举权是有限的，也就不用指望获得巨大的成就；但是，每争取到一个席位，都有助于向政府和资产阶级证明，它们今后必须重视工人"。① 因此，德国成为世界上第一个立法实行现代社会保障的国家就是很自然的了。而这个"社会保障"中的"社会"二字，其实代表的是资产阶级整体。与此同时，资产阶级及其政府通过通货膨胀和延长退休年龄、延迟支付退休金等手段，尽可能地削减工人阶级争取到的社会保障支出。

相比之下，在社会主义制度下，社会再生产的目的不是少数人的发财，而是服务于广大群众的需要，所有的劳动者不仅是其劳动力的所有者，也是生产资料，尤其是国家资源的所有者。劳动者的就业权得到了有效保障，并且拥有相对于私有企业职工较高的收入水平，从而能够较好地实现劳动力的再生产。例如，新中国成立时，旧中国遗留大量失业人口，同时，由于政治经济改组又出现新的失业人口，城市人口就业的压力很大。对于失业人员，国家双管齐下，采取扩大就业和实行社会救济并举的办法。据不完全统计，从1950 年 7 月至 1953 年年底，以工代赈达 280 余万人次，生产自救者达 15 万余人，参加转业训练者达 15 万人，还乡生产者达 14 万余人，领取失业救济金者达 460 余万人次。当时国营企业基本上不存在解雇职工的现象。对于数量众多的私营企业，政府引导私营企业主在劳资两利的前提下，尽量不解雇职工。由于国民经济的迅速恢复发展和实施扩大就业的政策，城市失业率迅速下降。到 1951 年年底，失业工人重新就业者已达 120 余万人，其中国营企业吸收约 60 万人；失业知识分子经过各种训练、招聘以及个别安置参加工作者约 100 万人；凡有劳动能力并愿意工作的失业人员大多数都得以就业。三年中，有 220 万人重新获得了就业机会。到 1952 年，全国职工人数达到 1603 万人，为 1949 年全国职工人数 809 万人的 198.1%。②

这就是为什么在计划经济体制下，我国在城镇实行就业-工资-福利三位一体的公有制企业保障模式。改革开放以后，国有企业大量私有化，国企职工下岗，失去了生活保障。于是，国家不得不出面组织社会保障。尽管"自 1978 年改革开放以来，我国的社会保障事业发展迅速，社会保障制度框架基本形成"③，但是，社会保障的覆盖面和保障力度仍然严重不足。

---

① 《马克思恩格斯全集》第 19 卷，人民出版社 1963 年版，第 139 页。

② 《中华人民共和国史稿》（第 1 卷），人民出版社、当代中国出版社 2012 年版，第 148-149 页。

③ 黄恒学主编：《公共经济学》（第二版），北京大学出版社 2009 年版，第 381 页。

二、社会保障的归宿

西方经济学家认为，西方国家现存的对穷人实施的转移计划对工作动机有不利的影响，并为此提出了工资率补贴计划。在此计划下，将废除最低工资立法并且将引导工人在市场决定的工资率下寻找工作。在最低工资率下工作的人将获得政府的补贴，并且随着工人每小时工资率的上升，补贴将逐步减停。例如，如果一名工人每小时挣 2 美元，政府可能以 1.5 美元/小时的比率对小时工资加以补贴，使这名工人实际带回家的工资数为每小时 3.5 美元。雇主们仍将每小时支付 2 美元。这一计划使较低的工资成为可能，这将提供更多的工作机会但同时保证了工人的收入和工作动机。对一个每小时挣 3 美元的工人来讲，补贴可能降低到每小时只有 1 美元。工资率补贴的一个明显的优势在于它直接提高了工资因而鼓励低收入的人去寻找并且找到工作。它也鼓励雇主雇用低收入的工人，并且假定此项计划下的工资将低于在最低工资法案下的工资。①

然而，一方面，如果西方经济学家认真地回顾一下历史就会发现，"英国工厂主在实行 1834 年的济贫法以前，把工人靠济贫税得到的社会救济金从他的工资中扣除，并且把这种救济金看做工资的一个组成部分"②。因此，如果上述计划取消了最低工资立法，从而工资可以无下限的话，那么，当政府按 1.5 美元/小时补贴时，雇主们完全可以且实际上也的确是按 0.5 美元/小时支付工资，从而工人们仍然只能获得所谓市场决定的工资率 2 美元/小时。显然，工资率补贴只有在最低工资法配合下才有可能起些作用。但是，另一方面，即便有最低工资法的配合，由于市场上的工资率是由再生产劳动力的生产费用所决定的，在这种生产费用本身没有普遍提高的情况下，很难由法律来规定一个较高的名义工资率来切实提高工人们的工资。这是因为，资产阶级可以通过通货膨胀，将实际工资率降低到这种生产费用的水平上。这样一来，政府对工人的补贴的实际受益人，即这种补贴的归宿，将是工人们的老板——资本家。

而且，由于政府用于补贴的资金来源于税收和国有企业上缴的利润，从而，政府对于工人的补贴就成为政府对于资本家的转移支付，而承担这些转移支付的成本的人和企业就吃了大亏。据 1867 年 4 月 5 日《旗帜报》报道，在当年的英国，"地方上交纳济贫税的人，由于教区的勒索，也濒于需要救济的赤贫的边缘了"。③ 这也是西方国家的中产阶级反对福利政策的主要原因，因为他们是这些福利政策的成本的主要承担者。但是，福利政策与福利政策成本的承担是两个不同的问题，中产阶级不应当反对福利政策，而应当要求福利政策的成本由大资产阶级来承担。

为了摆脱社会保障负担，资本家们还在市场中催生了一个新的行业——劳务派遣行业。例如，国际知名奢侈品牌古驰（Gucci）的深圳品牌店建立了一套复杂的劳动用工制度。深圳的古驰店铺员工虽然归属古驰管理，但与这些古驰员工签订工作合同的，却是深

---

① ［美］大卫·N.海曼著，章彤译：《公共财政：现代理论在政策中的应用》，中国财政经济出版社 2001 年版，第 261 页。

② 《马克思恩格斯文集》第 1 卷，人民出版社 2009 年版，第 171 页。

③ 《资本论》第 1 卷，人民出版社 2004 年版，第 772 页。

圳市南山区的一家劳务派遣企业。于是，古驰公司就摆脱了对这些古驰员工的社会保障义务，而将其转移给了劳务派遣企业。而"广东省的一些劳务派遣公司在广州、深圳等地招收并派遣职工，却通过其在广东相对比较落后的地区，甚至到江西、广西等外省区设立的分支机构与派遣工签订劳动合同，并为其在当地参保，以此来减少参保的费用。也有的单位就干脆不给派遣工缴纳保险费"。① 在国外被禁止或严格控制的劳务派遣制度，在中国已经培养了 6000 多万劳务派遣用工，并客观上"滋养"了一批"血汗工厂"。②

第三节　社会保障的筹资与运营

一、社会保障的资金筹措

实行社会保障需要有资金来源。由于涉及全民的社会保障耗资巨大，因此社会保障资金的筹措就是社会保障制度中十分重要的环节。

发达国家的社会保障基金大致有三种筹措方式：一是社会保险税，包括保险人自付部分和雇主给付部分；二是公费负担，包括国库和其他公费负担；三是国家资产收入和其他。倾向于公民供给制的国家，其由国库负担的社会保障基金供给（即采取第二种方式）的比重较大，一般高于 50%，如英国和加拿大；倾向于强制保险制的国家（即采取第一种方式），则以社会保险和其他商业保险等途径作为基金来源的主渠道。第三种方式的比重都不大。

西方国家在建立社会保障体系的进程中，普遍比较重视以社会保险税的方式来征集保障基金，并以此进行大规模的财政转移支付。开征社会保险税和不断提高社会保险税的税率已经是发达国家社会保障基金来源的普遍特征。③

其实，政府和企业或雇主所负担的部分，其资金来源，要么是应当或可以归入被保障者的个人收入，只是以税费的方式被收缴；要么是来源于公共资产的经营收入，包括社会保障基金运营过程中的增值等。

由于雇主为了自身利益会千方百计地少交费，从而要么会损害劳动者权益，要么就是增加监督企业的社会成本。因此，可以考虑参照智利国家的模式，由个人缴纳社会保障基金，企业不参与。原来由企业或雇主给付的部分，作为提高的工资水平，加到劳动者的工资中去，再从工资里与原来个人自付的部分一并扣缴社会保障基金。这样只需要提高最低工资标准和工资增长指导线，并保证扣税扣保后的工资不能低于维持劳动力再生产的基本生活费用。

至于公共资产的经营收入部分，除了引入社会保障基金投资的分红外，不宜用于社会

① 《劳务派遣乱象，该管管啦!》，http://news.xinhuanet.com/2011-11/29/c_111201222_2.htm，2014 年 10 月 13 日。
② 《古驰"血汗工厂"事件》，http://finance.people.com.cn/GB/8215/210272/234396/16331086.html，2014 年 10 月 13 日。
③ 黄恒学主编：《公共经济学》（第二版），北京大学出版社 2009 年版，第 368-369 页。

保障，否则就是对私人资本和外国资本提供补贴，并损害公共保障的能力。

鉴于"原则上尽可能把一切公共工程交给合作社承办"①，因此，社会保障基金原则上应当交给公有制经济企业来经营，或者独立作为公共企业来经营，其经营收入用于增值社会保障基金。而且为了确保社会保障基金的保值增值，除了购买国债外，还应当允许其投资于收益稳定的公用事业，如收费的高速公路等。

二、社会保障的支付模式

社会保障有两个典型的支付模式：完全积累（也称为完全基金）模式和现收现付模式。

在完全基金制下，每个消费者在年轻时通过社会保障税缴款，消费者退休后得到的总养老金就等于对保障计划的缴款加上相应利息。它实际上是强迫每个消费者储蓄一个至少相当于所付社会保障税的数额。

现收现付制依赖于每代人中的年轻人的缴款为上一代人的年老者提供养老金，因而这种计划满足下式（5-1）：

$$第 t-1 代人得到的总受益额 = 第 t 代人的缴款额 \tag{5-1}$$

处于这两种极端体系之间的体系可称为非完全基金制。②

按照上述公式，实行现收现付制时，下一代的人缴款多，上一代人的受益就多；下一代的人缴款少，上一代人的受益就少。在人均缴款数不变的情况下，下一代的人口多，上一代的受益就多，下一代的人口少，上一代的受益就少。因此，有人主张放开生育，甚至鼓励生育，以获取人口红利，减轻社会老龄化的压力。西方经济学家也提出，目前的趋向是退休的消费者比重上升，退休者寿命更长。从实践来看，这就提出了工作人口能否继续为社会保障提供资金的问题。③

但是，享受人口红利的人，远比承担支付人口红利重担的人少得多。在中国，养老成问题的，恰恰是广大支付人口红利的农民工。他们的收入既不够他们自己养老，也不可能从同样养不起老的自己后代那里获得多少人口红利给自己养老。靠增加人口生育，虽然能在未来继续替少数人追逐人口红利，但只会加重而不会减缓养老的困难。在养老问题上，养老制度远比人口重要。

事实上，人类社会数千年来发展出巨大的生产力，足以解决古代社会都已经解决了的人类自身的生存（包括养老）问题。例如，空想社会主义者欧文就曾经指出，在他的工厂里的2500人中从事劳动的那一部分人给社会生产的实际财富，在不到半个世纪前还需要60万人才能生产出来。他问自己："这2500人所消费的财富和以前60万人本来应当消

---

① 《马克思恩格斯全集》第36卷，人民出版社1974年版，第261页。

② ［英］加雷斯·D. 迈尔斯著，匡小平译：《公共经济学》，中国人民大学出版社2001年版，第418页。

③ ［英］加雷斯·D. 迈尔斯著，匡小平译：《公共经济学》，中国人民大学出版社2001年版，第417页。

费的财富之间的差额到哪里去了呢?"① 显然,如果从物质生产的角度来看,在欧文那个时代的 2500 人就足以给 59 万 7500 人养老,即一个劳动力可以给 239 人养老。如果不是资本家拿走了绝大多数的财富,今天的养老根本不应当成为问题。这表明,只有消灭资本主义私有制,人类才能解决养老的问题。否则,人口再多也不行。

与现收现付制相比,完全基金制需要将积累的基金用于投资,否则很容易被通货膨胀所侵蚀,但是,投资也可能会遇到风险。因此,有人认为,现收现付制的养老金体系保障了大部分退休人员的生活水平,其保障可靠性和平等性都要优于金融资产投资,因为金融资产投资可能会在战乱时化为乌有。② 但是,真要遇到战乱,所有的人都会朝不保夕,相比之下,金融资产投资的损失,倒不算什么。真正的问题是在和平时期,金融寡头们会要求积累起来的社会保障基金进行有风险的投资,以便能够帮助他们分担或替他们承担风险,使金融寡头们获利。

另外,上述现收现付制的公式意味着每一代人的受益并不是确定的,这样有可能会出现受益不能满足需要的情况,或者出现收不抵支的情况。

三、社会保障制度的碎片化

由于各种历史原因,一些国家的社会保障制度呈现碎片化状态。例如,法国社会保障制度首先在横向上按照经济-职业类别划分为四大类:(1)总制度,覆盖私营工商业部门的薪金雇员;(2)农业制度,覆盖农牧场主和农牧业工人;(3)非薪金雇员和非农业人员制度,简称"双非制度",覆盖农业领域以外的非薪金劳动者,即个体从业者或自雇者;(4)特殊制度,即历史遗留下来的、早在 1945 年法国现代社会保障制度建立之前就已经存在的一些行业制度。四大制度之下又包含许多小制度,并分别管理。这种碎片化的形成在很大程度上是制度创建之初社会各阶级、阶层和团体相互博弈并与政府博弈的产物,政治力量博弈也发挥着重要作用。③

我国养老保险制度也是一种"碎片化"制度,不仅存在城乡二元结构,而且还存在城镇二元结构,原来是机关事业单位与企业分立,2008 年《事业单位工作人员养老保险制度改革试点方案》后将是机关与企业事业单位分立。

如果说,退休前的工资或其他劳动收入要按劳分配的话,那么退休后大家都在养老,不存在按劳分配的问题,在社会保障方面就应当按需分配,实行一个较为绝对的统一标准,大家的社会保障养老金应当都一样。如果有人因为退休前收入多,想退休后有更多的养老金,那么他可以同时参加商业养老保险,从商业保险那里多得一份养老金。但在公共保障方面,他并不应当得到的更多,尽管他曾经可能因为工资高而缴纳的社保费多一些,多出的这一部分要用于社会共济互助。

据新华社北京 2014 年 12 月 23 日电,第十二届全国人民代表大会常务委员会第十二次会议审议了国务院关于统筹推进城乡社会保障体系建设工作情况的报告。报告指出,我

---

① 《马克思恩格斯文集》第 3 卷,人民出版社 2009 年版,第 534 页。
② [法]托马斯·皮凯蒂著,巴曙松等译:《21 世纪资本论》,中信出版社 2014 年版,第 403 页。
③ 彭姝祎:《法国社会保障制度碎片化的成因》,载《国外理论动态》2014 年第 9 期。

国将推进机关事业单位养老保险制度改革，建立与城镇职工统一的养老保险制度。① 也许，我国社会保障制度的碎片化将会成为历史。

第四节　公共保障的改革设想

一、公共保障的全覆盖

新中国成立后，"一五"计划的五年中，全国城镇安置了 1300 多万失业者，1957 年全国职工达到 3101 万人，比 1952 年的 1603 万人增长 93.5%。1956 年，全国进行第一次工资制度改革。1957 年，全民所有制职工年平均工资达到 637 元，比 1952 年增长 42.8%。五年内，国家投资新建职工住宅 9454 万平方米，其中 1957 年竣工 2816 万平方米，这一年竣工的住宅面积比经济恢复时期三年合计的 1462 万平方米还多 1354 万平方米。此外，五年内国家还拿出 103 亿元的资金用于职工的劳动保险、医药费、福利费等。②

在农村，由私人开业组织起来的农村联合诊所，到 1958 年，大部分转为公社医院。此外还有其他类型的农村基层卫生医疗机构，如农业生产合作社的保健站。在当时，保健站比联合诊所更富有生命力，因为保健站一是把医疗卫生事业变成了农业生产合作社的福利事业，经济基础比较可靠；二是把医务人员变成了农业生产合作社的工作人员，改变了医生依靠赚病人钱维持生活的局面。这样就为扩大医疗设施，培养卫生技术人才，加强预防保健工作创造了条件。③

我们看到，在这一时期，从提供就业、到提高工资、再到建设住宅、支付劳动保险、医药费、福利费，扩大医疗设施，培养卫生技术人才，等等，对劳动者个人而言的社会保障的各个方面，其实都已经覆盖到了。

然而，在改革开放过程中，旧的一套已经被打破，新的一套却没有有效地建立起来。目前，社会保障的覆盖面仍然过于狭窄，存在碎片化问题，交费标准混乱，农民（工）的社会保障水平偏低，城镇社会保障的个人账户远未做实，欠账严重。除了在社会保障方面存在较大欠缺外，在公共保障的其他方面也有很大的欠缺，前面提到的西南地区水库失修就是一个例子。国民教育也缺乏公共保障。

要把这些欠缺之处全部补上，需要大量资金，但是最需要的是各级领导干部把民生问题放在心上，而不只是挂在嘴上。陕西省神木县推行全民免费医疗，居然遭到质疑和谣言破坏，这表明一些人对于实行公共保障存在强烈的抵触情绪。

因此，实行公共保障的全覆盖，需要强化民众的力量。马克思曾经提到，工联是工人

---

①　《我国将推进事业单位养老保险制度改革》，http：//www.chinadaily.com.cn/micro-reading/dzh/2014-12-24/content_12935113.html，2014 年 12 月 25 日。

②　《中华人民共和国史稿》（第 1 卷），人民出版社、当代中国出版社 2012 年版，第 187 页。

③　《中华人民共和国史稿》（第 2 卷），人民出版社、当代中国出版社 2012 年版，第 280 页。

本身为了避免工资低于劳动能力的价值而建立起来的保险团体。① 由于就业和适当的工资水平是最根本的社会保障,而且这些保障本身又依赖于工人力量和公有制经济的强大,因此,应当大力发展覆盖全体劳动者的工会组织和农会组织,并以此促进公共保障。

最后,还要提高公共保障的技术水平,降低公共保障的成本。例如,利用传统中医的优势,开发和推广低成本的医疗技术,降低医疗保障的支出。

二、我国社会保障制度的改革构想

社会保障制度的改革必须落实公共保障的六项原则。社会保障是人人平等依法享有的权利。应当给全国所有人口建立社会保障个人账户,账户号可以与身份证号绑定。除开设个人账户外,社会保障也开设统筹账户。

社会保障的资金来源分个人缴纳、社保资金运营收益、政府财政支付和土地出让收入缴纳四种,无须企事业单位介入。

个人账户的资金主要来源于个人缴纳,部分情况下也由政府财政承担。个人缴纳采用社会保障税的形式,与个人所得税同时征收,减轻征收成本。城镇失业人员登记后,其社会保障税,由地方政府财政部门代交。这样有助于强化失业人员登记,促进政府部门解决就业问题。农民的社会保障与城镇居民相同,各省级行政部门,可以规定本地农民应当完成的农产品产量,对于完成任务的农民或仅仅是因遭受自然灾害而没能完成任务的农民,由省级财政部门代交社会保障税,因其他原因没有完成农产品生产任务的农民,需要自行缴纳社会保障税。

统筹账户的资金来源于社保资金运营收益、政府财政支付和土地出让收入缴纳。

社保资金的运营要强调安全性和收益性。公用事业建设在招投标的过程中,在同等条件下,优先照顾有社保基金参与的投标人。社保基金如果要进入股市,也只能投资大型国有控股公司,并长线持有。对领取社保的人民群众,社保资金的支付要及时、迅捷、方便。

在政府财政支付方面,要开征奢侈税,不仅在奢侈品的生产环节征收,而且在奢侈品的流通环节也要征收,包括个人携带境外购得的奢侈品入境时也要征收。该项税收纳入社会保障的统筹账户。

1984 年中英会谈,邓小平提出,港英政府可以批出 1997 年后 50 年内的土地契约,"可以动用这种卖地收入,但希望用于香港的基本建设和土地开发,而不是用作行政开支"。② 这表明,政府不是地主,不能乱动卖地收入。据报道,全国土地出让价款从 2001 年的 1296 亿元,到 2013 年首次超过 4 万亿元,13 年间增长超 30 倍,总额累计达 19.4 万多亿元。③ 这还是土地出让价格偏低的结果,否则中国也不会出现那么多房地产富豪了。从中国宪法的规定来看,全体中国人民是中国国有土地的地主,国有土地出让金和国有的

---

① 《马克思恩格斯全集》第 49 卷,人民出版社 1982 年版,第 131 页。

② 《中华人民共和国史稿》(第 4 卷),人民出版社、当代中国出版社 2012 年版,第 323 页。

③ 《土地出让金存四大乱象 20 万亿去哪儿了引关注》,http://news.xinhuanet.com/house/dl/2014-08-28/c_1112257646.htm,2014 年 11 月 24 日。

矿产资源使用费等土地相关收入，应当归全体中国人民所有，而不能归政府所有。政府只有权对这笔收入征收相应的税收。即便按 50% 的税率来看，归全体中国人民所有的土地收入仍然有将近 10 万亿元，足以弥补此前留下的社会保障个人账户的历史欠账，完全不必要杀鸡取卵地变卖国有企业以便拿国有资本充实社会保障基金。要知道，国有资本本身就是安排就业、提高工资水平和维持国家经济安全等公共保障的重要力量。

从社会主义社会的政治经济性质来看，完全应当要求将每年土地出让金扣除上交政府的税收之后的一半用于社会保障的统筹账户，另一半则用于发展公有制经济。这样可以轻松地建立起体现公共保障六项原则即依法（法治）、迅捷（及时）、人人平等享有（普遍、平等）、保障水平充足（足额）的部分积累制（公摊）的社会保障体系。人员流动时，可以随时转移个人账户。而统筹账户的资金由中央社会保障机构定期统一调动，按各地个人账户数的多寡，相对平等地加以分配。

关 键 术 语

公共保障　社会保障　信息安全　公共储备　物资储备　"就业积极性"　血汗工厂　完全积累模式　现收现付模式　人口红利　碎片化　全覆盖　统筹账户　个人账户

复习思考题

1. 什么是公共保障？
2. 什么是社会保障？
3. 资本主义社会实行社会保障的根本原因是什么？
4. 西方国家社会保障制度的实质是什么？
5. 如何理解公共保障的原则？
6. 如何改革我国社会保障制度？

第六章　公共投资与公共企业

【教学目的和要求】

资本主义国家主要是私人投资和私人企业，但也存在公共投资和公共企业，而对社会主义国家来说，公共投资和公共企业则有着十分重大的意义。通过本章的学习，应着重掌握以下几个方面：

第一，了解公共投资的定义和意义，以及公共投资的绩效分析；

第二，了解主权财富基金及其面临的问题；

第三，了解公共企业的定义，了解公共企业的设立和经营管理；

第四，正确认为国有企业改革和集体经济的发展。

第一节　公 共 投 资

一、公共投资的定义

目前，西方经济学关于公共投资的定义较为混乱。一方面，不少人认为，公共投资是政府的一项支出。但是，"公共"的外延显然比"政府"的外延要大。另一方面，在市场经济条件下，资本是能够带来剩余价值的价值。因此，那种认为"公共投资可以是不营利的，它主要为市场发展创造良好的外部环境，所投资的项目一般可以提高国民经济的整体效益"① 的观点，是不适合"投资"这个概念的。

在前面关于公共支出的分类中，我们曾经将公共支出分为生产性支出与非生产性支出的两类，而公共投资就与生产性公共支出有关。有人认为，区分一项公共支出是生产性支出还是非生产性支出，仅仅依据传统的理论，即该建设项目是用于物质生产活动，还是用于人民的物质文化生活需要，在现代市场经济条件下已经不够充分了。在市场经济条件下，个人、企业与政府活动之间的界限不再以是否具有物质生产性来划分，而是将是否具有市场赢利性作为区分的标准。② 如果是这样，那么政府为提供免费使用的道路和教育设施以及保障性住房等而进行的收不抵支的财政支出，都不能算作生产性公共支出了。这会使生产性公共支出的界定过于狭窄。我们认为，能够形成价值也就是能够凝结人类劳动的活动都应当算作生产性活动，与之相关的公共支出也都应当算生产性支出。从而，上述收不抵支的财政支出，也应当算作生产性支出，只是不被算作公共投资，因为它们没有带来

---

① 高培勇等编著：《公共经济学》，中国社会科学出版社 2007 年版，第 156 页。

② 黄恒学主编：《公共经济学》（第二版），北京大学出版社 2009 年版，第 183 页。

价值的增值。

由此，我们将公共投资定义为：公共投资是具有保值增值性质且增值部分不归私人所有的公共支出。因此，为私人股权所有者牟取剩余价值的外资企业和内资私有企业，即便投资于交通、电力等提供公共产品的产业，也不能算作公共投资。

显然，公共投资这样的公共支出，无疑首先是生产性支出，尽管这种生产性可以是间接的，即它可以不是直接组织生产，而是购买有价证券。

我们曾经将公共产品定义为以集体的活动为中介的没有交换价值或不进行交换的使用价值，因此，只有用于公共产品之外的并具有赢利性的公共支出才算是公共投资。于是，国有企业在公共产品生产上的投资要算入公共支出，而不是公共投资。而国有企业参与市场竞争，投资于商业性房产等商业经营活动，算作公共投资。

二、公共投资的意义

西方公共经济学认为，公共投资在经济增长中的意义，至少可以体现在三个方面：第一，作为总需求的一个重要组成部分，其扩张本身就意味着总需求的扩张，在总供给大于总需求的宏观经济态势下，按照凯恩斯的理论，其对经济增长具有积极的意义；第二，公共投资的主要领域往往具有典型的外部正效应，比如公共基础设施投资，它的发展直接为以此为发展基础的相关产业部门的扩张提供了支持，因此许多研究文献强调公共投资扩张对私人投资效率提高产生的积极意义，公共投资的先期扩张，往往带来私人投资的繁荣，从而为经济增长带来累积效应。第三，公共投资的一些特殊领域，比如教育与科技投资，本身就是技术进步的源泉，因此公共投资的意义可以有一部分通过技术进步的作用体现出来。① 还有人认为，私人投资可能因为某种原因不愿涉足某些领域，而这时公共投资可以弥补私人投资的空白，使产业结构链不致出现中断的情况，从而使整个国民经济良性健康发展。②

但是，西方公共经济学又认为，公共投资与私人投资存在相互竞争的关系。公共投资的膨胀使资金变得更"昂贵"，刺激利率的上升，而后者促使私人部门减少投资。③ 于是，西方经济学家认为，公共投资应严格限制在市场允许的规模之内。同时，公共投资活动不能是市场性的活动，而是应当局限于非市场领域（市场失效领域），按非市场目的（非市场赢利性），以非市场手段（公共投资预算）来展开的。④

可以看出，在西方公共经济学眼中，公共投资只是动用全社会的资源，为单个私人资本家不愿意承担的同时又是他们发财所必需的一些成本买单，并且不能妨碍私人资本获取利益。其实，公共投资与私人投资相互竞争和资金"昂贵"本身都不是问题，它们有助于淘汰效益不高的私人企业，发挥市场经济优胜劣汰的作用。我们还看到，西方公共经济学所提到的公共投资还只是指一般意义上的生产性财政支出。但是，近些年来，主权财富

---

① 刘国亮：《政府公共投资与经济增长》，载《改革》2002年第4期。
② 高培勇等编著：《公共经济学》，中国社会科学出版社2007年版，第151页。
③ 高培勇等编著：《公共经济学》，中国社会科学出版社2007年版，第152页。
④ 袁星侯：《部门预算与公共投资预算改革》，载《内蒙古财经学院学报》2000年第3期。

基金的出现表明，即便在资本主义国家中，公共投资也出现了新的情况，具有了新的意义。

对于社会主义国家，公共投资则具有远为重要的意义，尤其是其中的公有制经济，它是劳动者摆脱雇佣奴隶地位的唯一选择和社会主义国家发展经济的主要动力。事实上，"个人占有无论何时何地对于一切生产者来说都从来没有普遍适用过；正因为如此，并且还因为工业的进步本来就在排除个人占有，所以社会主义的利益决不在于维护个人占有，而是在于排除它，因为凡是个人占有还存在的地方，公共占有就成为不可能"。[1]

1953 年 9 月，周恩来在全国政协常委扩大会议的总结报告中明确指出："我国新民主主义建设时期，就是逐步向社会主义过渡的时期，也就是社会主义经济成分在国民经济比重中逐步增长的时期"。[2] 而新中国前 30 年在农业方面公共投资的成果是：20 世纪 70 年代杂交水稻和棉花新品种培育成功，在后 30 年的 20 世纪 80 年代大面积推广；20 世纪 70 年代引进的 13 套大化肥生产线，在后 30 年的 20 世纪 80 年代开始充分发挥自己的效益。[3] 前 30 年的这些成就有力地推动了改革开放初期农村经济的快速发展，不仅使改革开放迅速地深入人心，而且也为招商引资提供了大量解放出来的农村劳动力。这也是为什么我们决不能用后 30 年的发展来否定前 30 年成就的一个原因。

当前的社会主义初级阶段，也是向社会主义中高级阶段的过渡时期。在这个时期，相比社会主义初级阶段之前的新民主主义建设时期，更应当按照邓小平的"三个有利于"标准，使社会主义成分在经济、政治、文化等各方面的比重中逐步增长。这其中，最重要的就是社会主义经济成分即公有制经济成分在国民经济比重中的增长。而邓小平也正是这样要求的："吸收外资也好，允许个体经济的存在和发展也好，归根到底，是要更有力地发展生产力，加强公有制经济"。[4]

三、主权财富基金

根据国际货币基金组织（IMF）2007 年提供的标准，可以将主权财富基金依照其设立的动因与政策目标划分为五大类：第一类是平准基金，即国家为保障在自然资源枯竭后，政府有稳定的收入来源，也出于避免短期自然资源波动导致经济大起大落的目的，而对主权财富基金进行多元化投资、延长资产投资期限、提高长期投资的收益水平，旨在以跨期替代的方式平滑国家收入的波动性。第二类是储蓄基金，它可以将一笔有限期的主权资产转化成为无限期的金融现金流，用来造福当代及未来社会的国民。第三类是冲销型主权财富基金，即国家为缓解外汇储备激增带来的升值压力而设立主权财富基金分流的外汇储备。第四类是发展基金。其最初设立的动因是支持国家发展战略，在全球范围内优化配置资源，更好地体现国家在国际经济活动中的利益。第五类是养老金储备基金。其初始设

---

① 《马克思恩格斯文集》第 4 卷，人民出版社 2009 年版，第 516 页。
② 《中华人民共和国史稿》第 1 卷，人民出版社、当代中国出版社 2012 年版，第 156 页。
③ 《中华人民共和国史稿》第 4 卷，人民出版社、当代中国出版社 2012 年版，第 145 页。
④ 《邓小平文选》第 3 卷，人民出版社 1993 年版，第 149 页。

立的目的是预防国家在社会经济运行中可能出现的危机，促进经济社会平稳发展。①

实际上，主权财富基金是公共资本或国家资本的一种表现形式，而且主要是针对对外投资而言的。它有两大来源：公共资源和外汇储备。

尽管一些西方经济学家主张把一切都私有化，但在现实中，即便是在资本主义国家，也会由于种种原因，还是有许多公共资源没有私有化。这样一来，这些公共资源的出让，如石油的出口，所获得的收入就成为国家的公共收入，这些收入在用于政府开支之余，还有一些盈余。只要这些盈余没有分配到个人手里，就可以形成国家资本。例如，挪威的主权财富基金在2013年的资产规模超过7000亿欧元。1970—2010年，挪威政府把从石油产业中挣来的钱的60%都投入了该基金，而另外的40%则用于政府开支。②

实际上，输出不可再生的公共资源，然后再将其收入用于主权财富基金进行对外投资，并不利于本国经济的可持续发展，在最有利的情况下，也不过是使本国居民成为剥削他国民众的寄生者，而一旦投资失败，或者国际政治经济局势出现动荡，对外投资遭遇危险，损失就大了。

瑙鲁是位于夏威夷与澳大利亚之间的岛国，占地面积21平方公里，人口1.2万（其中外籍劳工占了3000多人）。20世纪初，科学家在岛上发现了磷酸盐矿石，并探明全岛有磷酸盐储量3800多万吨，位居世界第一。由此，瑙鲁人的钱包迅猛鼓了起来，人均收入稳居世界前列。由于开采过度，几十年的时间里，磷矿资源就逐渐枯竭了。由此获得的收入，大量地被慷慨地花掉了，只有十几亿美元用于对外投资。因经营无方，亏损严重，这笔投资也所剩无几了。最后，瑙鲁政府终于发现它已没有能力支付政府雇员的工资了，而且必须限制国民从瑙鲁国家银行中提取过去的存款，因为银行里已经没有多余的钱可提取了。③

很显然，当不可再生的公共资源的开采，超过了本国公共经济的正常需要，以至于多出来的部分要形成主权财富基金时，就表明已经开采过剩了，应当停止开采。

至于出让本国商品和资产，换取用不了的外汇储备，更是非明智之举。根据相关数据测算，中国巨额外汇储备所投资的美国国债和机构债在2000—2007年度的平均收益率仅仅只有3%~6%。根据世界银行在中国的12400家外企投资的调查得知，它们在2005年的投资收益率就高达22%之多。尽管这两种资产形式具有不可比性，但是从一定意义上说，这两者之差反映了中国政府持有外汇储备的巨大机会成本。④

中国政府试图通过设立注册资本金为2000亿美元的主权财富基金实体——中国投资有限责任公司，以境外金融组合产品的投资为主来提高外汇储备利用效率。但是，在新帝国主义主导的国际金融秩序中，这种投资方式的后果只会更加不堪。结果，中投公司在黑

---

① 巴曙松、李科、沈兰成：《主权财富基金：金融危机后的国际监管与协作新框架》，载《世界经济与政治》2010年第7期。

② ［法］托马斯·皮凯蒂著，巴曙松等译：《21世纪资本论》，中信出版社2014年版，第471页。

③ 盛立中：《瑙鲁：一个国家的"破产"》，http：//worldview.dayoo.com/gb/content/2004-10/01/content_1755561.htm，2014年12月19日。

④ 巴曙松、李科、沈兰成：《主权财富基金：金融危机后的国际监管与协作新框架》，载《世界经济与政治》2010年第7期。

石集团和摩根史丹利上的投资都失败了。中投公司董事长楼继伟曾经振振有词地说，"我看的是黑石的价值投资，我不认为是错的"，但是到后来，他就改口了，说"我没有勇气投资海外的投资机构，他们的政策太不明朗了，即使明朗，我也不敢投资他们的领域了"。①

事实上，在外汇储备严重过剩的情况下，一方面，我们应当减少对外招商引资的力度，尤其是清退一些产业层次不高的外资，并且要停止公共部门以及与公共部门有关的一切机构对外借债，适时提前偿还部分外债；另一方面，我国为减少外汇储备的损失，应根据用汇需要相应地减持美元资产的比例，构建由黄金、石油、铜等重要基本商品和资源组合的"次级金本位"的外汇储备支付体系。②

四、公共投资的绩效分析

西方公共经济学认为，公共投资存在着"委托代理"问题。因为公共资金一般是无偿使用的，政府受全社会纳税人的委托对其使用，但是缺少严格的监督，或者监督成本过大，难免出现"道德风险"和"逆向选择"。所以一般来说，公共资金的使用效率并不如私人资金。在公司制结构下，私人投资也存在"委托代理"问题，因为经理人使用的资金来自于分散的股东，但是相对来说，公共投资的问题更为突出。③ 然而，在西方公共经济学内部也有不同意见："大部分私有化企业的所有权分散在大量股东手中，他们多数不可能掌握像政府部长那么多的信息，自身难以协调，很难形成有效的监督机制"。④

其实，"委托代理"问题的根源在于信息不对称。而信息不对称是生产力发展的必然结果。随着劳动分工的进一步细化，尽管信息工具层出不穷，尽管现在强调扁平化组织，但所有者与管理层、管理层与下级员工之间的信息不对称问题只会越来越突出。由于资本家不仅与他聘用的经理对立，更与工人对立。因此，在资本主义私人企业中的信息不对称和委托代理问题上，资本家是孤立无援的。即便资本家请来监督的会计师事务所也很容易与经理人相勾结，正如美国安然公司事件所暴露出来的那样。

而与资本家相比，首先，公共投资中的社会主义国有企业的所有者可以做得好得多。这是因为，社会主义国有企业的所有者，与工人不是对立的。如果我们能够切实地而非口头地紧紧依靠工人阶级，就能加强对管理层的监督，减少信息的不对称性。遗憾的是，在国有企业以往的一些改革中，强调下放权力的结果是，权力都下放给了管理层，而没有下放给社会主义国有企业的主人翁——工人。例如，有的厂长，高价购进劣质原料，工人一使用就很清楚；有的厂长，将闹市区的门面超低价地租给亲友经营，眼睛雪亮的工人心知肚明；……但工人没有拒绝使用劣质原料和弹劾厂长的权力，只能眼看着国有资产的流失

① 《楼继伟言辞屡变 中投承认冒险投资黑石集团砸脚》，http：//business. sohu. com/20090521/n264097640. shtml，2014 年 12 月 20 日。
② 程恩富、王中保：《美元霸权：美国掠夺他国财富的重要手段》，载《今日中国论坛》2008 年第 1 期。
③ 高培勇等编著：《公共经济学》，中国社会科学出版社 2007 年版，第 156 页。
④ 朱柏铭编著：《公共经济学》，浙江大学出版社 2002 年版，第 424 页。

和承受国有企业亏损带给他们的下岗和低收入的痛苦。①

其次，公共投资，除了受到政府代理人的监督外，也会受到社会公众和社会舆论的一些监督，那些排斥和想要限制公共投资的私人投资者，那些对国有企业存在偏见的人，更是会对公共投资提出种种责难，这样一来，公共投资所受到的监督力度是私人投资不可比拟的。因此，尽管由于各种原因，公共投资项目也会存在损失浪费的问题，甚至出现豆腐渣工程，但其"委托代理"问题并不会比同等规模的私人投资突出，而且这些问题也有解决和纠正的办法，处理起来也相对于私人投资要容易一些。事实上，即便在资本主义国家中，凡是经济发展得较好的，没有一个国家少得了公共投资。

其实，有些公共投资的绩效差，是因为这些公共投资被交给私人企业去运作，以至于私人企业的绩效差拖累了公共投资的绩效。例如，2003 年美国宾夕法尼亚州首府哈里斯堡固体废物管理局在市长主持下，批准了一项 1.2 亿美元的焚化炉改造计划。然而，到了2006 年，项目的承包公司却突然破产，留下了没有完成的改造项目和一堆债务。②

需要指出的是，财务上的一些数据有时并不能体现出公共投资的真实绩效。1922 年11 月，列宁答《曼彻斯特卫报》记者阿·兰塞姆问时，针对对方认为"在俄国做买卖的收益非常之高，而生产只有在极少数情况下能够赢利"的看法指出，"掌握在私人手中、大多数居民所从事的规模很小的生产，提供的利润最多。……留在国家手中的真正不赢利的生产，只是那种用政治经济学的科学术语来说应当叫作生产资料（矿产、金属等）的生产或者固定资本的生产。……对我们来说，恢复被破坏的生产资料，长时期内是不能指望得到任何利润的，如您所说的，是'不赢利的'"。③ 然而，列宁进而指出，对方以此认为小商贩们在经济上不断加强而国家在经济上不断削弱的看法，也许会受到马克思嘲笑庸俗政治经济学的那种嘲笑。④

最后还要指出的是，尽管公共投资不像私人投资那样单纯地追逐经济利益，但公共投资的经济效益仍然可以高于私人投资。这是因为，以公有制为主体的公共投资，能够真正调动劳动者的生产积极性，而经济效益正是劳动者创造出来的。例如，我国的大庆石油会战是在困难时期困难条件下进行的，当时的公共投资严重不足，要是采用私人投资或者是资本主义国家的公共投资，这点投资水平是根本不可能完成会战任务的。当时的大庆，青天一顶，草原一片，人烟稀少。几万人的石油会战队伍一下子拥到这片草原上，又是天寒地冻季节，吃、住都很困难。在生产上，器材不齐全，设备不配套，汽车吊车又不足，草原上还没有修公路，运到火车站的器材和成套设备，有些要靠人拉肩扛来搬运安装。面对巨大的困难，大庆人发出了"宁肯少活 20 年，拼命也要拿下大油田"的豪迈誓言。他们心甘情愿地吃大苦，耐大劳，临危不惧，不惜牺牲个人的一切，为国家和人民多找石油、

---

① 余斌著：《企业管理中的信息不对称与国有企业改革》，《高校理论战线》2004 年第 11 期。

② 《美国地方政府为何破产？》，http：//news.163.com/11/1114/11/7IQL9C4T00014AEE.html，2015 年 1 月 20 日。

③ 《列宁全集》第 43 卷，人民出版社 1987 年版，第 263-264 页。

④ 《列宁全集》第 43 卷，人民出版社 1987 年版，第 264 页。

多产石油的崇高精神，体现了中国工人阶级的优秀品质。①

第二节　公共企业

一、公共企业的定义

西方公共经济学认为，公共企业，又称公营企业，是指所有权或控股权归属于政府，并受其直接控制，具有企业法人地位的经济实体。② 因此，政府出资的非法人经营机构，如造币厂、邮政局等，就是政府部门的组成部分，而与公共企业不同。③ 公共企业的注册资本全部或者大部分由政府出资。政府控股经营的公共企业，其资本金中有一部分是民间出资，但政府出资部分仍是主要来源，否则就不能称之为公共企业，只能称之为含有政府投资的私人企业。④ 但是，这样定义的企业更适合叫政府企业或官办企业，而不适合叫公共企业，尽管官办企业也是公共企业的一个组成部分。而且虽然造币厂这样的经营机构没有市场化，但这不排除其生产经营性，就像一些涉密的国防工业企业也没有市场化一样，因此不宜把它们视为政府部门而应当视为公共企业。

显然地，既然我们在前面提到了公共投资，而上述定义也用出资人来界定企业，那么，公共企业就应当定义为，是以公共投资为资金来源进行生产经营活动的企业。事实上，除了一些国家政府出资并所有的官办企业外，社会主义国家的全民所有制企业和集体所有制企业，也都是公共企业。

根据《第三次全国经济普查主要数据公报（第一号）》，在我国820.8万个企业法人单位中，国有企业和集体企业分别只有11.3万个和13.1万个。⑤ 因此，如果只计算企业法人，我国公有制的公共企业只有24.4万个，不到全国法人总数的3%。

二、公共企业的设立

为什么在政府部门之外，还会存在公共企业？西方公共经济学的解释是，从资源配置效率原则出发，有些经济活动必须也只能由公共部门来承担，但不适宜于由政府部门本身来经营。一方面，政府部门是一种政治机构，完全依靠财政拨款维持其正常运转，这一质的规定性使它只能向社会公众免费提供公共服务。设立公共企业之后，就可以经济实体这样一种组织形式从事经济活动，使政治家和官员免遭纳税人的不满。另一方面，由于公共企业作为资产的经营者直接向社会提供商品和劳务，价格的高低也在一定程度上受市场机制的影响，并在原料采购、财产处置、人事配备、产品定价等方面拥有一定的自主权，因

---

① 《中华人民共和国史稿》第2卷，人民出版社、当代中国出版社2012年版，第186-187页。
② 朱柏铭编著：《公共经济学》，浙江大学出版社2002年版，第404页。
③ 朱柏铭编著：《公共经济学》，浙江大学出版社2002年版，第407页。
④ 朱柏铭编著：《公共经济学》，浙江大学出版社2002年版，第405-406页。
⑤ 《第三次全国经济普查主要数据公报（第一号）》http://www.stats.gov.cn/tjsj/zxfb/201412/t20141216_653709.html，2014年12月22日。

此，相比于政府部门本身，采取公共企业的形式从事经济活动更有利于提高资源配置的效率。在美国，有一家著名的公共企业即田纳西河流域管理局，可以说，包括联邦政府在内，没有哪一个政府部门能获得像田纳西河流域管理局那样公认的高效率。①

西方公共经济学还认为，私人企业与公共企业之间在一定条件下可以相互转化，一旦某些社会目标实现之后，政府可能通过出售资产的方式使公共企业私有化；同样，有些私人企业濒临破产之时，政府为维持就业水平，也可能出面收购或接管，使之成为公共企业。②

但是，既然当有些私人企业濒临破产之时，政府为维持就业水平，要出面收购或接管，使之成为公共企业，从而以让公众买单的方式来保证经营不善的资本家的私人利益，那么，远在这些私人企业濒临破产之前政府就应当接管它们，使之成为公共企业，以便用之前的盈利来为后来的维持成本买单。

其实，公共企业设立的主要原因，是"工厂内部的生产的社会化组织，已经发展到同存在于它之旁并凌驾于它之上的社会中的生产无政府状态不能相容的地步"。③ 这也算是对市场缺陷的弥补，只是这里的市场缺陷的内涵已经超越了西方公共经济学所作的限定。实际上，如果说美国田纳西河流域管理局的高效率是公认的，那么，这恰恰表明私人企业已经不再能适应生产力发展的要求了。生产资料和产品的社会性质已经反过来反对资本主义生产者，而随着社会占有生产力，也就是以公共企业的形式占有生产力，"这种社会性质就将为生产者完全自觉地运用，并且从造成混乱和周期性崩溃的原因变为生产本身的最有力的杠杆"。④ 邓小平也指出，"我国资本主义工商业社会主义改造的胜利完成，是我国和世界社会主义历史上最光辉的胜利之一"。⑤

事实上，公共企业尤其是公有制经济企业的设立，不仅是生产的社会化发展的必然要求，也是社会主义国家里劳动者当家做主的必然体现，能够焕发广大劳动人民群众的生产积极性，提高社会生产力。

1950年1月，全国搬运工会代表大会向中央人民政府提出了废除各地码头和搬运行业中的封建把头制度、由人民政府设立搬运公司的建议。同年3月31日，政务院正式通过了《接受中国搬运工会第一届代表大会关于设立搬运公司废除各地搬运事业中封建把持制度之建议的决定》。从此，全国各地搬运行业全面展开了反封建把头制度的斗争，参加斗争的工人达80多万人。到1951年10月，全国已有432个城市彻底废除了搬运行业的封建把头制度。通过反封建把头斗争，搬运行业的劳动生产率显著提高，运价普遍下降了50%至70%。⑥

但是，在公共企业设立的过程中，我们也有一些不按经济规律办事的经验教训要吸

---

① 朱柏铭编著：《公共经济学》，浙江大学出版社2002年版，第405页。
② 朱柏铭编著：《公共经济学》，浙江大学出版社2002年版，第408页。
③ 《马克思恩格斯文集》第9卷，人民出版社2009年版，第293页。
④ 《马克思恩格斯文集》第9卷，人民出版社2009年版，第296页。
⑤ 《邓小平文选》第2卷，人民出版社1994年版，第186页。
⑥ 《中华人民共和国史稿》第1卷，人民出版社、当代中国出版社2012年版，第48-49页。

取。例如，湖南省桃源县观音寺镇政府 20 世纪 90 年代前后因为集资兴办水泥厂失败、垫交税费等原因，负债高达 1.27 亿元，镇上 5000 多户居民几乎全是政府的债权人。这些居民讨债最激烈时，曾有人摘镇政府招牌。① 如果当初水泥厂的兴办采取集体经济的方式，自负盈亏，镇政府不去大包大揽，就不会出现后来的恶果。即便是镇政府要自己投资创办这样的企业，也应当根据自己的财力来投资，不应当负债经营，这样如果办不成功，损失也是有限的，不会连累到后面几届镇政府的运作。

由此可见，公共企业的设立并不是件随意的事。但是，公共企业的设立终究是社会主义经济发展的必由之路。列宁在全俄党的农村工作第一次会议上的讲话中也提到，必须向农民表明，"我们知道国营农场中一切违法乱纪的情形，但是，我们说，应当使科学技术人才为公共经济服务，因为靠小农经济是摆脱不了贫困的。而且我们也要象在红军中那样行动：我们被打败 100 次，但在第 101 次我们会战胜所有的人。为此就须要同心协力、步调一致地进行农村工作，象在红军中、在其他经济部门中那样一丝不苟地进行工作。我们将慢慢地坚持不渝地向农民证明公共经济的优越性"。②

三、公共企业的经营管理

列宁在 1922 年 2 月 1 日致索柯里尼柯夫的信中提到，"您曾同我谈过，我们的某些托拉斯不久就会没有资金了，因而会断然要求我们由国家来接管。我想，托拉斯和企业建立在经济核算的基础上正是为了要它们自己承担责任，而且要承担全部责任，使自己的企业不亏损。如果它们做不到这一点，我认为它们就应当受到法庭审判，管理委员会全体委员都应当受到长期剥夺自由（也许过一定的时期可予以假释）和没收全部财产等等的惩罚。如果我们建立了实行经济核算的托拉斯和企业，却不会用精明的、商人的办法来充分保证我们的利益，那我们便是地道的傻瓜"。③ 的确，公共企业必须进行经济核算，如果经营不善（除政策性亏损和民主决策导致的损失外）就应当撤换其负责人，并视经营不善的情况，追究其负责人一定的刑事责任和民事赔偿责任，严肃问责。这样不仅有助于吓退无能者，让有能力的人有机会掌管公共企业，也有助于避免对公共企业软约束的指责。

1960 年 3 月毛泽东将鞍山钢铁公司在技术革新和技术革命运动中总结的经验，称为《鞍钢宪法》。《鞍钢宪法》的核心内容是：工人参加管理，干部参加劳动，改革不合理的规章制度，实行工人群众、技术人员和领导干部三结合，即"两参一改三结合"。④ 这其实是非常好的公共企业的经营管理制度，是中国对社会主义经济建设的重要探索成果，但后来没有坚持下来。

在国民经济恢复时期，人民政府全心全意依靠工人阶级，充分调动工人群众和管理人员的积极性。在国营企业中推行民主改革，在实行企业管理民主化的同时，广泛开展合理

---

① 《湖南乡镇政府欠条成地方流通货币：折价购物》，http：//www.jnnews.tv/news/2014-08/19/cms426908article.shtml，2014 年 8 月 19 日。

② 《列宁全集》第 37 卷，人民出版社 1986 年版，第 309 页。

③ 《列宁全集》第 52 卷，人民出版社 1988 年版，第 252 页。

④ 《中华人民共和国史稿》第 2 卷，人民出版社、当代中国出版社 2012 年版，第 241 页脚注。

化建议、创造新纪录和生产竞赛等运动，发动工人参与企业的生产决策。在三年的生产竞赛中涌现出 1.9 万个先进集体，20.8 万名先进生产者，其中妇女 2.6 万人。广大职工在改进机器、改进操作方法、改进劳动组织等方面创造了许多先进经验，提出合理化建议近 40 万件，其中被采纳 24.1 万件。国营工厂出现了技术革新、技术改造热潮，工业劳动生产率明显提高。每个工人全年平均产值由 1949 年的 4900 元，上升到 1952 年的 7900 元，提高了 61.2%。①

其实，企业的公共性也意味着企业经营管理职责的公共性，这种公共性不能被企业的管理层所垄断。在公共企业中，职工或其代表参与经营管理，并引入企业外的社会人士尤其是工人群众和人大代表参与监督，是公共企业经营管理的应有之义。对此，列宁曾经指出，"我们谈到省国营农场和省农业局的时候，关键在于如何使它们受到工人和附近农民的监督。这同它们属谁管辖完全无关"。②

四、国有企业的改革

第二次世界大战以后，国有企业在资本主义市场经济中发挥了一定的宏观调控的作用，但是，随着资本主义政治经济的发展，垄断资本的力量日益壮大，资本主义国家政权的一些调控措施已经成为垄断资本强化对广大民众的掠夺的障碍，于是新自由主义政策开始盛行，西方资本主义国家的一些国有企业在私有化改革的名义下，开始被垄断力量所吞噬。这些国有企业私有化后，一方面打击了工会，解雇了大量国企职工，降低了职工工资福利水平，另一方面提高了服务价格，降低了服务质量，同时也没有减少从政府财政获得的好处。这就是所谓"在自然垄断部门，如英国煤气公司、英国电信公司、自来水行业和电力工业等基础部门，私有化的效果就不太理想"③ 的原因。

在中国国内，有人因为恩格斯曾经批评德国俾斯麦政府的国有化为"冒牌的社会主义"④ 而反对中国的国有企业，主张把国有企业私有化。但这样一来，他就倒退到赤裸裸的资本主义上去了。而在反对冒牌的社会主义之后，恩格斯指出，社会力量完全像自然力一样，在我们还没有认识和考虑到它们的时候，起着盲目的、强制的和破坏的作用。但是，一旦我们认识了它们，理解了它们的活动、方向和作用，那么，要使它们越来越服从我们的意志并利用它们来达到我们的目的，就完全取决于我们了。这一点特别适用于今天的强大的生产力。当人们按照今天的生产力终于被认识了的本性来对待这种生产力的时候，社会的生产无政府状态就让位于按照社会总体和每个成员的需要对生产进行的社会的有计划的调节。那时，资本主义的占有方式，即产品起初奴役生产者而后又奴役占有者的占有方式，就让位于那种以现代生产资料的本性为基础的产品占有方式：一方面由社会直接占有，作为维持和扩大生产的资料，另一方面由个人直接占有，作为生活资料和享受资

---

① 《中华人民共和国史稿》第 1 卷，人民出版社、当代中国出版社 2012 年版，第 141 页。
② 《列宁全集》第 37 卷，人民出版社 1986 年版，第 409 页。
③ 朱柏铭编著：《公共经济学》，浙江大学出版社 2002 年版，第 420 页。
④ 《马克思恩格斯文集》第 3 卷，人民出版社 2009 年版，第 558 页脚注。

料。① 其实，中国进行国有企业改革的起因，恰恰是因为我们还缺乏对生产力的本性的认识，还没有掌握它的活动、方向和作用，因而还需要摸着石头过河来进行探索。

然而，除了被私有化以外，在国有企业的改革历程中，国有企业还长期受到不公正的对待。例如，1984 年完成的利改税改革，存在以下问题：（1）对国营企业征收 55% 的所得税太高，而同期对"三资"企业名义上所得税最高仅为 15%，还有 5 至 10 年的减免税待遇，对集体和个体经济所得税率在 7% 至 55%。很明显这种税率设计苛待国企而优待非国有经济，没有实行"在税收、税率上一律平等"的原则，没有创造平等竞争的环境。（2）国企调节税的设置不够科学。调节税率采取"倒轧账"方法计算，即以 1983 年企业实现利润为基数，在扣除产品税、增值税、营业税、资源税后的利润，作为基期利润。基期利润再扣除 55% 的所得税和 1983 年合理留利部分，占基期利润的比例，为核定调节税率。这样测定出来的调节税率，是一户一率，不符合税法原则。（3）一些税种设置不够科学合理。如资源税征税面不广泛，只对国营企业征收调节税、奖金税，而对别的所有制企业不征收。②

需要说明的是，过去及当前的我国国有企业并不是真正的公有制国有企业。虽然工人，甚至农民，对企业的国有资产拥有名义上的所有权，但工人的主人翁地位只是意识形态上的，并没有落到实处，工人仍然处于一种被雇佣的地位，国有企业所有者地位被政府占有。有所改变的只是，对工人直接粗暴的压迫方式被取消了，工人的待遇有所提高，但工资依然是很低的。接近政府的工人，比过去接近资本家的工人更多地走上了代理人的位置，甚至直接进入了政府。传统国有企业的这些特性在改革开放以后明显地表现了出来，被迫下岗和买断工龄就充分地表明了工人事实上的被雇佣地位。而各级政府可以不经过同级人民代表大会的批准而随意出卖国有企业，也说明这种企业的国有地位甚至还不如西方一些国家的国有企业，因为那些国家的政府要这样做，还得经过议会批准。

总之，迄今为止的国有企业改革，暴露出传统国有企业并不是真正意义上的公有制企业，这也是在再生产过程中国有企业难以完成否定资本主义私有制的任务，反而使我们在改革开放的过程中看到资本主义私有制对传统国有企业的否定的原因。因此，当前国有企业改革的根本任务在于把它转变为真正意义上的公有制国有企业，其中最关键的是实行政企分离，保证劳动者对企业管理层的监督权和罢免权。

为此，国有资产监督管理部门必须划归各级人民代表大会常务委员会管辖，废除政府部门随意处置国有企业资产的权力，并赋予国有企业劳动者全体大会或劳动者代表大会对于企业所有事项的否决权。

这样一来，有关国有企业资产重组或出售国有资产的决议，都必须先经过国有企业劳动者全体大会或劳动者代表大会放弃否决的认可，再经同级人民代表大会审议批准后，才能实行。对于国有资产监督管理部门或同级人民代表大会常务委员会任命的国有企业管理层，国有企业劳动者全体大会或劳动者代表大会可以直接拒绝和罢免。国有企业管理层开除和下岗企业职工的决定，国有企业劳动者全体大会或劳动者代表大会可以直接否决。

① 《马克思恩格斯文集》第 3 卷，人民出版社 2009 年版，第 560-561 页。
② 《中华人民共和国史稿》第 4 卷，人民出版社、当代中国出版社 2012 年版，第 211 页。

此外，如果说，"理论与实践都证明：效率来自竞争而非私有化本身"①，那么强化国有企业管理层内部的竞争，使能者上，庸者下，同时加强干部职工的培训，使得人人都有能力竞争管理岗位，必然会更有效地提高国有企业的运行效率。

五、集体经济的发展

发展集体经济，首先是因为，"在保存商品经济和资本主义的条件下，小经济是不能使人类摆脱群众贫困的"②。"正是以个人占有为条件的个体经济，使农民走向灭亡。如果他们要坚持自己的个体经济，那么他们就必然要丧失房屋和家园，大规模的资本主义经济将排挤掉他们陈旧的生产方式"。③ 其次，是因为整个社会的生产力还不够发达，还不能实现所有经济形态的全民所有制。只能通过集体经济的发展和扩大，以及集体经济之间、集体经济与国有企业之间加强日益广泛的联合，来逐渐扩大公有制经济的比重，为整个社会生产力水平和生产关系的飞跃发展积累条件。在新中国成立前的苏区，合作社是苏维埃政府打击奸商盘剥和调剂工农群众生活需求的集体经济组织。合作社经济与国营经济相配合，成为根据地经济的主导力量。④

此外，集体所有制企业也就是合作工厂的发展还"提供了一个实例，证明资本家作为生产上的执行职能的人员已经成为多余的了，就像资本家自己发展到最成熟时，认为大地主是多余的一样。只要资本家的劳动不是由单纯作为资本主义生产过程的那种生产过程引起，因而这种劳动并不随着资本的消失而自行消失；只要这种劳动不只限于剥削他人劳动这个职能；从而，只要这种劳动是由作为社会劳动的劳动的形式引起，由许多人为达到共同结果而形成的结合和协作引起，它就同资本完全无关，就像这个形式本身一旦把资本主义的外壳炸毁，就同资本完全无关一样。说这种劳动作为资本主义的劳动，作为资本家的职能是必要的，这无非意味着，庸俗经济学家不能设想各种在资本主义生产方式内部发展起来的形式竟能够离开并且摆脱它们的对立的、资本主义的性质"。⑤ "在合作工厂中，监督劳动的对立性质消失了，因为经理由工人支付报酬，他不再代表资本而同工人相对立"。⑥

关于农村经济，恩格斯曾经提到过这样一个发展过程："把各小块土地结合起来并且在全部结合起来的土地上进行大规模经营的话，一部分过去使用的劳动力就会变为多余的；劳动的这种节省也就是大规模经营的主要优点之一。要给这些劳动力找到工作，可以用两种方法：或是从邻近的大田庄中另拨出一些田地给农民合作社支配，或是给这些农民以资金和机会去从事工业性的副业，尽可能并且主要是供自己使用。在这两种情况下，他们的经济地位都会有所改善，并且这同时会保证总的社会领导机构有必要的影响，以便逐

---

① 朱柏铭编著：《公共经济学》，浙江大学出版社 2002 年版，第 420 页。

② 《列宁全集》第 29 卷，人民出版社 1985 年版，第 270 页。

③ 《马克思恩格斯文集》第 4 卷，人民出版社 2009 年版，第 525-526 页。

④ 《中华人民共和国史稿》（序卷），人民出版社、当代中国出版社 2012 年版，第 126 页。

⑤ 《资本论》第 3 卷，人民出版社 2004 年版，第 435 页。

⑥ 《资本论》第 3 卷，人民出版社 2004 年版，第 436 页。

渐把农民合作社转变为更高级的形式，使整个合作社及其社员个人的权利和义务跟整个社会其他部门的权利和义务处于平等的地位"。① 这不仅提供了解决三农问题的方案，而且意味着应当减少农民外出沦为私有企业的雇佣工人，应当大力发展集体性质的乡镇企业，使农民（工）能够为自己积累生产资料，更快地成为共同富裕的一员。这样也有利于就地实现城镇化和发展中小城市，避免大城市出现人口拥挤。

在这里，需要指出的是，恩格斯曾经明确指出，"当我们掌握了国家政权的时候，我们决不会考虑用暴力去剥夺小农（不论有无赔偿，都是一样），像我们将不得不如此对待大土地占有者那样。我们对于小农的任务，首先是把他们的私人生产和私人占有变为合作社的生产和占有，不是采用暴力，而是通过示范和为此提供社会帮助。……这里主要的是使农民理解，我们要挽救和保全他们的房产和田产，只有把它们变成合作社的占有和合作社的生产才能做到"②。列宁也指出，"要消灭工农之间的差别，使所有的人都成为工作者。这不是一下子能够办到的。这是一个无比困难的任务，而且必然是一个长期的任务。这个任务不能用推翻哪个阶级的办法来解决。要解决这个任务，只有把整个社会经济在组织上加以改造，只有从个体的、单独的小商品经济过渡到公共的大经济。这样的过渡必然是非常长久的。采用急躁轻率的行政手段和立法手段，只会延缓这种过渡，给这种过渡造成困难。只有帮助农民大大改进以至根本改造全部农业技术，才能加速这种过渡"③。

然而，在过去的集体经济发展过程中，我们却犯了急性病的错误。对此，邓小平指出，"有人说，过去搞社会主义改造，速度太快了。我看这个意见不能说一点道理也没有。比如农业合作化，一两年一个高潮，一种组织形式还没有来得及巩固，很快又变了。从初级合作化到普遍办高级社就是如此。如果稳步前进，巩固一段时间再发展，就可能搞得更好一些。一九五八年"大跃进"时，高级社还不巩固，又普遍搞人民公社，结果六十年代初期不得不退回去，退到以生产队为基本核算单位"④。由于不肯耐心地通过示范和帮助来引导农民，企图通过施加政治压力的农村社会主义教育运动而不是实实在在的物质成效来强行推进集体经济，以至于后来安徽小岗村的农民毅然决然地抛弃了集体经济，实行了分田单干，也使该村的经济发展很快就陷入了需要上面扶持的困境。

关 键 术 语

公共投资　公有制经济　主权财富基金　公共资源　外汇储备　次级金本位　"委托代理"问题　信息不对称　公共企业　经济核算　国有企业改革　国有企业私有化公有制国有企业　集体经济　农村经济

---

① 《马克思恩格斯文集》第4卷，人民出版社2009年版，第525页。
② 《马克思恩格斯文集》第4卷，人民出版社2009年版，第524-525页。
③ 《列宁全集》第37卷，人民出版社1986年版，第273页。
④ 《邓小平文选》第2卷，人民出版社1994年版，第316页。

复习思考题

1. 什么是公共投资？
2. 为什么会出现公共投资？
3. 主权财富基金都有哪些类别？怎样理解主权财富基金？
4. 如何判断公共投资的绩效？
5. 公共企业是什么？
6. 公共企业如何设立和经营管理？
7. 我国国有企业改革的成效如何？应该如何实施国有企业改革？
8. 如何促进集体所有制企业的发展？

第七章 公共收入

【教学目的和要求】

公共收入是公共经济学的重要研究内容，而公共收入的高低也制约着一国公共经济活动的活力。通过本章的学习，应着重掌握以下几个方面：

第一，了解公共收入的含义和形式，识别西方公共经济学弄错了的地方；

第二，懂得公共收入的意义；

第三，了解公共收入规模的影响因素；

第四，掌握公共收入必须遵循的原则；

第五，学会根据原则来设计公共收入的征集方案。

第一节 公共收入的概念

一、公共收入的含义

西方公共经济学认为，公共收入是为了满足社会公共需要，凭借公共权力，由以政府为代表的公共组织向私人部门和个人筹集的一种收入。它标志着一部分社会资源由私人部门转向公共部门，公共收入的筹集和使用应当由社会公众来决定和监督。① 然而，西方公共经济学又指出，从公共收入的构成来看，除了政府收入以外，还有一部分属于公共收入但又有别于政府收入的收入，如公益性团体的捐赠收入、社会公共团体的收入、非政府掌握的公共基金收入等。② 显然，这些非政府收入的公共收入并不都是凭借公共权力获得的，而且有些公共收入直接来自于公共资源向私人部门的出让，并不标志社会资源由私人部门转向公共部门。另外，像今天的捐税这样的公共收入，"是以前的氏族社会完全没有的"③，那时也谈不上政府，但同样有公共收入，却鲜有个人收入。同时，西方国有企业在经营中获得的收入，也应当算作公共收入。因此，西方公共经济学上述关于公共收入的定义是有失偏颇的。

马克思曾经提到一个在一切时代都被当时的社会制度的先驱提出过的论点："既然有益的劳动只有在社会中和通过社会才是可能的，劳动所得就应当属于社会，其中只有不必用来维持劳动'条件'即维持社会的那一部分，才归各个劳动者所得。"他还指出，社会

---

① 黄恒学主编：《公共经济学》（第二版），北京大学出版社 2009 年版，第 245 页。

② 黄恒学主编：《公共经济学》（第二版），北京大学出版社 2009 年版，第 244 页。

③ 《马克思恩格斯文集》第 4 卷，人民出版社 2009 年版，第 190 页。

总产品需要经过一些扣除，才能用来作为消费资料，而这部分在进行个人分配之前，也还要从里面再进行一些扣除，"才谈得上在集体中的各个生产者之间进行分配的那部分消费资料"。于是，"不折不扣的劳动所得"已经不知不觉地变成"有折有扣的"了，虽然从一个处于私人地位的生产者身上扣除的一切，又会直接或间接地用来为处于社会成员地位的这个生产者谋利益。① 从这里可以看出，用于社会公共需要即作为公共收入的部分，只是年社会价值产品总量②的一个部分。

但是，在历史上，有一些掠夺成性尤其是对外掠夺的政府，其所征集的所谓"公共"收入会超过本国年社会价值产品总量。例如，帝国主义对中国的侵略，是近代中国蒙受灾难和屈辱的重要原因。每次战争，都是对中国的强盗式勒索，从《南京条约》到《辛丑条约》的主要赔款就有 8 次之多，数额高达 10 亿两白银。③ 这些收入，是不能算作凭借公共权力获得的收入的，因为这些强盗国家的政府对于被侵略的国家并不拥有什么正当权力。但这些收入对于相关国家的统治集团来说，也的确是一种公共收入，我们把它算作公共收入的一种特别形式。当然，在战争中有时也有正义的一方，他们也会有些缴获，而"一切缴获要归公"则表明，这些缴获是公共收入。古代军队的屯田和现代军队中出现的大生产运动，其收入也应当归入公共收入。

因此，为了使定义具有更广泛的适用性，我们将公共收入最宽泛地定义为：公共收入是用于维持社会的那部分年社会价值产品，它包括为满足公共支出的需要而征收和筹集的收入以及公共投资的收益。

上面的分析表明，公共收入不同于政府收入，前者大于并包含后者。西方公共经济学认为，公共收入概念的提出，包含着一种理念的转变。它直截了当地揭示出政府收入是属于社会公众的收入，它应该以满足社会公共需要为目的。在使用上，应当由社会公众来决定，而不是由少数官僚集团以国家的名义来随意安排，它的筹集和使用应该有一套规范的程序和制度，受社会公众的监督。④ 我们认可这种理念的转变，但是，公共收入的概念的提出，还包含着另一种理念。那就是有些公共收入，比如公有制企业的税后利润等，并不是政府收入，政府不应当染指。

二、公共收入的形式

西方公共经济学认为，公共收入的主要形式有税收、公债收入、国有企业收入、公共收费、国有资源收入、公共性基金收入、捐赠收入等多种形式。⑤ 但是，债务本身并不代表收入，否则一个人借债越多，他的收入也就越多了。因此，发行公债而得到的资金同样不能算作公共收入，尽管公债在政府财政上占有十分重要的地位。同样地，通过社会保障

---

① 《马克思恩格斯文集》第 3 卷，人民出版社 2009 年版，第 429-433 页。

② 即当年劳动创造的新价值。注意，它不是产品价值总量，它类似于国民收入，不包括在生产时消费掉的、然而是前一年生产的、一部分甚至是前几年生产的生产资料的价值。

③ 《中华人民共和国史稿》（序卷），人民出版社、当代中国出版社 2012 年版，第 36 页。

④ 黄恒学主编：《公共经济学》（第二版），北京大学出版社 2009 年版，第 244 页。

⑤ 黄恒学主编：《公共经济学》（第二版），北京大学出版社 2009 年版，第 251 页。

税或社会保障费征集到的社会保障个人账户的资金也不能作为公共收入，因为它们也具有债务性质。但社会保障统筹账户所征集到的资金，由于没有明确的偿付对象，可以视为公共收入。同时，社会保障基金的投资运营收入也可以归入公共收入。

特别需要指出的是，公共收入的形式与经济制度有很大的关系。列宁在 1919 年 3 月 18—23 日党的第八次代表大会通过的俄国共产党（布尔什维克）纲领中指出，"在已经开始的把资本家被剥夺的生产资料公有化的时期内，国家政权不再是凌驾于生产过程之上的寄生机关；它开始变为直接履行国家经济管理职能的组织，因而国家的预算便成为整个国民经济的预算。在这些条件下，只有正确进行国家有计划的产品生产和分配，才能实现收支平衡。至于在过渡时期如何抵偿国家的直接开支，俄共将坚决主张把曾是历史上所必需的和在社会主义革命初期也是合法的向资本家派款的办法，改为征收累进所得税和财产税的办法。由于对有产阶级广泛实行剥夺，这种税收将自行失去作用，所以，国家的开支应当依靠把各种国家垄断组织的一部分收入直接变为国家收入的办法来抵偿"①。

在这里，我们看到公共收入中的财政收入形式在不同历史时期的三种变化：首先是革命时期向资本家的派款，其次是过渡时期的累进所得税和财产税，最后是社会主义建成期的各种国家垄断组织（主要是大型国有企业）的收入上缴。

总之，公共收入主要有以下几种形式：税收、公共收费、罚没款收入、公共企业收入、公共资源和资产出让的溢价收入、公共性基金收入、公共租金、公共债权收入、捐赠收入、纸币发行收入、彩票盈余、特别收入等。

1. 税收

税收是政府财政部门按照税法的规定，对个人和其他经济活动主体，强制征收的收入。

在西方公共经济学家看来，税收只是政府部门对私人部门强制课征所获得的收入。② 这是因为，在他们眼里，看不见国有企业这样的公共经济部门，从而忽略了这样的公共经济部门也是要纳税的。如果非要把税收归结到个人头上，那么，"资本家阶级负担的国家的和地方的各种税收，土地所有者的地租等等，都是由无酬劳动支付的"。③ 也就是说，工人才是替资本家创造税款的人。尽管如此，在形式上，纳税人还是资本家，即便工人也支付了税收。这是因为，"工人应交付的税金始终不断地包括进劳动力生产费用之中，因而要由资本家一并偿付"④。也就是说，在资本家支付给工人的工资中，包含了工人要缴纳的税款。因此，在资本主义国家里，为纳税人服务，就是为资本家服务。而社会主义国家则强调为人民服务。

按照税负是否能够转嫁，可以分为直接税和间接税。直接税指的是由纳税人直接负担税款，税收负担不容易转嫁的一类税，其纳税人和负税人往往是同一个人。间接税是指纳

---

① 《列宁全集》第 36 卷，人民出版社 1985 年版，第 420-421 页。
② 朱柏铭编著：《公共经济学》，浙江大学出版社 2002 年版，第 189 页。
③ 《马克思恩格斯文集》第 3 卷，人民出版社 2009 年版，第 82 页。
④ 《马克思恩格斯文集》第 3 卷，人民出版社 2009 年版，第 270 页。

税人能够将税收负担转嫁给他人的一类税。如增值税、消费税等，其纳税人与负税人往往分离。① 由于存在税负的转嫁问题，因为采取哪一种税种对于不同的人群是有不同的影响的。例如，马克思曾经提到，"如果说自由贸易有什么意义的话，它的意义就在于取消关税、国内产品消费税以及一切直接妨碍生产和交换的捐税。可是，如果税款不能通过关税和国内产品消费税来征收，那就必须直接从财产和收入中来征收了。在税收数量不变的情况下，一种捐税减少必然会使另一种捐税相应地增加。这种减少和增加必定成反比例。因此，如果英国公众想取消大部分直接税，那就得准备让商品和工业原料纳更多的税……以提高英国人民的日常消费品茶叶税和食糖税来弥补所得税的减少，这就是公然以增加对穷人的课税，来减轻对富人的课税。但是这种考虑未必能阻止下院通过这种措施"。②

2. 公共收费

公共收费是政府部门和公用事业单位，按照公共定价，从享受公共服务的个人和其他经济活动主体那里收取的费用。

公共收费与税收的差别在于，税收收入通常用于一般性公共支出，而公共收费的收入主要用于收费项目的成本支出上。例如，政府可以动用税收收入修建一座垃圾焚烧厂以解决垃圾处理问题，但垃圾焚烧厂的运营费用，则不宜由税收收入承担，而应当通过收取垃圾处理费来承担。当然，修建垃圾焚烧厂的费用也可以采取贷款的形式，并通过收取垃圾处理费来偿还。同时，还需要补偿的一个费用是，因为修建垃圾焚烧厂而导致周边房地产价格下降所造成的损失。这也能够有效减轻修建垃圾焚烧厂的阻力。

但是，甚至美国的经济学家也批评道，在州和地方政府一级，有一股推力要将许多政府部门私有化或者通过向使用者收费来提高诸如道路、文化娱乐设施和大学教育等政府企业的自我融资能力。结果导致了我们许多人现在要支付更高昂的大学学费和更高的桥梁和道路使用费。③

这表明，即便是个人可以从公共收费的项目中受益，也不是都要由个人来直接付费的。谁受益谁交费，并不能成为一个通行的公共经济原则。

需要指出的是，有些公共收费本质上是一种税收。例如，所有与税收捆绑在一起的收费，都应当视为税收，而不是公共收费，比如在取消农业税之前，搭车农业税征收的一些费用。再例如，与政府一般性公共服务行为挂钩的收费，也是税收。有的地方，将婚前财产公证作为发放结婚证的前提，强迫进行婚前财产公证，并收取相关费用。这种费用的性质就是结婚税。

3. 罚没款收入

罚没款收入是对违反法律法规的行为进行的惩罚性收费，包括罚款和没收财产。在西方公共经济学中，惩罚性收费被归入公共收费中④。但是，我们在这里把罚没款收入单独

① 黄恒学主编：《公共经济学》（第二版），北京大学出版社 2009 年版，第 255 页。

② 《马克思恩格斯全集》第 16 卷，人民出版社 2007 年版，第 55-57 页。

③ ［美］大卫·N. 海曼著，章彤译：《公共财政：现代理论在政策中的应用》，中国财政经济出版社 2001 年版，第 596 页。

④ 黄恒学主编：《公共经济学》（第二版），北京大学出版社 2009 年版，第 266 页。

列出来。这是因为，罚没款收入与一般的公共收费有很大的不同。按照西方公共经济学理论，公共收费是依据受益原则和受益与付费相对称的原则而有偿收取的收入，体现出社会公众的自主自愿原则，其收取尽可能体现市场交换规律。① 但显然，罚没款收入不符合这种直接受益和自愿原则，也谈不上体现市场交换规律。

另外，罚款的作用应当是减少当事人的有关行为。因此，如果罚款未能起到这种作用，且这种罚款是重复进行的，例如某些地方对某些污染企业的罚款，并没有阻止污染行为，只是让污染企业不断地上缴一些罚款，再例如，公路上的超载罚款，罚完后超载车不经卸载，就予以放行，那么，这种罚款已经谈不上惩罚性，只能算是一种特别税收。

4. 公共企业收入

公共企业收入，从广义上讲是指公共企业的税后利润；从狭义上讲即从财政收入来讲，公共企业收入是指政府财政从公共企业的税后利润中获得的那部分收入，主要是通过国有企业向政府财政上缴的部分利润或红利的方式获得，也包括国有企业的租赁或承包人向政府财政上缴的费用。

5. 公共资源和资产出让的溢价收入

公共资源和资产出让的溢价收入是指在公共资源和资产的出让中获得的超过相关公共定价的溢价部分。为了获得更多的溢价部分，公共资源和资产的出让应当采用公开拍卖的方式，起拍价即为公共定价的价格。

孙中山在"定地价"方案中指出，"核定天下地价。其现有之地价，仍属原主所有；其革命后社会改良进步之增价，则归于国家，为国民所共享"②。孙中山在这里提到的"革命后社会改良进步之增价"，讲的就是溢价收入。其原则可以用于将城市中由于经济发展和公共设施改进导致的房地产交易中升值的溢价部分（或其一定比例）纳入公共收入。

6. 公共性基金收入

公共性基金是指为满足公共支出的需要而设立的基金。社会保障基金和在飞机票价钱外附加征收的民航发展基金就是典型的公共性基金。公共性基金收入分为两类：一类是募集收入即募集到的基金本身，另一类是运营收入即以基金为资本而获得的资本运营的收入。这两类收入都属于公共收入。

7. 公共租金

公共租金是指出让公共土地和公有房产使用权以及授予经营许可证等所获得的收入。这些收入与垄断权有直接的关系，因而其性质是与地租一样的租金。当前，我国的公共租金收入严重歉收，特别是政府出让公共土地使用权的地价偏低③，是造成地方政府债务偏高的一个重要原因。

8. 公共债权收入

公共债权收入是指公共部门持有的公私债权所获得的利息收入。当前，中国政府持有

① 黄恒学主编：《公共经济学》（第二版），北京大学出版社 2009 年版，第 250 页。
② 《中华人民共和国史稿》（序卷），人民出版社、当代中国出版社 2012 年版，第 66 页。
③ 《地租理论：政府卖地不如卖房》，http://read.jd.com/reviewitem/5303.html，2015 年 3 月 23 日。

大量的美国国债，美国政府为这些美国国债所支付的利息，就构成中国政府相应的公共债权收入。但是，同时中国政府也向世界银行等机构借款，并对外发行国债，从而中国政府支付的利息，也构成其他机构和国家的债权收入。因此，考察公共债权收入时，需要将公共债权债务合并考虑。

当前，中国的债权远大于债务，但是，作为债权人，中国"不但收不到利息，反而给债务人付利息"①。这是因为，中国官方持有的外国债权的利率水平远远低于中国对外借款的利率，从而只是纸面上的债权国反而是事实上的债务国。也就是说，在中国的公共收入中事实上不存在其他国家可能会有的公共债权收入。

9. 捐赠收入

作为公共收入形式之一的捐赠收入，不包括个人之间的私下捐赠，而是指个人和机构向政府和公益性社会团体等部门进行的捐赠。根据《中华人民共和国公益事业捐赠法》，"公益性社会团体受赠的财产及其增值为社会公共财产，受国家法律保护，任何单位和个人不得侵占、挪用和损毁"②。

10. 纸币发行收入

如果政府的财政支出高于财政收入即存在财政赤字，政府可以通过印制纸币来弥补这个赤字，也就是说，政府印制纸币可以获得一种称为"铸币税"的收入。这是因为，纸币的印制成本远远低于它的面值，而纸币的印制者却可以按照纸币的面值获得相应的物质财富。如果纳税人用政府发行的纸币按其面值纳税，多发行的货币以财政盈余的方式被政府收回，那么这些纸币中所包含的铸币税就只是预交的税收，是不同期税收之间的转移。

即便政府不搞纸币的财政发行，即不直接印制纸币来弥补财政赤字，纸币发行收入仍然可能存在。近些年来，中国大量储备外汇尤其是美元纸币，而这些储备都是要由相应的人民币发行来收储的。从而中国的人民币发行收入实际上归美元的发行机构即美国私有的中央银行——美联储所有，大量国家利益向外流失。

11. 彩票盈余

彩票盈余是指彩票销售收入扣除彩票发行成本和奖金返还后的剩余。一些国家发行福利彩票，用彩票盈余从事公共福利事业。

12. 特别收入

特别收入是指上述公共收入形式以外的其他收入形式。但是，我们不称其为其他收入。因为这些收入只能是非正常的收入。比如，紧急时期如战争时期和抗险救灾时期的征用私有财产，这也是政府部门凭借政治权力获得的一种公共收入，特别是在这种征用事后并不支付相应的补偿，或补偿额低于其价值额时。由于战争引起的战后以公共（国家）名义获得的战争赔款，也是特别收入。还有就是不同国家政府之间的转移支付如援助等。

在西方资本主义国家的特别收入中，对外掠夺的战争赔款占有极大的份额。例如，鸦

---

① 《余永定：中国借钱给别人还要付利息》，http://finance.ifeng.com/news/special/ftlt2012/20121102/7245951.shtml，2014 年 2 月 14 日。

② 《中华人民共和国公益事业捐赠法》，http://www.gov.cn/ziliao/flfg/2005-10/01/content_74087.htm，2015 年 3 月 23 日。

片战争以来，西方列强对中国的军事侵略，就获得了大量的战争赔款，近代日本就是利用来自中国的巨额赔款发展起来的。除了战争赔款之外，西方资本主义国家还直接攫取别国资源。据不完全统计，从 1931 年到 1945 年，日本侵略者从东北掠夺钢铁 3350 万吨，煤炭 5.86 亿吨，粮食 5.4 亿吨，木材 1 亿立方米。再加上在华北和华中的经济掠夺，14 年给中国造成直接经济损失 1000 亿美元，间接经济损失 5000 亿美元，相当于国民党政府 277 年的财政收入。① 第二次世界大战以后，以推翻别国政权、扶持傀儡政府为主要手段的直接掠夺，已成为西方发达国家的主要掠夺手段。这也使得掠夺所得很少直接成为掠夺国的公共收入，而是直接落入掠夺国统治集团少数人自身的腰包。

三、公共收入的意义

从公共收入的定义中，我们可以看出，公共收入是为了满足公共支出的需要。这是公共收入的首要意义。但是，除了实现保证公共部门有效运转等公共支出的目的外，公共收入还可以实现其他目的。这是因为，满足同一笔公共支出的需要，公共收入可以采取不同的形式，而不同的公共收入形式对于社会经济生活中的当事人具有不同的影响，从而可以通过选择不同的公共收入形式来达到实现对不同当事人施加影响的目的。例如，将公路养路费等有关道路使用方面各项收费合并改征燃油税，可以实现同样的公共收入。但是，它对不同人群的影响是不同的。比如，农业机械用的主要是柴油，农用柴油占柴油总消耗量的 50% 以上，超过汽车用柴油，主要用于耕作、排灌、收割、粮食加工等。② 如果养路费改燃油税，使用农业机械就要额外交税，提高了农业部门的负担，尽管也可以促进农业部门节约用油。

正是因为公共收入在获得的过程中可以采取不同的方式，从而对不同的人群产生不同的影响，因而它具有很强的调节和管理经济活动的作用，并且会对社会收入分配产生较大的影响。例如，有媒体认为，我国高收入群体税收监管存在盲区，许多富人是靠偷税漏税迅速发家的，由此造成的贫富阶层实际税负不公，某种程度上加大了贫富差距。③

西方公共经济学认为，税收会影响人们从事相关活动的积极性，但这只是片面地思考了问题。这种说法没有看到税收收入所支持的公共支出带来的利益。如果道路不畅，生产再多的商品也难以卖出去，那么当税收收入支持修路使得道路通畅了，难道不会刺激人们投入比交通不畅时更多的生产性资源，获得更多的社会产品收益吗？

在资本主义社会里，公共收入尤其是税收的最重要的意义在于"为资产阶级保持统治地位提供了手段"④。"在中世纪社会中，赋税是新生的资产阶级社会和占统治地位的封建国家之间的唯一联系。由于这一联系，国家不得不对资产阶级社会作出让步，估计到它的成长，适应它的需要。在现代国家中，这种同意纳税的权利和拒绝纳税的权利已经成

---

① 《中华人民共和国史稿》（序卷），人民出版社、当代中国出版社 2012 年版，第 147 页。

② 张同青、包晓艳：《养路费改征燃油税的难点及对策》，载《税务研究》2006 年第 2 期。

③ 《税收监管逆调节加剧收入分配不公 加大贫富差距》，http://news.xinhuanet.com/fortune/2010-05/17/c_12107849.htm，2015 年 2 月 1 日。

④ 《马克思恩格斯文集》第 1 卷，人民出版社 2009 年版，第 637 页。

为资产阶级社会对管理其公共事务的委员会、即政府的一种监督。因此，部分的拒绝纳税是每一个立宪机构的不可分割的部分。每当否决预算的时候，都要发生这种拒绝纳税的事件"[1]。进而，"资产者议员可以运用拒绝纳税的权利，选出资产者政府"[2]。事实上，资本主义国家强调为纳税人服务，也就是要求国家机器为资本家效劳。

相反地，在社会主义制度下，公共收入，尤其是公有制企业的收入，不仅是公有制经济健康成长的标志，而且是广大劳动群众争得自己的权利和作为一切财富的生产者所应有的权力的物质基础，是社会主义力量最终战胜资本主义势力的物质保证。

第二节　公共收入的征集

一、公共收入规模的影响因素

在西方公共经济学看来，由于公共收入实际上等于将一部分社会资源由私人部门转移到公共部门手中，在社会总收入既定的情况下，两者往往呈现出一种互为消长的关系。因此，要与一定的经济发展水平相适应，不能从私人收入中无限制地收取公共收入。[3] 但是，这种观点只适合于没有公共投资和公共企业的情况。其实，公共收入规模的限制主要在于，劳动创造的财富首先要用于满足劳动力的再生产以及资本主义社会中资本家的个人消费；其次，要用于满足资本家无限制的积累的需要。所以，资本家和西方经济学家们都要限制公共收入规模的增长对私有资本的妨碍，但是，由于公共部门大量安插了资本家的子弟，公共部门服务外包的受益者也是资本家，以及经济学家们大多也得靠政府财政提供收入来源，从而公共收入规模越大，一些资本家和经济学家们能够从中得到的利益也越多，因而西方国家公共收入的规模日益增加。

一般说来，公共收入规模的影响因素包括以下几个方面：

（1）生产力发展水平。这个水平决定了剩余劳动的数量，从而也决定了公共收入可以达到的最高限度。

（2）所有制的构成，主要体现在公有制经济的比重上。在相同的生产力发展水平下，公有制经济比重大的国家的公共收入规模肯定会高于私有制经济比重大的国家的公共收入规模。

（3）生产关系的发展状况，主要体现在社会制度的差异以及劳资矛盾和工人阶级的抗争上。劳资矛盾越突出，工人阶级的抗争越激烈，资产阶级政府用于镇压工人运动和安抚工人情绪的开支也越多，从而相应的公共收入规模也要求越高。而没有劳资矛盾的社会主义国家，由于要向工人提供疗养、休假、娱乐等福利设施，公共收入规模也会较高。

（4）公共支出的规模。公共收入的数额要能够满足公共支出的需要，尤其是必须满足刚性公共支出的需要，这样一来，公共支出的规模就在一定程度上决定公共收入的

---

① 《马克思恩格斯全集》第6卷，人民出版社1961年版，第303页。
② 《马克思恩格斯文集》第1卷，人民出版社2009年版，第681页。
③ 黄恒学主编：《公共经济学》（第二版），北京大学出版社2009年版，第244页。

规模。

（5）公共经济政策。当政府采取减税的公共经济政策时，公共收入自然就会有所减少。反之，政府也可以提高税率或开征新税来增加一部分公共收入。

（6）公共收入征收的执行情况。在私有制经济下，偷漏税和避税时有发生，有些地方政府故意不足额征收税款，以便招商引资，这些都会直接影响公共收入的规模。

（7）公共经济的经营状况。当政府低价出让公共资源和资产时，当政府低价出让公共土地使用权时，当公共部门未能有效利用所持有的资产获得相应收益（比如地铁站台的广告招租可以搞而没有搞）时，当公共性基金投资失误时，当公共企业经营不善造成损失时，当公共债权债务匹配不当时，都会造成公共收入的流失，降低公共收入的规模。

总的来说，在存在剥削阶级的社会里，公共收入规模取决于统治阶级上层统治集团的意愿。"赋税是官僚、军队、教士和宫廷的生活来源，一句话，它是行政权的整个机构的生活来源。强有力的政府和繁重的赋税是一回事"①。资产阶级学者汤普森也抱怨，"国民年产品约有 1/3，现在是在公共负担的名义下，从生产者手里夺走，被那些不给任何等价物（即不给任何对生产者具有等价意义的东西）的人非生产地消费掉"②。而在马克思设想的社会主义社会里，由于"从一个处于私人地位的生产者身上扣除的一切，又会直接或间接地用来为处于社会成员地位的这个生产者谋利益"。因此，这时的公共收入与私人利益是和谐的。至于到了共产主义社会，那时劳动本身成了生活的第一需要，随着个人的全面发展，生产力高度发达，集体财富的一切源泉都充分涌流，这时的人们将是各尽所能，按需分配。③ 于是，这时公共收入与私人收入之间的划分将失去意义，公共收入规模的讨论也失去意义。

二、公共收入的原则

西方公共经济学认为，税收的社会正义原则分为普遍和平等两个具体原则：普遍，是指税收负担应遍及社会各成员，每个公民都有纳税义务；平等，是指应根据纳税能力大小征税，使纳税人的税收负担与其纳税能力相称。④ 但是，阶级分析表明，税收是为统治阶级服务的，当统治阶级是由剥削阶级组成时，从社会正义的角度来看，被统治阶级没有任何义务要纳税，反而应当抗税。从受益原则即谁受益谁负担的原则上讲，也应当由统治阶级来交税，即便穷人能够从政府那里得到一点好处，那也是统治阶级被迫作出的让步。另外，用劳动所得纳税与用资本所得纳税，看起来都同样是用收入纳税，但它们之间是不平等的。用资本所得纳税要轻松得多，不必付出汗流浃背的辛劳。

与公共支出的情形相似，我们在谈到公共收入的原则时，考察的也是现实中的公共收入实际遵循和在现阶段应当遵循的原则。它们分别是：

1. 充足原则

公共收入是为了满足公共支出的需要，因此，公共收入的数额必须充足到能够满足公

① 《马克思恩格斯文集》第 2 卷，人民出版社 2009 年版，第 570 页。

② 《资本论》第 2 卷，人民出版社 2004 年版，第 358 页。

③ 《马克思恩格斯文集》第 3 卷，人民出版社 2009 年版，第 435-436 页。

④ 高培勇等编著：《公共经济学》，中国社会科学出版社 2007 年版，第 204 页。

共支出的需要。为了保证公共收入的充足，公共收入的一个最主要的特征就是，相当一部分公共收入是政府部门凭借政治权力强行获得的。

而在公共收入的数额不足以实现充足原则时，政府部门有时还会杀鸡取卵地变卖公共资源或公共资产来获得可支配资金；也会凭借国家信用来举债，以满足公共支出的需要，并担保用以后的公共收入来偿还债务和支付利息。由于需要支付利息，因此举借公债就对以后的公共收入提出了更高的充足性要求。

不过，充足原则对公共支出需要的保障，是以公共支出的必要性为前提的。对于一些用于政府官员奢侈浪费和形象工程的公共支出，充足原则就不适用了。因此，充足原则本身也包含适度的原则。

此外，充足原则还要求在公共收入征收时，要根据法律法规实行足额征收，不要有遗漏，不要轻易减免税，尤其是不能在减免税上有偏袒一部分人的不公平的行为。

2. 共产原则

恩格斯在一次演说中指出，纳税原则本质上是纯共产主义的原则，我们现在就"只要求大家遵守这个原则，要求国家宣布自己是全国的主人，从而用社会财产来为全社会谋福利；我们要求国家实行一种只考虑每一个人的纳税能力和全社会的真正福利的征税办法，作为达到这个目的的第一步"①。

首先，共产原则要求每一个纳税人遵守税法，缴纳税款，并对逃税和偷漏税的行为进行惩处。同时，这一原则还要求完善税法，制止避税行为。据调查，在中国，年收入 100 万元的富人，按月薪 3000 元来缴纳个人所得税。② 这说明，我国的税法还需要大力完善。

其次，共产原则必然意味着累进税制，也就是要按照每一个人的纳税能力即其收入和财产的高低来进行公共收入的征集。但是，很显然，这一点必然会遭到拥有巨额财富的大资本家们及其代言人经济学家的排斥。

3. 阶级原则

在阶级社会里，与公共支出一样，公共收入也要体现阶级利益，这决定了要从哪个阶级那里去征集公共收入。例如，马克思和恩格斯在一篇书评中指出，"捐税能使一些阶级处于特权地位，使另一些阶级负担特别沉重，例如我们在金融贵族统治时期看到的情形就是这样。捐税只会使处于资产阶级和无产阶级之间的社会中间阶层遭到破产，因为他们的地位使他们不能把捐税的重担转嫁到另一个阶级的身上"③。马克思在评价当年英国政府的预算时还指出，"以提高英国人民的日常消费品茶叶税和食糖税来弥补所得税的减少，这就是公然以增加对穷人的课税，来减轻对富人的课税"④。这表明，在资本主义社会里，征税是不可能根据个人的支付能力或纳税能力来进行的，也是不可能根据个人从公共支出

---

① 《马克思恩格斯全集》第 2 卷，人民出版社 1957 年版，第 615 页。

② 《富人避税调查：年入 100 万按月薪 3000 缴个税》，http：//finance. sina. com. cn/g/20110513/23509840800. shtml，2015 年 2 月 7 日。

③ 《马克思恩格斯全集》第 10 卷，人民出版社 1998 年版，第 348 页。

④ 《马克思恩格斯全集》第 16 卷，人民出版社 2007 年版，第 57 页。

的受益状况（无疑越是巨富，受益越多）来进行的。"无产者经常不得不肩负法律的全部重担，而享受不到法律的一点好处"。① 因此，相对而言，中下层人士承担的公共收入负担要比上层人士更重，从而公平原则在这里是根本谈不上的。

相反地，斯大林在谈到"不要在应该打击富农的时候打到中农身上"时指出："拿个别税的问题来说吧。我们的政治局的决议和有关的法律规定，个别税的征收面不得超过农户总数的百分之二至百分之三，就是说，只向最富裕的一部分富农征收。但实际上是怎样做的呢？有许多地区征收面扩大到百分之十或十二，甚至更多，因此触犯了中农。现在还不到结束这种罪行的时候吗？"② 这说明，在社会主义制度下，公共收入征收的阶级原则要求，对大多数收入在平均线以下的人，都不应当征收个人所得税。与资本主义社会扩大税基的行为相反，我们应当缩小个人所得税的覆盖面，提高高收入者的个人所得税税率。

4. 适度原则

前面已经提到，充足的原则中已经包含适度的原则。这里补充分析一下西方公共经济学的观点。西方经济学家认为，公共收入规模过大，会影响经济增长，所以，有必要将公共收入规模确定在一个合理的水平上。对此，供给学派的他们还提出了一个"拉弗曲线"来说明宏观税率水平要控制在一个合理的限度之内。

如图 7-1 所示，纵轴表示税收收入，横轴表示税率。税率提高的最大限度是 E 点，因为如果超过 E 点，投资或生产的积极性受到影响，政府的税收收入就会减少。当税率提高到100%时，没有人愿意投资或生产，因此，E 点以上是税收的"禁区"。适度的低税率从当前看可能会减少政府税收收入，但从长远看可以刺激生产，扩大税基，最终有助于税收的增长。③ 然而，西方经济学家又指出，具有讽刺意味的是，1998 年，当一系列税收的增加使美国联邦政府的收入水平提高并开始产生预算盈余时，供给学派政策主张终于在西方经济学中也成了一种近乎反面的教材。④

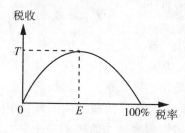

图 7-1　拉弗曲线示意图

另外，我们在前面提到，公共收入包括公共企业的收入，对于这部分收入，当然是多

① 《马克思恩格斯文集》第 1 卷，人民出版社 2009 年版，第 483 页。

② 《斯大林选集》（下卷），人民出版社 1979 年版，第 89-90 页。

③ 朱柏铭编著：《公共经济学》，浙江大学出版社 2002 年版，第 224 页。

④ ［美］萨缪尔森、诺德豪斯著，萧琛等译：《宏观经济学（第 17 版）》，人民邮电出版社 2004 年版，第 300 页。

多益善。因此，撇开税收不谈，随着公共企业尤其是公有制企业的发展壮大，公共收入也自然随之增长。在这里，公共收入与公共企业的投资或生产是相辅相成的，不存在公共收入多了会导致没有人愿意投资或生产的问题。

5. 清楚原则

清楚原则是指，每个阶级或每个人承担了多少公共收入负担应当是清楚的。就税收而已，这取决于税种的设定。由于"直接税不容许进行任何欺骗，每个阶级都精确地知道它负担着多大一份公共开支。因此，在英国，再没有什么比所得税、财产税和房屋税等直接税更不受人欢迎的了"[1]。

据了解，目前国内大部分私营企业主的个人所得税都通过各种操作规避掉了。某税务师事务所总经理表示，这种情况和现在分税征收机制也有关系，由于企业所得税的征收很多是在国税部门，而个人所得税的征收都是在地税部门，企业即可以准备两本账：高工资版本的账交给国税部门来降低企业利润以少交企业所得税，低工资版本的账则用来哄骗地税部门。[2] 因此，要落实公共收入的清楚原则，就应当规定企业向工商部门报送一本账，然后国地两税部门根据工商部门的这同一本账进行查账和征税。与此同时，银行对于企业的征信在采用企业提交的账目时也只能使用企业提交给工商部门的同一本账。

就查账而言，1987 年，美国税收组织只对 1.1% 的收入进行了审查，进入 20 世纪 90 年代以后，查账率持续下降。[3] 这实际上是模糊公共收入的清楚原则，放纵富人逃税，而穷人则没有多少税可逃。

清楚原则也意味着像税收和收费这样的公共收入的规则要简单明了化，反对过于复杂的税制和费制，从而也能够有效地减少避税和避费，进而防止或减少一些人钻制度的空子，减轻税费收入方面的不公平。

清楚原则还意味着，公共收入本身也要像公共支出一样公开透明。但是，据报道，在国家发改委水价成本公开座谈会上，所有发言的自来水公司都表示赞成水价成本透明公开，这样能够尽快理顺价格机制，解决自来水公司长期亏损的问题。相反地，多数物价部门发言中都对水价成本公开进行批评，表示公开条件不成熟。而物价部门认为的条件不成熟，是因为水价中有很大比例成本为不宜公开的成本。例如本应该政府承担的管网投资，转嫁到了水价中；又如政府的一些不合理的行政性收费，附加在水价中。[4] 这其实就是造成了公共收入的不清楚，而这笔不清楚的公共收入在支出时也不会做到透明，从而成为腐败的温床。

6. 效率原则

效率原则是指公共收入在征集过程中对经济活动的负面影响要尽可能地小，同时，本

---

[1]　《马克思恩格斯全集》第 11 卷，人民出版社 1995 年版，第 579 页。

[2]　《富人避税调查：年入 100 万按月薪 3000 缴个税》，http：//finance. sina. com. cn/g/20110513/23509840800. shtml，2015 年 4 月 7 日。

[3]　[美] 大卫・N. 海曼著，章彤译：《公共财政：现代理论在政策中的应用》，中国财政经济出版社 2001 年版，第 365 页。

[4]　《地方物价部门反对水价公开 含不合理行政性收费》，http：//news. sohu. com/20100602/n272504150. shtml，2015 年 4 月 7 日。

身的征集成本要尽可能地低。例如，马克思曾经提到，"在估计捐税负担时，应该考虑的主要不是它的名义上的数额，而是捐税的征收方法和使用方法。印度的征税方法极为可恶，譬如就土地税来说，在现行的方法下，大概糟蹋的产品要比收获的为多"。① 马克思和恩格斯还指出，"资本税作为单一税，有其优越性；所有的经济学家，尤其是李嘉图，都证明单一税有好处。资本税作为单一税，可以一举撤掉现今的数量庞大耗费巨大的税务机构人员，对生产、流通和消费的正常进程产生最小的影响，并且和其他一切捐税不同，征收的范围也包括投入奢侈品方面的资本"。②

相反地，现代西方经济学则认为，站在效率的角度，对那些在生产和消费时几乎无替代品的商品征税是最好的。③ 这实际上是鼓吹征收间接税。对此，马克思指出，无论怎样改变征税的形式，都不能使劳资关系发生任何重大的变化。但是，如果需要在两种征税制度间进行选择，则我们主张完全废除间接税而普遍代之以直接税。因为征收直接税比较便宜而且不干扰生产；因为间接税提高商品的价格，这是由于商人不仅把间接税的数额，而且把为交纳间接税所预先垫支的资本的利息和利润也加在商品价格上了；因为间接税使每一个人都不知道他向国家究竟交纳了多少钱，而直接税则毫无掩饰、简单明了，连最笨的人也不会弄错。所以，直接税使每一个人都能制约政府权力，而间接税则使任何自治的希望都归于破灭。④

效率原则还要求减轻公共收入提供者的缴纳成本。据了解，有些学术性的学会作为法人单位，每个月都要跑到税务部门报一次税，而这些学会的总经费也只有十几万元或几十万元，每年也只有寥寥几笔收支，报税成为一个不小的负担。既然我们可以区分小额纳税人和一般纳税人，那么我们也同样可以在报税方面区别对待。

实行家庭联产承包后，在农村征收农业税时，由于一些农民不按纳税通知书规定的时间主动到财政所纳税。乡镇干部和农税干部不得不挨家挨户登门征收，还往往被纳税人躲税，导致征税成本很高，还影响了村镇其他方面的工作，而农业税税额又不大，最后只好免除了农业税。这也是效率原则的一个体现。但是，免除农业税后，乡镇财政收入减少，一些乡镇政府难以维持正常运转，有违充足原则。其实，如果能够有效地把农村的村集体经济发展起来，就可以直接向村集体征收农业税，就能同时保证效率原则和充足原则。

7. 民主法定原则

民主法定原则，是指公共收入的征集需要经过集体协商确定（在法治社会时代，特别是政府对于公共收入的征集，需要通过法定程序，由立法机构予以审议和批准），不能随意地征收或增收，也不能随意地减收或不收，如减免税等。

当前，中国国有企业的产权是属于新中国成立以来各届政府都要对其负责和效忠的国家的，是属于全体人民及其子孙后代的，不是属于哪一届政府的。但是，在国有企业的改

---

① 《马克思恩格斯全集》第 12 卷，人民出版社 1962 年版，第 551 页。
② 《马克思恩格斯全集》第 10 卷，人民出版社 1998 年版，第 352 页。
③ ［美］大卫·N. 海曼著，章彤译：《公共财政：现代理论在政策中的应用》，中国财政经济出版社 2001 年版，第 388 页。
④ 《马克思恩格斯全集》第 21 卷，人民出版社 2003 年版，第 274 页。

革中，一些政府部门负责人却在其短暂的任期内，任意处置数十年积累起来的国有企业的产权，连人民代表大会的表决也不经过，就直接地化公为私，把国有企业私有化，造成国有资产的流失，并使公共企业收入这一部分公共收入失去可持续性，这是严重违反民主法定原则的。

8. 道德原则

在存在阶级的社会里，道德自然脱离不了阶级属性。但在维护统治阶级利益的根本前提下，道德也有一定的弹性，可以更多或更少地照顾到其他阶级的利益，从而讲不讲道德还是有较大差别的。例如，马克思就曾经提到，中国封建时代的大臣许乃济，曾提议使鸦片贸易合法化而从中取利；但是经过帝国全体高级官吏一年多的全面审议，中国封建政府决定："此种万恶贸易毒害人民，不得开禁。"而早在 1830 年，如果征收 25% 的鸦片贸易关税，就会带来 385 万美元的财政收入，到 1837 年，就会双倍于此。可是，中国封建政府当时拒绝征收一项随着人民堕落的程度而必定会增大的税收。1853 年，当时的咸丰皇帝虽然处境更加困难，并且明知为制止日益增多的鸦片输入而作的一切努力不会有任何结果，但仍然恪守自己先人的坚定政策。① 相比之下，如今的烟草税也应当以限制吸烟直至几乎消除吸烟和烟草产业为主要目的，而不是以获取巨额税收为主要目的，否则就违背了道德原则。

列宁还曾经指出，间接税是最不公道的税，因为穷人付的间接税要比富人重得多。富人的收入相当于农民或者工人的十倍，甚至百倍。可是，难道富人需要的白糖也多百倍吗？难道他们需要的烧酒、火柴或者煤油也多十倍吗？当然不会的。富人家买的煤油、烧酒、白糖，比穷人家不过多一倍，至多也不过多上两倍。这就是说，富人交纳的间接税在他收入中所占的份额比穷人少。② 因此，多收直接税，少收间接税，不仅符合清楚原则、效率原则，也符合道德原则。如果要收间接税，也就是要按消费来纳税，那么也只应当对奢侈消费品收间接税，避免收入越少的人负担越重。

此外，纸币的发行收入也要以维护币值稳定为前提，如果导致通货膨胀，也是不道德的。而且皮凯蒂也认为，只要把钱投资于房地产或者股票等，那么富人立刻就能逃过这种"通胀税"。甚至可以想象，通货膨胀在某种程度上更有利于富人而不是穷人③。福利彩票的发行同样是更有利于富人而不是穷人。这是因为，这类彩票的主要购买者是穷人，而穷人购买彩票的支出有相当一部分落入极少数中奖者的手里，只有剩下的一部分用于福利开支，从而穷人为改善福利而支出更多得到更少。福利彩票实际上是穷人税，应当加以限制。相比之下，少量的用于改善大众体育活动设施的体育彩票的道德性要比福利彩票好一些。

道德原则还包含公共收入的负担要公平或者相对公平。2010 年 2 月 18 日，一名 52 岁的软件工程师驾驶轻型飞机撞入一座有 200 多名雇员的美国得克萨斯州奥斯汀市联邦税务局大楼。事后发现，这个名叫斯塔克的中年飞行员生前曾在网上宣称，联邦政府和税务局

① 《马克思恩格斯文集》第 2 卷，人民出版社 2009 年版，第 634 页。
② 《列宁全集》第 7 卷，人民出版社 1986 年版，第 149 页。
③ ［法］托马斯·皮凯蒂著，巴曙松等译：《21 世纪资本论》，中信出版社 2014 年版，第 469 页。

"太坏了"，他们抢走了普通人的钱，让普通人失业，却允许大公司的高官们心安理得地拿着数百万年底分红一走了之。①

如今有人主张，公共企业如国有企业要把税后利润的一部分用于公共财政，如用于保障和改善民生的公共财政支出上。这其实是要公共企业补贴私人资本和境内的外国资本。这是因为，公共财政本来就应当由国有资本和私人资本及境内的外国资本共同通过纳税来负担。如果国有资本在纳过税之后还要用税后利润额外负担一部分，那么私人资本和境内的外国资本自然就相应的少负担了一部分，从而对国有资本及其所有人——全体民众是很不公平的。

事实上，即便不上缴部分税后利润，国有企业对于公共财政收入的贡献也已经远远大于私有企业了："国有企业的税负明显高于其他类型企业，近年来税负均值为27.3%，是私营企业税负综合平均值的5倍多，是其他企业中税负最高的股份公司的税负平均值的2倍。从资产的税收产出效率看，在占有同样单位的资产量时，国有企业提供的税收额要高于各类企业约45%；从人力的税收产出效率看，在占有同样单位的就业人数时，国有企业提供的税收额要高于其他企业约190%"。②

三、公共收入的设计

公共收入的设计是指，根据公共收入的原则来设计公共收入的征集方案，降低公共收入征集的负面效应，提高公共收入征集的效率，促进社会经济的发展。

1. 税收的设计

税收应当以直接税即所得税和财产税为主，间接税为辅，并实行累进税制。个人所得税的起征点不得低于日常生活开支的必要数额。这一数额由统计部门计算，并接受社会监督。可以考虑，以北京、上海和广州三地日常生活开支必要数额的平均值作为全国性个人所得税的起征点。地方政府可以根据当地的生活水平降低这一起征点，多出来这部分个人所得税，归入地方财政收入。在人均30~40平方米的起征点之上开征个人不动产税，按不动产的市场价格计征，其税率参照美国的情况定为1.5%，这样还可以有效抑制房价。再以5%的收益率能够获得超过年平均工资收益的金额为起征点开征个人金融资产税，同时开征海外资产税，税率均按1.5%计算，也有助于减少资本外流。

鉴于存在私有企业主以少分红的方式回避个人所得税的情况，可以考虑在私有企业缴纳完企业所得税后，如果企业的分红比例达不到50%，也要按50%的分红计算个人所得，征缴相应的个人所得税。若以后企业对以前分红不足部分进行相应的分红时，可以出具相关凭据抵免相应的税款。

就间接税而言，要减少或避免对生活必需品的征税，更多地对奢侈消费品征税。一方面，对企业来说，这有利于降低劳动力成本；另一方面，对贫困家庭来说，这有助于减轻生活必需品价格的上涨，减轻他们的生活困难。

---

① 《警方披露驾飞机撞税务局大楼的美国人"遗书"》，http：//news.hangzhou.com.cn/gjxw/content/2010-02/20/content_3059932.htm，2015年4月12日。

② http：//www.chinaacc.com/new/184_186_201008/04de1364337652.shtml，2016年1月30日。

为了保护本国资源，促进对国外资源的利用，可以考虑对国内资源（包括国外从我国进口的一些加工过的资源如焦炭）征收资源消耗税。这样当该资源出口时，就可以提高别国企业的生产成本，降低他国企业的国际竞争力。而本国企业使用国内资源时，则可以用资源消耗税凭证，抵扣企业所得税或增值税，从而不影响本国企业的国际竞争力，并且有助于国内企业提高资源的利用效率。这是因为，一旦国内企业效率低下，其所得税或增值税额低于资源消耗税，会面临更重的税负。从而资源消耗税的开通，有助于促进国内资源的利用效率，尤其是限制外国企业对国内资源如稀土资源等的滥用，并且不对进口资源的使用产生限制，反而有助于优先利用境外资源，保护国内资源。资源消耗税超过企业抵扣部分还可以专项用于公共资源的勘探和储备，以及用于发展从事公共资源开发和利用的公有制经济部门。

随着中国经济对外开放的程度加深，还可以开征"智利型资本流入税"，对流入的外汇短期资金课以重税，以防流入的速度过快和数量过大而对国内的市场和秩序造成冲击。其方法是，当资本流入时先对其课以10%的源泉税，如果该资本1年后仍留在该国国内则退还这部分税。[①]

此外，税制要简化，取消减免税环节，做到明白纳税。对于需要扶持的企业和个人，可以另列财政支出予以扶持，而不要直接减免税，不要使税制复杂化。同时，要利用互联网技术和计算机技术，汇总财务和纳税数据，自动计算应纳税额，方便网上纳税，减轻纳税者纳税过程的负担。要从严从重打击偷漏税行为，降低避税者的信用等级，大大增加避税企业的税务抽检次数，适当增加其纳税过程上的负担，以防止避税。

2. 公共收费的设计

公共收费应当独立，也就是不得与征税或其他方面的公共服务捆绑在一起。同时，公共收费只应当针对那些不同收入人群会进行差别消费的公共服务项目按照公共服务的定价进行收费，以体现公共服务的公平性。例如，马克思在批判哥达纲领A项第5条所要求的"实行免费诉讼"时指出："刑事诉讼到处都是免费的；而民事诉讼几乎只涉及财产纠纷，因而几乎只同有产阶级有关。难道他们应当用人民的金钱来打官司吗？"[②] 对那些由于自己的冒险行为或自利行为而引起公共服务方面的支出，如救援支出等，也要按实际支出情况进行公共收费。

前面提到，将城市中由于经济发展和公共设施改进导致的房地产交易中升值的溢价部分纳入公共收入，对此可以用公共收费的方式收取这一部分的80%。同时，对于公共设施建设导致房地产交易贬值（如在附近修建垃圾处理场、变电所等）的部分由公共收入全额补偿。另外，城市里房屋拆迁补偿高出合理所得部分，也应以公共收费的方式收取这一部分的80%，要知道索取高额补偿所倚仗的土地所有权也是国家的。

总之，与公共事务有关的归属个人的超额得利都要进行公共收费。

3. 公共企业收入的设计

公共企业收入的设计主要在于公共企业主要是国有企业的税后利润是否要继续上缴财

---

① 钟乃仪：《试析货币危机的教训和启示》，载《新金融》2004年第1期。

② 《马克思恩格斯文集》第3卷，人民出版社2009年版，第447页。

政以实现所谓的全民共享。前面的分析表明，如果要上缴，只不过形成了对于私企和外企的补贴，不仅做不到全民共享，而且会加剧贫富分化。

国有企业的好处由全民共享的最根本的办法，就是让人人都得以到国有企业中去享有不必加班或加班时间不长、收入和社会保障水平较高的待遇。也就是说，国有企业的这些来之不易的税后利润首先要用于扩大再生产，如果其所在行业的国有产能已经过剩，就应当跨行业创办新的国有企业，提供更多的就业机会，吸纳更多的人到国有企业中去就业。一旦所有需要就业的国民都能够到国有企业找到一份工作岗位，那么这些国有企业就可以将更多的税后利润用于国有企业职工的工资和福利的分配上，共同富裕就能够最终得以实现。

此外，国有企业的税后利润可以也应当用于农田水利设施的改造，以扶持和发展农村集体经济。从这个方面来说，上缴的国有企业税后利润应当另立账户，专款专用，不能与税收混同使用。同时，国有企业税后利润用于农田水利设施的改造，并不排斥国家和地方税收用于农村公共产品领域。

当然，最根本的一条是，无论如何处置国有企业的税后利润，都要保护和增强国有企业的国际竞争力，这是中国成为世界强国的根本。

4. 罚没款收入的设计

罚没款除了体现惩罚外，还要体现纠正。如果做不到纠正，要么提高处罚力度直至达成纠正的效果，要么将罚没款收入形式改成特别税收形式。

5. 公共租金收入的设计

当前公共租金收入特别是体现在土地出让金中的地租收入大量流失。对此，在房地产开发的招标中，应当规定开发商的利润水平，超出部分全部收归公共收入。同时采取措施限制开发商故意定向低价售房转移利润。

6. 纸币发行收入的设计

由于通货膨胀具有劫贫济富、扩大两极分化的作用，必须严格限制纸币发行数量。为此，要限制外汇储备数量，多余的外汇要转化为黄金、石油、铜等重要基本商品和资源组合，以稳定纸币的币值。仅在国家实力强大、对外资本输出规模较大、人民币成为其他国家的储备货币的情况下，可以扩大纸币发行，以便从其他国家获取纸币发行收入的利益。

7. 公共资源收入的设计

对于国内的不可再生资源，要掌握在公有制经济部门手中，限制开发利用并形成垄断性高价，以鼓励优先利用国外不可再生资源。

8. 公共债权收入的设计

要调整我国对外的债权债务结构，在存在大量外汇储备的情况下，禁止公共部门和公有制经济部门借外债或为借外债提供担保，确保中国不仅是名义上的债权国而且是事实上的债权国。

9. 其他公共收入的设计

公共性基金收入、捐赠收入和彩票盈余，要严格加强管理，接受社会监督，增强人们对这些收入有效运转的信心，促进这些收入的增加。根据道德原则，除用于扩大大众体育设施的体育彩票可以适当发行外，一般性福利彩票要减少发行，中奖金额要降低，以减少低收入人群中指望投机而不是通过劳动和创造来改善生活的问题彩民数量。

关 键 术 语

公共收入 年社会价值产品 政府收入 税收 公共收费 罚没款收入 公共企业收入 溢价收入 公共性基金收入 公共租金 公共债权收入 捐赠收入 纸币发行收入 彩票盈余 特别收入 纳税人 纳税人服务 为人民服务 直接税 间接税 财政赤字 战争赔款 拒绝纳税 否决预算 足额征收 拉弗曲线 资本税

复习思考题

1. 什么是公共收入？
2. 公共收入有哪些形式？
3. 为什么公债不能算作公共收入？
4. 公共收入的原则是什么？
5. 什么是公共收入的设计，如何设计？

第八章 公共债务

【教学目的和要求】

西方国家的主权债务危机表明，公共债务已经成为影响公共经济活动的重要因素，而新帝国主义对其发行的纸币白条的势力范围的争夺也成为世界和平的主要威胁。通过本章的学习，应着重掌握以下几个方面：

第一，了解公债的定义、特征和功能，特别是要了解公债的性质；

第二，了解公债的实际负担者，掌握公债的原则，知晓公债的发行方式；

第三，知道纸币是发行它的中央银行的负债，警惕其规模的盲目扩大；

第四，了解西方金融寡头滥发纸币，使其成为掠夺世界人民的白条。

第一节 公债的概念

一、公债的定义

公共债务，简称公债，从广义上讲是公共经济部门对外承担的债务，包括公有制经济部门如国有企业所欠债务。从狭义上讲，它是政府按照一定的法律程序，以信用的方式向其他机构和个人承担的债务。其中，中央政府的公债又称国债。①

公债一般是以出售公债券的形式筹集资金以弥补财政收入与财政支出的缺口即财政赤字，同时公债券的出售所得资金要与财政收入一起纳入政府财政预算中加以管理，但是也有一些政府部门尤其是我国基层的政府部门会不规范地以打白条的方式或以拖欠的方式欠下公债。例如，有些基层政府拖欠教师和乡镇干部工资和政府办公大楼建设费用等。有时，公共部门会对外担保而承受或有负债，这些或有负债在被担保单位或个人出现财务问题时会转化为公共部门的公债。

公债的另一个为人们所不注意的形式是作为公共部门的中央银行发行的纸币和央行票据。人们手中的纸币是通过商品交换包括劳动力商品的交换所得，但纸币本身没有任何价值。如果纸币是由财政部门以弥补财政赤字的铸币税形式发行，它代表提前预收的财政收入，当人们拿它去交税时就相当于用以前的铸币税抵扣了现在的税收，也相当于现在的税收偿还了过去预收时欠下的债务，尽管没有涉及利息。但如果纸币是由非财政部门的中央银行发行，它意味着中央银行以其所持有的资产对这些纸币的币值负责，它是中央银行的

---

① 有人指出，英国的一切公共机构都被称为"皇家的"，但是债是"国家的"。参见《资本论》第 1 卷，人民出版社 2004 年版，第 864 页脚注。

负债。如果中央银行像美国联邦储备系统那样是由极少数股东私有的机构，那么该国的纸币就是该机构的私债，而该国政府是这些私债的担保人，从而这些纸币也是该国政府的或有负债。这是一种典型的公权私有、公权私用的情况。

恩格斯曾经写道，"工人阶级知道，国债不是它筹借的，当它夺得政权时，它将让那些筹借国债的人偿还"①。按照这一思想，应当立法规定以便明确告知全社会，除了抢险救灾等紧急情况临时欠下公债，凡是不规范即未经过一定法律程序的公债和担保均由公债经办人以个人财产偿还欠下的相应公债，以便杜绝此类不规范公债和担保。

因此，如果预算所计划的财政收入实际不足以支付教师和乡镇干部工资和政府办公大楼建设费用，那么应当调整预算增加税收和公共收费、尽量压缩不是急需的财政支出，向上级政府申请资助，或者通过法律程序申请发行地方公债来弥补财政收入的不足，而不得直接拖欠这些工资和费用，强迫教师、乡镇干部和建设单位成为这些公债的债权人。公共部门的那些形成或有负债的担保也必须经过相应的法律程序才能有效。

关于公债，西方早期的古典经济学家多持否定态度，认为公债从其资金使用来看是非生产性的，会使一国的资本减少，起到阻碍生产力发展的作用。后来，一些西方经济学家认为，如果公债资金来源于生产领域而又用于生产领域则不应受到指责。凯恩斯将公债政策视为政府进行反周期经济调节的手段，认为可以经常性地使用。布坎南则进一步指出，公债的产生，使得政府能够在不减少私人的实际财富的同时能为公共服务提供资金②。西方经济学家发生这种态度变化的原因在于，在早期是封建王室为了自己的骄奢淫逸和相互间的战争而借公债，的确减少了生产性的资本，而在后期资产阶级已经控制了政权，公债开始为资产阶级的整体利益服务，使得资产阶级暂时可以少交税，资产阶级学者自然就不再反对了，尤其是金融资本家成为公债的主要持有者，并通过控制公债控制了资本主义国家，自然更不允许西方学者随便反对公债了。然而，要使得政府能够通过公债在不减少私人的实际财富的同时能为公共服务提供资金，就必须使公债不必偿还，否则这不过是使后来纳税的人替先前纳税的人买单而已。

二、公债的性质

"国债，即国家的让渡，不论是在专制国家，立宪国家，还是共和国家，总是给资本主义时代打下自己的烙印。在所谓国民财富中，真正为现代人民所共有的唯一部分，就是他们的国债。……

公债成了原始积累的最强有力的手段之一。它像挥动魔杖一样，使不生产的货币具有了生殖力，这样就使它转化为资本，而又用不着承担投资于工业甚至高利贷时所不可避免的劳苦和风险。国家债权人实际上并没有付出什么，因为他们贷出的金额转化为容易转让的公债券，而这些公债券在他们手里所起的作用和同量现金完全一样。于是就有了这样产生的有闲的食利者阶级，充当政府和国民之间中介人的金融家就大发横财，包税者、商人和私营工厂主也发横财，因为每次国债的一大部分成为从天而降的资本落入他们的手

---

① 《马克思恩格斯文集》第 3 卷，人民出版社 2009 年版，第 270 页。
② 黄恒学主编：《公共经济学》（第二版），北京大学出版社 2009 年版，第 261 页。

中，——撇开这些不说，国债还使股份公司、各种有价证券的交易、证券投机，总之，使交易所投机和现代的银行统治兴盛起来。

用国家的名义装饰起来的大银行，从一产生起就只不过是私人投机家的公司，它们支持政府，依靠取得的特权能够把货币贷给政府。因此，国债积累的最准确的尺度就是这些银行的股票的不断涨价，这些银行的充分发展是从英格兰银行的创立（1694年）开始的。英格兰银行开始营业的第一笔生意，就是以8%的利率贷款给政府；同时它由议会授权用同一资本铸造货币，这同一资本又以银行券的形式贷给公众。它可以用这些银行券来办理期票贴现、发放货物抵押贷款、购买贵金属。过了不久，这些由银行自己制造的信用货币又变成了铸币，英格兰银行用这些铸币贷款给国家并代国家支付公债利息。它一只手拿出去，另一只手拿更多的进来，这还不够；当它拿进来时，它仍然是国民的永远债权人，直到最后一个铜板付清为止。它逐渐成了国家的贵金属必然贮藏所和全部商业信用的重心。……

因为国债是依靠国家收入来支付年利息等等开支，所以现代税收制度就成为国债制度的必要补充。借债使政府可以应付额外的开支，而纳税人又不会立即有所感觉，但借债最终还是要求提高税收。另一方面，由于债务一笔接着一笔的积累而引起的增税，又迫使政府在遇到新的额外开支时，总是要借新债。因此，以对最必要的生活资料的课税（因而也是以它们的昂贵）为轴心的现代财政制度，本身就包含着税收自行增加的萌芽。过重的课税并不是一件偶然的事情，倒不如说是一个原则"。①

马克思在《1848年至1850年的法兰西阶级斗争》一文中指出，"国家财产落到金融贵族手中的原因何在呢？就在于有增无已的国家负债状态。而这种国家负债状态的原因何在呢？就在于国家支出始终超过收入，在于失衡，而这种失衡既是国债制度的原因又是它的结果。

为了摆脱这种负债状态，国家必须限制自己的开支，即精简政府机构，管理尽可能少些，官吏尽可能少用，尽可能少介入市民社会方面的事务。秩序党是不可能走这条道路的，因为秩序党的统治和它那个阶级的生存条件越是受到各方面的威胁，它就越是必须加强它的镇压措施，加强它的由国家出面的官方干涉，加紧通过国家机关来显示自己的无所不在。对人身和财产的侵犯越是日益频繁，宪兵人数就越是不能减少。

或者，国家必须设法避免借款，把特别税加在最富裕的阶级身上而使预算立即得到哪怕是暂时的平衡。但是秩序党难道会为了使国民财富摆脱交易所剥削，而把他们自己的财富献上祖国的祭坛吗？它没有这么傻！

总之，如果没有法兰西国家中的根本变革，就绝不会有法兰西国家财政上的变革。而与国家财政必然联系着的是国家债务，与国家债务必然联系着的是国债投机买卖的统治，是国债债权人、银行家、货币经营者和交易所豺狼的统治"。②

在旧中国，举债也是官僚资本聚敛财富的重要手段。为筹措因内战频繁而日益增加的军费和填补逐年增长的财政赤字，国民党政府大规模举债。内债名目繁多，仅1927年至

① 《资本论》第1卷，人民出版社2004年版，第864-866页。
② 《马克思恩格斯文集》第2卷，人民出版社2009年版，第153-154页。

1931 年期间，就发行 25 种，计 10 亿余元。内债的主要承购人是四大家族控制的四行二局，官僚资产阶级由此大发横财。它们承购债券时按票面值的五折或六折计算，还本付息却按票面全额计算，年利高达 30% 至 40%。例如，在 1927 年至 1934 年期间，共发债券票面额 14.61 亿元，政府实收 8.09 亿元，四大家族折扣获取暴利 6.52 亿元。由于内债的发行是以捐税担保的，内债发行越多，人民的捐税负担也越重。换言之，发行内债就是把人民特别是广大农民的财富转化为官僚资本集团的财产。外债主要用于军火贸易，以应内战之需。20 世纪 30 年代初，蒋介石秘密委托孔祥熙以考察实业特使身份前往欧美各国，接洽军火买卖。1930 年至 1934 年期间，国民党政府平均每年向外国购买军火的费用达 2100 余万元。四大家族垄断军火贸易，从中获取巨额回扣，作为私产存入外国银行。①

相比之下，十月革命前列宁在俄国社会民主工党（布）彼得格勒市代表会议上提议，"代表会议声明，士兵粮饷的来源不应当靠发行使资本家发财的公债，而应当取自向资本家征收的高额所得税和财产税"②。十月革命后，列宁提到，"留在国家手中的真正不赢利的生产，只是那种用政治经济学的科学术语来说应当叫作生产资料（矿产、金属等）的生产或者固定资本的生产。在资本主义经济中，通常靠发行公债来恢复这种资本，因为公债可以马上提供大量资金（几亿卢布，甚至几亿美元）来改建一批能够恢复被破坏的生产资料的企业。对我们来说，恢复被破坏的生产资料，长时期内是不能指望得到任何利润的，如您所说的，是'不赢利的'。我们只好在相当长的时期内，用租让的收入或国家的贴补来恢复固定资本"③。这表明，即便为了恢复和发展生产，社会主义国家也要少发公债，多用公共收入来弥补生产所需。

三、公债的特征

与私人债相比，公债被认为具有严格的法律约束、依据国家信用和效益稳定的特征。④ 但是，随着国际经济形势的变化和金融投机的发展，我们看到，西方一些国家出现主权债务危机，甚至最发达国家美国的一些地方政府因无力偿还债务而破产，债务人损失惨重，许多国家和地方的公债存在较大的风险，效益不再稳定。

一般而言，国家信用受制于国家政权的稳定性，但是公债的信用有时却高于国家政权的稳定性。马克思在《西班牙的反动》一文提到，西班牙王室被推翻后，"受命起草萨尔托里乌斯内阁倒台时的财政状况报告的委员会，在'日报'上发表了这个报告，而财政大臣科耳亚多先生的说明作了这一报告的前言。根据财政状况的报告，西班牙现在负的债务相当于 3300 万美元，赤字总额达 5000 万美元。……按科耳亚多先生的声明，必须立即偿还的债务为 252980253 雷阿耳⑤。他所提出的弥补这个亏空的办法是道地的银行家的办法；他提出要恢复平静和秩序，继续征收所有的旧税和举借新债。埃斯帕特罗听从了这个

---

① 《中华人民共和国史稿》（序卷），人民出版社、当代中国出版社 2012 年版，第 113-114 页。

② 《列宁全集》第 29 卷，人民出版社 1985 年版，第 262 页。

③ 《列宁全集》第 43 卷，人民出版社 1987 年版，第 264 页。

④ 黄恒学主编：《公共经济学》（第二版），北京大学出版社 2009 年版，第 262 页。

⑤ 8 雷阿尔相当于 1 美元。

意见，以答应严格奉行温和派的政策为条件，从马德里的主要银行家手里得到了250万美元。从他最近采取的措施来看，他是多么愿意履行这个诺言。……这就是早产的革命政府注定要走的恶性循环。这些政府承认它们以前的反革命政府所借的债务为国家债务。为了能够偿还这些债务，它们必须继续征收旧税和举借新债。为了能够举借新债，它们必须保证'秩序'，就是说必须亲自采取反革命的措施。这样，新的人民的政府就一变而为大资本家的奴仆和人民的压迫者。1848年法国临时政府正是这样，它为了偿付它欠资本家的利息，不得不征收恶名昭著的四十五生丁税和没收储蓄银行的存款。《西班牙真相》一书的英国作者说：'西班牙革命政府至少还没有堕落到采取像美国所实行的声名狼藉的拒不偿付主义。'问题在于：如果先前任何一次西班牙革命哪怕有过一次拒绝偿付债务，声名狼藉的圣路易斯政府就会找不到任何一个银行家肯让它预支。我们这位作者也许是认为，借债是反革命的特权，而还债则是革命的特权"①。辛亥革命成功后，孙中山领导的南京临时政府也承诺对清朝政府所借外债照旧偿还。

但是，也有一些革命政府拒绝偿还以前反动政府所欠的国债特别是外债，例如美国的拒不偿付主义，列宁领导的苏维埃俄国也这样做过。

四、公债的功能

西方公共经济学认为，公债主要有四个方面的功能或作用：一是弥补财政赤字。这其中包含筹集提供公共产品所需要的资金。二是调控经济。中央银行通过在证券市场上公开买卖一定数量的公债，可以对商业银行的存款准备金、货币流通的数量进行有效调节。三是利用闲置资金，拉动投资需求，提高资金的使用效率。国家通过公债将货币资源予以集中，使闲置的资金由储蓄转化为投资，由消费领域转向生产领域。四是提供新的信用流通工具。公债以国家信用为基础，有着稳定的效益和较低的风险，丰富了投资品的种类，有助于实现由储蓄向投资的转化，其本身也是一种优质的金融资产。② 也有人认为，在通货紧缩的时期，政府可以通过发行国债，扩大国债投资，将筹集到的资金投资于基础设施建设，不但可以扩大整个社会的总需求、增加总产量和就业量，而且也可以优化社会投资结构。政府可以通过发行国债改变国民收入的使用结构，使部分积累基金转化为消费基金，以达到调节供求结构的政策目标。③

但是，财政赤字的问题可以通过削减不必要的财政支出，增加税收等财政收入来解决，没有必要一定要用发行公债的方式来解决，除非这些公债不必偿还。否则，将来偿还公债必然会对那些财政平衡带来巨大的压力。如果今天用公债来筹集提供公共产品所需要的资金，那么未来提供公共产品的资金会被拿来还债，而使得未来所需要的公共产品得不到相应的资金支持而无法提供，除非今天用公债筹集资金提供的公共产品具有很强的赢利能力，足以偿付这笔公债的本息。但是，按照西方公共经济学关于公共产品的定义，公共产品不应当具有这样的赢利能力。因此，这只不过是为了给政府负债找理由。有人认为，

---

① 《马克思恩格斯全集》第10卷，人民出版社1962年版，第514-515页。
② 黄恒学主编：《公共经济学》（第二版），北京大学出版社2009年版，第262-263页。
③ 高培勇等编著：《公共经济学》，中国社会科学出版社2007年版，第345-346页。

市政建设债券可以为我国的城市基础设施建设提供长期稳定的资金来源。① 但是，鉴于西方国家的一些地方政府因为债券发行过多而破产，可见这也不是什么长久之道。如果要为城市基础设施建设寻找长期稳定的资金来源，社会保障基金中的养老基金可以做到这一点。但是，也没有必要向养老基金借债，而是可以采用 BOT 的方式进行。由养老基金出资，市政公司建设、运营，并且获得收费权，在与政府协商的年限内，扣除市政公司运营成本，其收益上交养老基金，到期后，其运营收益归市政公司所有。至于调控货币流通的数量，也不是非要买卖公债不可，尤其是不必非要买卖政府公债。

西方经济学认为储蓄等于投资。除非将纸币藏于家中或银行的存款利率小于零，否则当人们把闲置的纸币存在银行要求得到一定利息时，就已经是在通过银行将储蓄转化为投资了。这里既谈不上由消费领域转向生产领域，因为原本就没有打算把这些钱消费掉，也谈不上积累基金转化为消费基金，因为这是在做投资而不是消费。最关键的是，利用闲置资金是银行的职责。"因为银行是产业资本家的出纳业者，每个生产者和商人作为准备金保存的或在支付中得到的货币资本，都会集中到银行手中。……本来要作为准备金闲置起来的一部分货币资本也就会贷放出去，作为生息资本执行职能。……随着银行制度的发展，特别是自从银行对存款支付利息以来，一切阶级的货币积蓄和暂时不用的货币，都会存入银行。小的金额是不能单独作为货币资本发挥作用的，但它们结合成为巨额，就形成一个货币力量。这种收集小金额的活动是银行制度的特殊作用……最后，各种只是逐渐花费的收入也会存入银行"②。因此，政府犯不着越俎代庖。

最后，所谓有着稳定的效益和较低的风险和作为优质金融资产的公债，只不过表明发行公债向金融资本家和其他资本家输送了大量的利益，而买单者是所有纳税人。因此，这对于普通民众来说，并不是什么好事。

总的来看，仅在战时或救灾等紧急情况下，为保证公共支出所急需的资金和资源，在公共收入不足或来不及调配时，发行政府公债或欠下政府公债才具有正面的意义。

第二节　公债的负担与发行

一、公债的负担

皮凯蒂提出，发达国家富有，相反，发达国家的政府却穷困。欧洲是一个最极端的例子：它既有世界上最高水平的私人财富，也有最难解决的公共债务危机——这是一个奇怪的悖论。③ 这个悖论其实表明，在欧洲国家，公债甚至财政支出的负担主要是由普通公众承担的。

英国的东印度公司曾尝试在印度的加尔各答发行公债，但是遭到彻底的失败。印度人

---

① 高培勇等编著：《公共经济学》，中国社会科学出版社 2007 年版，第 160 页。
② 《资本论》第 3 卷，人民出版社 2004 年版，第 453-454 页。
③ ［法］托马斯·皮凯蒂著，巴曙松等译：《21 世纪资本论》，中信出版社 2014 年版，第 557-558页。

拒绝了这种不仅能靠印度资本恢复英国统治而且还能间接为英国商业打开印度宝藏的计划。由于印度资本家紧闭钱柜，英国统治者只好面对这样一个严酷的真理，即对镇压印度起义的开支，至少在最初一个时候，得由自己掏腰包，而得不到土著居民的任何协助。① 如今，中国购买了大量的美国国债，不仅要承受美元贬值所造成的损失，而且使得美国政府有充足的军费重返亚太，在中国周边制造事端，威胁中国的国家安全。

公债的负担还存在一个能否进行代际转移的问题。有人认为，通过发行国债可以把一些公共产品的前期建设费用，平摊、转嫁到享用这些公共产品的后代人身上。② 还有人认为，用于购买或生产使用年限在一年以上的耐久品所需的支出，如用于道路、办公楼建设的支出，一部分应在本期得到补偿，而大部分应分摊到未来各个时期之中。这就是说，这种支出的补偿方式有两种，一是税收，意味着本期享用的公共产品，本期付出代价；二是公债，意味着未来享用的公共产品，未来时期付出代价。③ 但是，负债是要承担利息的。这个利息负担，由哪一期来承担呢？由本期承担吗？本期是用税收付出代价的。由未来时期承担吗？未来的人们会说，可以拖到未来时期再购买或生产这些东西，没有必要现在就购买或生产；如果本期的人们要提前享用，就应当承担利息负担。我们已经看到，这种负债只是为了向金融资本家输送利益而已。

也有一些西方学者认为，债务负担不可能推迟或向未来转移。④ 从代际之间的整体上讲这一点是对的。马克思曾经支持了莱文斯顿否定国债的代际转移的观点。莱文斯顿说：国债制度的辩护者"妄想把目前的花费推延到将来，妄想可以为了满足现在这一代的需要而把重担加在后代身上，他们主张荒诞无稽之事，仿佛人可以消费尚未存在的东西，仿佛人可以在粮食的种子播在地里以前就吃这些粮食……我们的政治家们的全部智慧归根到底就在于把财产从一个阶级的人手里大规模地转到另一个阶级的人手里，就在于建立一笔用来奖励假公济私和盗用公款的巨额基金"。⑤ 对此，马克思指出，"B 实际上或表面上借给 A 以商品，A 为此可以给 B 一张未来产品的债券，因为总是会有未来的诗人和音乐家的。但是，A 和 B 加在一起都消费不了未来产品的一个原子。任何时代都得自己支付自己的战争费用。相反，工人却可以在本年内完成后三年的劳动"。⑥ 纸币和债券本身没有价值，也没有用于生产消费和生活消费的使用价值。具有价值和使用价值的是已经存在的商品。用于道路、办公楼建设的只能是已经生产出来的商品，也许可以通过压榨工人，使他们当年就生产出够三年建设使用的商品，但当年的建设不能使用第二年才能生产出来的商品。所以，为了建设道路和办公楼，只能从现有的产出中扣除相应的商品，而不能把这些商品用于其他方面，也就是说，其他方面要承受相应商品的不足，因此任何时代都得自己承受公共支出的开支，而不可能通过负债转移到下一代去。不过，虽然使用价值转移不

---

① 《马克思恩格斯全集》第 12 卷，人民出版社 1962 年版，第 407-410 页。
② 高培勇等编著：《公共经济学》，中国社会科学出版社 2007 年版，第 345 页。
③ 朱柏铭编著：《公共经济学》，浙江大学出版社 2002 年版，第 149 页。
④ 黄恒学主编：《公共经济学》（第二版），北京大学出版社 2009 年版，第 265 页。
⑤ 《马克思恩格斯全集》第 49 卷，人民出版社 1982 年版，第 145 页。
⑥ 《马克思恩格斯全集》第 49 卷，人民出版社 1982 年版，第 144-145 页。

了，但价值让渡却可以转移，当代人向金融资本家借钱而不是收税，那么后一代人就要向金融资本家的后代还本付息，付出比当代人借钱更多的代价。

二、公债的原则

1. 适度规模的原则

西方学者虽然认可发行公债，但也不主张公债规模太大，认为只有在政府偿债能力和社会应债能力限度内的公债规模才是合适的。① 而前面的分析表明，能不借政府公债，就应当尽量不借。对于国有企业在运营过程中产生的短期债务，如应付账款等，可以根据经营规律由企业自己控制。但是，对于国有企业用长期债务进行融资的要求，则需要国有资产监督管理部门审批，仅在国有企业出资人无力承担出资责任时才能根据国有企业的长远发展需要予以批准，否则应当由国有企业出资人以股权投资的方式给予融资。事实上，我国铁路部门的巨额负债，是有关方面宁愿投资于收益率极低且不断贬值的美国国债，也不愿意在公共基础设施上进行公共投资的表现。

2. 救急的原则

这个原则与适度规模原则相关。战争时期，人民军队曾经向民众借款借物，战争胜利后归还。在紧急情况下欠下公债，只要实际利益高于所欠公债是可以考虑的。这种欠债必须是在征税或征用物品之后仍然不足以弥补开支或在无法征税或征用物品的情况下发生的。

3. 与风险相匹配的原则

西方经济学一般认为，公债的效益不能低于购债人的边际投资效益。② 也就是说，要高于购债人在其他地方可以获得的投资机会的效益。但是，由于公债的风险小于其他投资项目的风险，其信用等级高于国内其他投资项目的信用等级，收益率自然可以而且应当低于其他投资项目，其差额通常被视为其他投资项目的风险溢价，用于补偿其他项目投资人额外承受的风险。因此，按照与风险相匹配的原则，公债发行所支付的实际利率不得高于同期银行贷款的利率。

4. 纳入预算管理原则

公债和或有公债都要纳入预算管理，经由同级人民代表大会批准才能确认，才能在需要偿债和付息时由财政部门支出相应的款项。恩格斯曾经在《德国的革命和反革命》一文中提到，普鲁士新国王弗里德里希·威廉四世曾经企图向欧洲首富路特希尔德（又译罗斯柴尔德）借款，但后者说，"如果公债有'人民代议机关'作保，他马上就认购，否则，他就根本不打算谈这件事"③。但是，2008年，美国金融危机爆发之后，"每个资本主义国家第一反应都是接管主要由本国资本家所欠的银行债务。……于是，银行债务转变

---

① 黄恒学主编：《公共经济学》（第二版），北京大学出版社2009年版，第282页。

② 黄恒学主编：《公共经济学》（第二版），北京大学出版社2009年版，第262页。

③ 《马克思恩格斯全集》第8卷，人民出版社1961年版，第22页。

成了主权债务"①。银行家的私债变成了那些国家的公债,甚至没有经过那里的议会批准就由全体民众来承受负担。

5. 统一发行的原则

除了国债以外,地方政府有时也需要发行公债。这些公债应当经各级人大批准后交由中央政府相关部门如财政部统一发行,避免各行其是,在金融市场上引起恶性竞争,抬高收益率,增加民众的公债负担。

三、公债的发行

公债通常是低于票面金额先发行到中介机构手里,然后再由中介机构按票面金额向普通民众出售。发行价与票面价的差额就是中介机构的佣金。这笔佣金的存在直接加重了民众的公债负担,并使极少数非公有的中介机构所有人和经办人大发横财。这个差额越大,民众的负担越重。前面提到,国民党的四大家族承购债券时按票面值的五折或六折计算,获利巨大。

今天中国国债的发行采用招标制,中介银行和金融机构的佣金折扣没有那么巨大,但仍然也是一笔不小的开支。由于中国已经发展了证券交易系统,而且交易佣金比较低,因此,完全可以通过证券交易系统发行公债,让民众像买股票或可转换债券那样购买公债,而且可以交易公债,公债的偿付也可以通过证券交易系统进行,从而尽可能减轻民众的公债负担。

另外,国外的公债在向外推销时有时会给私人回扣,因此当中国公共部门购买外国国债时要采取一些办法来监督决策者和经办人,不得因为私人收下回扣而损害国家利益。如果确实因为政治需要等原因而购买他国国债,那么也要把回扣公开化,收归国库。

第三节 中央银行的负债

一、中央银行与纸币

在现代市场经济中,印制纸币和确定基准利率的中央银行是十分重要的经济机构。在许多国家,中央银行是公共企业,但在美国,其中央银行即美联储却是一家私人企业。西方经济学家承认,美国联邦储备系统现在由 12 个地区的联邦储备银行组成,从法律上说,12 大地区储备银行都是私有的,联邦储备系统为所有作为其成员的商业银行所共有,也就是为这些商业银行的股东们所有。但西方经济学家却鼓吹,它是一家公共机构。说它直接对国会负责;细心地听取总统的建议;而一旦它赚取利润的活动与公共利益发生冲突时,它就会毫不犹豫地选择服从公共利益。美联储有权发行货币,作为回报,它持有能够生息的政府债券。通过这些活动,它每年能获得几十亿美元的利润。但为了体现其公共使命,它所有的利润都归美国政府所有。西方经济学家宣称,美联储首先是个独立机构。它

---

① 张顺洪译:《构建大众的、民主的、由工人阶级领导的反垄断同盟——英共总书记谈当前国际金融危机》,《红旗文稿》2012 年第 5 期。

的决定不受任何人左右。自主性能保证货币政策不为不稳定的政治目标所干扰。在降低通货膨胀方面，那些有独立中央银行的国家，往往比那些将中央银行置于选举出来的政府官员制约之下的国家要成功得多。①

但是，大资本家的私人企业取代了左右国家经济命脉的公共机构，这本身就是美国政府的大资产阶级属性的最为赤裸裸的表现。在西方经济学理性经济人的假设下和美国经济的现实中，没有任何一家私人企业会在它赚取利润的活动与公共利益发生冲突时，毫不犹豫地选择服从公共利益。美联储又如何能够例外呢？难道那里的人都是美国罕见的道德模范？而且，既然美联储的利润都归美国政府所有，那么又拿什么作为美联储有权发行货币的"回报"呢？奇怪的是，美联储不是因为尽了义务而得到回报，而是因为"有权"做什么事而得到回报。既然美联储的决定不受任何人左右，而总统的建议和国会的意见又都可以视为不稳定的政治目标，那么美联储又如何能够对美国国会负责？同时，既然选举出来的政府官员远没有不是选举出来的资本家成功，那么，为何美国总统还要选举呢？难道一个独立于选举的总统不会更成功吗？为何美国不参照联邦储备理事会理事的任命程序，直接由参议院议长提名并由参议院批准一个任期长达 14 年的总统呢？其实，在市场经济主导的美国，中央银行的行长即美联储主席才是美国大金融资本家的第一号代理人，美国总统至多排在第二号，从而可以放开总统选举来骗骗世人。②

这种典型地将公器攫为私有的做法，显然只会损公肥私。马克思在前面提到的国有化之前的英格兰银行也说明了这一点。私有的中央银行，只会使国家欠金融寡头的债务越来越多，永远不可能还清那些债务。同时中央银行的私有者们显然不会使中央银行采取不利于他们自己的政策，而所谓的政策独立也有利于中央银行拒绝来自其他方面的反对这些金融寡头的政策意见。事实上，美联储的政策也曾经让很多企业和银行甚至一些受美国金融影响的国家破产，但它的股东们的资产却鲜有损失，反而不断壮大，以至于在美国金融危机之后，美国国内的产业资本家和普通民众也忍无可忍地掀起了占领华尔街的反对金融寡头的运动。但是，这样的运动是注定不会成功的。在号称民主的美国，99%的人反对不了1%的人，而不得不听任后者摆布。

相比之下，《中华人民共和国中国人民银行法》规定：中国人民银行是中华人民共和国的中央银行。中国人民银行在国务院领导下，制定和执行货币政策，防范和化解金融风险，维护金融稳定。中国人民银行的全部资本由国家出资，属于国家所有。中国人民银行每一会计年度的收入减除该年度支出，并按照国务院财政部门核定的比例提取总准备金后的净利润，全部上缴中央财政。中国人民银行的亏损由中央财政拨款弥补。③ 由此可见，中国的中央银行是典型的公共企业。

现代纸币由银行券发展而来，代表发行它的银行的负债。银行有义务拿贵金属兑现其

---

① ［美］萨缪尔森、诺德豪斯著，萧琛等译：《宏观经济学（第 17 版）》，人民邮电出版社 2004年版，第 157-159 页。

② 余斌著：《经济学的真相——宏观经济学批判》，人民邮电出版社 2010 年版，第 153 页。

③ 《中华人民共和国中国人民银行法》，http：//www.gov.cn/ziliao/flfg/2005-09/12/content_31103.htm，2014 年 12 月 31 日。

纸币（银行券）。第二次世界大战之后，美国在西方国家建立了以美元为中心的世界货币体系，称为布雷顿森林体系。该体系确立了美元与黄金挂钩，其他国家货币与美元挂钩的原则。美国承担各国政府或中央银行按 1 盎司黄金等于 35 美元官价用美元兑换黄金的义务。如今虽然各国中央银行不再承担黄金兑换纸币的义务，纸币仍然是各国中央银行的负债，各国中央银行多多少少都有义务维持纸币币值的稳定或相对稳定。

除了纸币外，中国人民银行还有一种负债是央行票据。发行央行票据的原因是由于收储了大量外汇尤其是美元而发行了大量的人民币，导致通货膨胀压力过大。中央银行通过向商业银行发行央行票据，可以从市场上收回一定量的人民币，降低通货膨胀的压力。这些央行票据是要付息的，其付息水平通常高于拿美元储备购买美国国债得到的利息水平。

二、金融寡头及其白条

众所周知，美国国债的数额巨大，但是美国最大的债务不是美国国债，而是美元纸币。美国通过布雷顿森林体系使美元纸币窃踞了世界货币即黄金的货币符号地位之后，起先还有意维护美元纸币所代表的金量，即 35 美元纸币兑 1 盎司黄金。为此，甚至通过利息平衡税等措施来限制美国人用美元纸币购买外国证券或向外国贷出美元纸币。但是金融寡头的掠夺本性和越南战争的巨大开支很快就迫使美国政府和金融寡头联手滥印美元纸币来攫取各种物资。

随着大量美元纸币投入美国市场，通货膨胀压力巨大，商品价格攀升，大量进口变得有利可图，于是，过剩的美元就被源源不断地输送到国外换购相对廉价的进口商品，在向国外输出通货膨胀的同时，美国的国际收支自然出现大量逆差。实际上，不是美国的国际收支逆差引起了美元的贬值，而是美元的超量发行引起了美国国际收支逆差和美元贬值。

美元的贬值破坏了布雷顿森林体系，时任美国总统尼克松在金融寡头的授意下以美国政府的名义宣布美国金融寡头发行的美元与黄金脱钩，从而使美元彻底成为了一纸不兑现的白条，世界进入新帝国主义时代。自那时以来，1 盎司黄金的美元价格从 35 美元上涨到一度突破 1900 美元的地步。这意味着，美元的 98% 都已经被漂白了。

为了维护美元白条这一掠夺世界人民的工具，美帝国主义不择手段地迫使石油输出国组织只用美元进行石油结算，并提高了石油的美元价格，以此增加石油进口国对美元白条的需求。当伊拉克的萨达姆政权企图用欧元来结算出口石油时，美帝国主义就捏造事实，绕开联合国，悍然发动侵略战争，占领了伊拉克，并杀害了萨达姆。如果说，旧帝国主义主要争夺的是殖民地的话，那么新帝国主义主要争夺的就是其发行的纸币白条的势力范围。美帝国主义的霸权行径，不仅使其可以继续输出美元白条以美国的国际收支逆差形式白白获得别国的商品和物资，而且还可以用美元白条去进行所谓的跨国投资，去套购别国的资源、并购别国的企业，以白条的形式进行列宁提到过的旧帝国主义的资本输出。

新帝国主义的白条输出相比旧帝国主义的资本输出，具有更为强烈的帝国气息。这是因为，旧帝国主义输出的是自己的资本，凭借资本来获得剩余价值，得到别国的进贡。而新帝国主义首先迫使别国用自己的生产资本来换取新帝国主义的白条，得到第一重进贡收益，然后新帝国主义再把别国的生产资本作为自己的资本输出，去获得进一步的剩余价值，得到第二重的进贡收益。而白条的进一步贬值，还能使得新帝国主义获得第三重的进贡。

　　据测算，至 2003 年美国已累计获得白条输出的第一重进贡收益即传统意义上的铸币税约为 4319 亿美元。从 1967 年至 2006 年美国因白条输出而获得的第三重进贡收益即因减轻外债负担而获取国际通货膨胀税为 2.7 万亿美元，年均获益 675 亿美元。撇开白条输出的第二重进贡收益即在外投资收益，仅 2003 年美国通过白条输出获得的其他几重进贡收益约为 2991 亿美元，占美国国内生产总值（GDP）的 2.7%，接近美国当年 GDP 的增长率 3.1%。[1] 美国共产党经济委员会委员瓦迪·哈拉比认为，美国国际收支账户中，其中海外净收入 2001 年为 6583 亿美元，2003 年为 8426 亿美元，比 GDP 增长还要高，这完全是掠夺，是帝国主义在索要贡品。[2]

关 键 术 语

　　公共债务　国债　公债券　中央银行　纸币　原始积累　国债制度　现代税收制度　金融贵族　官僚资本　国家信用　拒不偿付主义　积累基金　消费基金　代际转移　主权债务　中介机构　银行券　央行票据　金融寡头　布雷顿森林体系　美元白条　资本输出　白条输出

复习思考题

1. 什么是公债？
2. 公债有哪些影响？
3. 公债的负担能够在代际间转移吗？
4. 发行公债的原则有哪些？
5. 美国最大的债务是什么，它有什么特性？

---

　　[1]　程恩富、王中保：《美元霸权：美国掠夺他国财富的重要手段》，载《今日中国论坛》2008 年第 1 期。
　　[2]　舒展：《国际金融危机与"新帝国主义"的腐朽表现——兼评列宁的〈帝国主义论〉》，载《马克思主义研究》2009 年第 2 期。

第九章　公共经济管理

【教学目的和要求】

公共经济管理是公共经济管理主体为了实现公共经济活动的目的，提高公共经济活动的效率而对公共经济活动中的主观因素和客观因素进行的管理活动。通过本章的学习，应着重掌握以下几个方面：

第一，了解公共经济管理的由来和定义以及一般原则；

第二，了解公共规则的概念和外部效应的治理，知晓知识租权的规制；

第三，了解财政预算与决算，了解财政预算的编制和公共审计；

第四，了解公共分配的概念，掌握公平与效率的辩证关系。

第一节　公共经济管理的概念

一、公共经济管理的定义

前面提到，马克思曾经指出，在资产阶级共和国里，会留下一个必需的最低限度的行政管理。但是，"就连这个最低限度的行政管理也必须组织得尽可能合理而经济"①。这就是现代公共经济管理的由来。而在回答未来新的社会制度应当是怎样的问题时，恩格斯指出，"这种新的社会制度首先必须剥夺相互竞争的个人对工业和一切生产部门的经营权，而代之以所有这些生产部门由整个社会来经营，就是说，为了共同的利益、按照共同的计划、在社会全体成员的参加下来经营。这样，这种新的社会制度将消灭竞争，而代之以联合"②。这种全社会公有制的全面公共经济管理则是现代公共经济管理的发展方向，尽管目前还无法全面实施。

毛泽东曾经指出，"发展经济，保障供给，是我们的经济工作和财政工作的总方针。但是有许多同志，片面地看重了财政，不懂得整个经济的重要性；他们的脑子终日只在单纯的财政收支问题上打圈子，打来打去，还是不能解决问题。这是一种陈旧的保守的观点在这些同志的头脑中作怪的缘故。他们不知道财政政策的好坏固然足以影响经济，但是决定财政的却是经济。未有经济无基础而可以解决财政困难的，未有经济不发展而可以使财政充裕的。陕甘宁边区的财政问题，就是几万军队和工作人员的生活费和事业费的供给问题，也就是抗日经费的供给问题。这些经费，都是由人民的赋税及几万军队和工作人员自

---

① 《马克思恩格斯全集》第 11 卷，人民出版社 1995 年版，第 423-424 页。

② 《马克思恩格斯文集》第 1 卷，人民出版社 2009 年版，第 683 页。

己的生产来解决的。如果不发展人民经济和公营经济，我们就只有束手待毙。财政困难，只有从切切实实的有效的经济发展上才能解决。忘记发展经济，忘记开辟财源，而企图从收缩必不可少的财政开支去解决财政困难的保守观点，是不能解决任何问题的"①。这里的"发展经济，保障供给"也是公共经济管理活动的主要目标。

前面提到过的公共经济的有效供给、公共定价、公共支出、公共保障、公共收入、公共投资与公共企业、公共债务，以及后面将要提到的公共经济政策、地方公共经济和公共选择等都涉及公共经济管理。

总之，公共经济管理是公共经济管理主体为了实现公共经济活动的目的，提高公共经济活动的效率而对公共经济活动中的主观因素和客观因素进行的管理活动。

在这里，公共经济管理主体由政府部门和非政府公共经济管理主体构成。如果只有前者，那就只是政府经济管理。《中华人民共和国宪法》规定，"中华人民共和国的一切权力属于人民。人民行使国家权力的机关是全国人民代表大会和地方各级人民代表大会。"因此，一切公共经济管理活动都要对同级人民代表大会负责。其中，公有制经济的管理更应当直接由同级人民代表大会下属的公有制经济监督管理委员会负责。

为了理顺公共经济管理体制，应当将发改委、国土资源部与国资委合并成立国民经济院，与最高法院地位相同，直接对人大负责。这样做的好处在于：

第一，政企分开，国务院可以安心进行行政体制改革，转变政府职能，提供公共服务，简政放权。

第二，发改委涉及非公经济的审批权经清理后，或者转给其他部委，或者撤销，大大加强了市场主体在资源配置上的决定作用。

第三，政府不用再制定国民经济和社会发展五年规划和中长期规划，而是制定公共服务发展的五年规划和转变职能的五年规划。原国民经济和社会发展五年规划和中长期规划中的其他内容转由国民经济院负责制定，并报请全国人民代表大会批准。

第四，国民经济院全面负责涉及全民利益的国有企业的发展和国土资源的可持续利用和发展，使国有企业摆脱政府的束缚，彻底政企分开，真正成为市场经济中的主体。

二、公共经济管理的一般原则

社会主义公共经济管理除了各个专项管理，如公共支出、公共保障等要遵循的原则，还应当遵循以下一般原则。

1. 实事求是原则

毛泽东曾经反思说，过去几年，我们犯错误，首先是因为情况不明。② 而"实事求是"中"实事"二字的本义就是实其事，也就是弄清楚事实即求真务实。只有这样，才能科学地求其是，即寻求其中的客观规律。由于未能做到"实事"二字，浮夸风一度盛行，使我国的社会主义经济建设遇到了较大的挫折。习近平要求"三个深入"即"深入实际、深入基层、深入群众"，就是要求落实"实事"二字。

---

① 《毛泽东选集》第 3 卷，人民出版社 1991 年版，第 891-892 页。

② 《中华人民共和国史稿》（第 2 卷），人民出版社、当代中国出版社 2012 年版，第 140 页。

实事求是原则还要求在公共经济管理时要先试点再推广。通过试点来弄清事实即做到"实事",然后"求是"再推广。由于公共经济管理管理涉及面大,影响广泛,相关举措不能随便出台,否则可能要交巨额学费,大大影响经济社会的发展。因此,这个原则同时还要求进行风险控制,"不论任何工作,我们都要从最坏的可能性来想,来部署"①。

2. 责任担当原则

习近平曾经指出,"各级领导干部,都是人民的勤务员。我们的责任,就是向人民负责,为群众解难"。② 公共经济管理的有关部门必须担当起相应的责任,而不能把什么都推给市场。例如,2005 年 8 月美国新奥尔良市遭受特大飓风袭击,死亡人数超过 1800人。当地官员提前得到特大飓风预警,但是他们遵循新自由主义鼻祖哈耶克的主张即"政府的行动应当只限于订立适用于一般类型的情况的条规,听任个人在那些以时间地点等条件为转移的每一件事情上自由行动,因为只有与每一种情况有关的个人,才能最充分地了解这种情况,并采取相适应的行动"③,决定让自由市场发挥作用。他们宣布要全部撤出新奥尔良,但是要求每个人依靠自己的力量撤离灾区。结果直到灾害第三天人们才知道,成千上万的人没有撤离是因为他们不知道撤往哪里,也没有交通工具。自己没有汽车,手里又没有多少钱,他们只好留下来,听天由命。而前一年,一次特大飓风袭击古巴时,古巴政府通过各地党政机关,疏散撤离了 130 万人,占全国人口的 10%,结果无一人死亡。④ 在中国,杭州市余杭区政府曾经以 7500 万元的总价将 29 所镇乡(街道)卫生院卖给私人,放弃了基层医疗服务和全民健康的部分责任担当,数年后花费 3 亿元买回院舍和设备已经破破烂烂的 28 家卫生院⑤,重拾公共卫生服务的责任担当,教训惨重。

责任担当原则还要求公共经济管理各相关部门之间不能互相踢皮球,要求建立问责机制,对于失职失责性质恶劣、后果严重的,要终身追究。

3. 统筹规划原则

实行统筹规划的计划经济是社会主义公共经济管理的基本方式,尽管在社会主义初级阶段还需要引入市场这一手段,但计划才是社会主义制度能够集中力量办大事的根本保障。此外,统筹规划原则还要求局部利益服从全体利益。

需要指出的是,计划工作方法是否得当也是决定计划经济以及社会主义公共经济管理成败的关键因素。毛泽东曾经反思计划工作方法上的失误,他指出:过去制订计划的方法基本上是学前苏联的,先定下多少钢,然后根据它来计算要多少煤炭、电力和运输力量,再计算要增加多少城镇人口、多少福利;钢的产量变小,别的跟着削减。这是摇计算机的办法,不符合实际,行不通。这样计算,把老天爷计算不进去,天灾来了,偏不给你那么多粮食,城市人口不增加那么多,别的就落空;打仗计划不进去,国际援助也计划不进

---

① 《毛泽东文集》(第 6 卷),人民出版社 1999 年版,第 404 页。

② 习近平著:《之江新语》,浙江人民出版社 2007 年版,第 78 页。

③ [奥]哈耶克著,滕维藻、朱宗风译:《通向奴役的道路》,商务印书馆 1962 年版,第 74 页。

④ 《西班牙〈起义报〉9 月 4 日:自由市场如何毁了新奥尔良》,载《参考消息》报 2005 年 9 月 8日第 3 版。

⑤ 《浙江余杭斥资 3 亿购回卫生院 此前以 7500 万出售》,http://news. pharmnet. com. cn/news/2010/10/25/308893. html。

去。要改变计划方法，这是一个革命。这几年我们摸索出了一些方法，我们的方针是以农业为基础、以工业为主导。按照这个方针制订计划，先看可能生产多少粮食，再看需要多少化肥、农药、机械、钢铁，还要考虑打仗的需要。相比过去的以钢为纲，这确实是一个革命。①

统筹规划原则并不排斥一定范围内的局部独立如专款专用等，这是为了方便管理，避免混乱。例如，就像西方国家的社会保险税是专税专用②一样，不同来源的税收有时可以有不同的用处和去向。所得税、财产税和关税等用于满足各级政府部门的公共支出需要。环境污染税要专用于环境治理；商品税用于调节商品生产，其收入用于创办和扩大公有制经济比重。

4. 节约简便原则

公共经济管理活动本身不创造价值，消耗在这个方面的费用是"同生产没有直接关系的一般管理费用"，因此在完成同等公共经济管理工作量的情况下，花费越少越好。习近平指出，"必须认识到，'浪费也是腐败，节约也是政绩'。机关的办公费用都是来自于纳税人，每花一分钱都要倍加珍惜、精打细算，这是对社会公共财富的节约，对人民群众劳动成果的尊重，这也体现国家公务人员应具有的品格和道德"③。

据中国之声《新闻纵横》报道，陕西渭南市临渭区文化局文化市场管理办公室，编制和在册领工资的人数差距大。"编制是 8 人，在册领工资的有近 70 人，而上班的是 54 人，一部分人请了长假"④。编制是公共经济管理用来限制成本的重要方式。超编制用人就是破坏公共经济管理，增加人民群众负担，而上班人数低于领工资人数的这种吃空饷的行为更是需要追究刑事责任的腐败行为。

另外，要节约，办事简便是必须的。随着社会事务的增多，政府部门也越分越细，百姓办事非常不方便。应当大力加强公共服务中心和社区派出机构等政府部门窗口建设，这些政府部门窗口实行一站式服务，即便办成一件事情需要盖上几十上百个公章，也由这些窗口在后台进行操作。普通百姓只需到地理位置较近的政府部门窗口申请和递交材料就行，完全不必在乎政府内部流程如何运转和如何改革，部门之间互相推诿也与普通百姓无关，普通百姓只需在政府部门窗口等待结果，而不必跑来跑去。

5. 公共纪律原则

列宁曾经提到，"建立公共纪律的新形式，这是几十年的事情。就连资本主义也花了好几十年的时间，才把旧的组织改造成新的组织"⑤。事实上，管理的过程，也是确立纪律的过程，公共经济管理自然要确立公共纪律。新中国成立之初在统一国家财政经济工作时，"陈云要求财经部门一定要树立整体观念，克服局部观念和本位主义，提高统一财经

---

①　《中华人民共和国史稿》（第 2 卷），人民出版社、当代中国出版社 2012 年版，第 219 页。

②　高培勇等编著：《公共经济学》，中国社会科学出版社 2007 年版，第 298 页。

③　习近平著：《之江新语》，浙江人民出版社 2007 年版，第 174 页。

④　《陕西渭南一单位 8 人编制　54 人上班 70 人领工资》，http：// china. cnr. cn/newszh/yaowen/ 201010/t20101016_507181478. html。

⑤　《列宁全集》第 38 卷，人民出版社 1986 年版，第 334 页。

的自觉性。严明的纪律保证了统一财经工作的顺利进行"①。

除此之外，有时老百姓在工作时间到政府部门办事，会遇到办事人员临时外出或不在场而办不了事，只能再跑一趟的情况。这也是缺乏公共纪律的表现。应当规定，如果办事人员有事不在岗，必须向在岗的其他人员临时移交职权。否则在正常上班时间，因而使老百姓办不成事，没有履行职责，就要算渎职，并进行问责。

6. 群众路线原则

《中华人民共和国宪法》规定，人民依照法律规定，通过各种途径和形式，管理国家事务，管理经济和文化事业，管理社会事务。一切国家机关和国家工作人员必须依靠人民的支持，经常保持同人民的密切联系，倾听人民的意见和建议，接受人民的监督，努力为人民服务。因此，群众路线原则也是依宪治国的根本要求。列宁指出，"吸引广大群众参加管理的任务正在提到首位，这个任务比进行大规模建设的任务更急迫"。② 他还指出，"为了真正实现对工业的监督，这种监督必须是工人监督，让大多数工人参加各自的负责机关，让管理人员向各自最有权威的工人组织报告工作"③。习近平也指出，"中华人民共和国宪法规定，国家的一切权力属于人民，一切国家机关和国家工作人员必须依靠人民的支持，经常保持同人民的密切联系，倾听人民的意见和建议，接受人民的监督，努力为人民服务。无论是中国共产党执政，还是国家机关施政，都必须坚持贯彻群众路线，紧紧依靠人民"④。这表明，群众路线原则本身还意味着公开性和公共监督。事实上，既然"工人阶级的解放只能是工人阶级本身的事业"，那么在公共经济管理中就必须坚持群众路线。其中，最重要的是公共经济管理必须做到最高程度的公开透明，这是因为在人民群众不知情的情况下，是不可能做到群众路线的。公开的渠道可以利用已经建成的政府网站，其成本是很低的。

第二节　公共规制

一、公共规制的概念

按照西方公共经济学的观点，公共规制是公共部门为了实现某一经济性或社会性的目标，利用法律、政策、规章、制度等对市场经济主体进行规范或制约。这里的公共部门可以是行政、立法或司法部门，一般多为被授权的行政部门。⑤ 这种公共规制其实是政府规制。

西方公共经济学还认为，政府的规制目的本是为了提高社会福利，但规则的设定者或

---

① 《中华人民共和国史稿》（第1卷），人民出版社、当代中国出版社2012年版，第76页。
② 《列宁全集》第38卷，人民出版社1986年版，第111页。
③ 《列宁全集》第30卷，人民出版社1985年版，第210页。
④ 《习近平：在庆祝中国人民政治协商会议成立65周年大会上的讲话》，http://news.xinhuanet.com/politics/2014-09/21/c_1112564804.htm。
⑤ 黄恒学主编：《公共经济学》（第二版），北京大学出版社2009年版，第459页。

执行者容易被利益集团"俘获"，使得规制的结果反而对利益集团有利，而损害整体社会的利益。① 其实，西方政府的任何行为都是为少数资产阶级服务的，那里的规则制定者不是被利益集团俘获，而是投靠利益集团或者原本就是利益集团的代理人。

在《资本论》中，马克思提到，"英国的资本家中间流行着一种说法，认为比利时是工人的乐园，因为据说'劳动的自由'，其实也就是'资本的自由'，在那里既不受工联专制的侵犯，也不受工厂法的侵犯"②。由此可知，所谓公共规制，其实是法律和行政部门以及社会团体和人民群众对私人资本的"自由"的规制，以及人民群众和民意机构对一些公共部门的"自由"的规制。其中，法律和行政部门主要通过法律、政策、规章等进行规制，社会团体主要通过集体谈判、合法的罢工和游行等来限制私人资本的"自由"。而议会和人民代表机关也依法对国有企业的出售、资产重组、公用事业的定价以及公立高等院校的自主招生等进行规制。而人民群众则要在工人阶级政党的领导下实行人民民主专政，不仅要对私人资本的自由进行规制，还要对公共部门中的人员进行规制，限制他们为私人资本的"自由"服务和谋取个人私利。

另外，在资本主义国家里，之所以要对"资本的自由"进行侵犯或规制，主要是为了维护资产阶级的整体利益，阻止个别资本家为了个人利益损害这个整体利益，同时也是为了维护大资本家的利益，方便大资本家在竞争中战胜小资本家。这是因为所有这些规制，都对资本量的大小提出了较高的要求。资本量越小，相应的"自由"也越少。"资产者骗人，用一些保障资本家获得 3 倍甚至 10 倍利润的国家计划措施来冒充'监督'。小资产者一半由于幼稚，一半由于自私，信任资本家和资本家的国家，满足于官吏们极为空洞的监督计划"。③ 正是因为小资本家会因为这些规制处于不利的处境，在那里，代表小资产阶级利益的一些有见识的学者反对规制的呼声也很多。

二、外部效应的治理

西方公共经济学认为，所谓外部效应，指的是一个经济单位的活动所产生的对其他经济单位的有利或有害的影响。④ 其中有利的影响称为正外部效应，有害的影响称为负外部效应。外部效应最重要的特征是这种影响不可以通过市场进行交易。例如，在阿凡提的故事中，阿凡提就着餐馆饭菜飘出的香味在餐馆外吃自己的干粮，餐馆老板找他要钱，只得到阿凡提摇摇钱袋让他听听钱响的回应。

西方公共经济学认为，外部效应的出现是因为私人资本在经营过程中承担的私人成本与社会实际承担的社会成本不一致，以及私人收益与社会收益不一致。因此，西方公共经济学给出的治理办法就是人为调整这些成本和收益，使得私人成本与社会成本相同，私人收益与社会收益相同。例如，对于具有正外部效应的产生，要求政府财政进行补贴，以鼓励更多的产出。至于这些财政补贴资金的来源可能会减少其他方面的产出，这就不在西方

---

① 黄恒学主编：《公共经济学》（第二版），北京大学出版社 2009 年版，第 460 页。

② 《资本论》第 1 卷，人民出版社 2004 年版，第 772 页。

③ 《列宁全集》第 30 卷，人民出版社 1985 年版，第 232 页。

④ 黄恒学主编：《公共经济学》（第二版），北京大学出版社 2009 年版，第 126 页。

公共经济学的考虑范围之内了。其实，正外部效应只是商品生产过程中产生的无法由商品生产者独占的额外的使用价值。这种使用价值不是生产的目的，只能算是副产品。如果要因此补贴商品生产，那就是把这种难以进行市场交易的副产品当作主产品来进行生产。那它就不再是具有正外部效应的私人产品而是转变成公共产品了，要由公共支出来承担生产费用了，而原来的主产品即私人产品则成为公共产品生产过程的副产品了。从而适合由公有制经济部门接管需要补贴的具有正外部效应的商品的生产。

事实上，如果具有负外部效应的生产方式是这个社会所必需的，例如具有一定污染性的垃圾处理厂，那么其所造成的社会成本就应当以平均化的方式由全社会共同分担。也就是说，提高垃圾处理收费标准，将多收的部分用来补偿在垃圾处理厂周边直接承担垃圾处理场有害影响的人。但是，如果这种生产方式不是这个社会所必需的或超过了社会必需的部分，那么就要通过治理来减少负外部效应。例如，到处堆放垃圾不进行处理，也会产生负外部效应，而这个负外部效应显然比垃圾处理厂的负外部效应大得多，从而需要对到处堆放垃圾进行治理。

西方公共经济学还认为，政府对外部效应的纠正措施可分为五大类：行政的、经济的、法律的、协商的和教育的。行政措施有管制与指导，经济措施有税收与津贴，法律措施有制定规则，协商措施有确定产权，教育措施有道德教育。① 但是，在行政管制方面，西方公共经济学又认为，强制执行和制定政策的成本可能相当高，直接管制还会碰到行政效率和官僚主义方面的困难，地方行政机关容易产生不公正和长期拖延等问题，造成"管制幻觉"。这其实就是反对采用行政措施。在津贴方面，西方公共经济学鼓吹向污染者行贿，用全体纳税人的钱向污染企业提供控污补助。而这种做法可能会出现更多的产生污染的企业。在法律措施方面，西方公共经济学认为，它有交易成本较大、具有未来不确定因素、存在搭便车现象等局限性。而确定产权只是基于诺贝尔经济学奖得主科斯的一个观点，认为市场会自动使私人成本与社会成本相同。但他的观点只不过是让弱势群体去更多地承担负外部效应造成的成本而已，从而只会导致更多的负外部效应，根本谈不上对负外部效应的纠正。最后道德教育在劣币驱逐良币的市场经济面前是不会有效的。西方公共经济学的这些顾虑表明，私人企业从事具有负外部效应的生产是很难治理的，因此，要治理负外部效应，就应当规定只有国有企业才能从事相关生产，同时相关生产还要在国家计划和公共监督的情况下进行。

需要指出的是，治理负外部效应提高了生产成本，从而也就提高了相关商品的价值。当人们抱怨农业生产过多使用化肥、农药时，要注意到这样做大大提高了农产品产量，使非有机农产品的价格大大低于有机农产品。而这些由底层劳动者消费廉价的农产品，直接降低了劳动力价值，增加了资本家的剩余价值量。从而维护资本家利益的国家是没有兴趣治理这样的负外部效应的，而只会将农产品进行有机的和非有机的分类，让资本家和工人分别消费不同的商品。

---

① 黄恒学主编：《公共经济学》（第二版），北京大学出版社 2009 年版，第 128-131 页。

三、知识租权的规制

知识租权即知识产权，是指法律所许可的权利人对某种非物质形态的智力产物所享有的专有权利，具有极大的外部效应。这种权利不仅使得要利用该智力劳动成果进行生产的企业和个人要向该知识租权的所有者支付租金（使用费），而且还剥夺了其他企业和个人自主开放同类智力劳动成果的权利，就像帝国主义者独占了殖民地一样。

"当大量的知识产权被掌握在极少数公司手中，与知识产权休戚相关的垄断必定提高价格水平。这样的体制将使数以百万计的人陷于贫穷，并且阻碍这些人对一般劳动的扩大发挥潜能。此外，追求知识产权对高等教育也产生很大的不良影响"。① 而且许多发明的知识产权的最大受益者并不是发明人，而是收购发明权的人。甚至有人在收购发明权后反而妨碍发明的应用。"例如，美国有个姓欧文斯的发明了一种能引起制瓶业革命的制瓶机。德国制瓶工厂主的卡特尔收买了欧文斯的发明专利权，可是却把这个发明束之高阁，阻碍它的应用"。②

随着新帝国主义攫取知识租权，知识产权就成国际事务中的重要因素。知识产权之争就从利益得失，上升为所谓正义与邪恶之间的较量③。新帝国主义凭借其政治、经济和军事实力，尤其是其所控制的市场容量来强行推广其知识租权。知识产权最终与贸易挂钩，被纳入了乌拉圭回合谈判，最终形成了《与贸易有关的知识产权协议》，成为了连西方经济学家斯蒂格利茨都加以指责的套在世界各国人民尤其是发展中国家人民头上的枷锁，扩大了发达国家与发展中国家的南北差距。而且新帝国主义在攫取知识租权的同时，还竭力破坏他国的自主创新能力，妨碍别国也拥有知识产权。例如，在中国汽车工业与国际金融寡头控制的外国汽车公司合资的过程中，中方的研发团队就曾经被迫解散。

目前，知识产权已经与健康权、受教育权、自决权、发展权这些西方社会也承认的人权之间产生了激烈的冲突。④ 正如马克思所指出的，"从人类精神的一般劳动的一切新发展中，以及这种新发展通过结合劳动所取得的社会应用中，获得最大利润的，大多数都是最无用和最可鄙的货币资本家"。⑤

因此，必须对知识租权加以严格的规制，除识别性质的知识租权如商标权、原产地权等之外，要大大缩减知识租权的有效期，不得超过十年。

---

① 迈克尔·皮瑞曼著，靳立新摘译：《知识产权与马克思的价值理论》，《国外理论动态》，2004年第8期。
② 《列宁专题文集（论资本主义）》，人民出版社2009年版，第185-186页。
③ 张网成：《知识产权或成西方备战中西文明冲突的工具？》，《中国软科学》，2010年第3期。
④ 丛雪莲：《知识产权与人权之法哲学思考》，《哲学动态》，2008年12期。
⑤ 《马克思恩格斯文集》第7卷，人民出版社2009年版，第119页。

第三节　财政预算与决算

一、财政预算与决算的概念

财政预算是政府部门在一个预算年度内关于财政收入和支出的计划。财政预算的执行结果构成决算。财政预算和决算都需要经过立法机关的批准。

西方公共经济学有时把财政预算称为公共预算。但是，这份预算实际上是由财政部门经手。同时，一些公有制经济单位的投融资计划和经营计划并不包含在这些的预算之内。因此，还是明确其范围，称其为财政预算更为合适。

财政预算的意义在于对一个预算年度的政府活动所需要的开支以及政府征集收入的活动提前做出安排，做到有的放矢。"国家的预算是一个重大的问题，里面反映着整个国家的政策，因为它规定政府活动的范围和方向。举例说，概算草案中关于养活所有旧军队和旧公教人员的问题，这就是政策问题。人民政府在这个问题上应该采取负责的态度，只有这样才是对人民有利的"。① 但有时，计划赶不上变化，因此，在财政预算的执行过程中，预算也会根据具体发生的情况进行一些调整，但调整不能过于频繁。毕竟财政预算和决算都要经过同级立法机关批准，是严肃的法律文件。刘少奇谈到财政预算时曾指出："收入要可靠，争取的数字不能打上。支出要打足，各种支出都要打上。实际支出如超出了预算，作预算的人要负责。有赤字要提出警告大家，采取措施弥补"。② 未列入预算的项目如果需要公共支出，或者已列入预算的项目需要增加支出，可以修订预算，但修订的预算也必须由同级立法机关批准才能执行。

二、财政预算的编制

预算可以分为增量预算和零基预算。增量预算指的是根据上一财政年度预算的指标数据，按新的预算年度有关情况的变化加以增减之后确定的预算。零基预算指的是抛开以前的预算，完全重新制定预算。这样一来，不仅预算制定的工作量大增，而且由于有可能涉及政府机构的裁减和增加，导致较大的变动，产生很大的影响。因此，一般财政预算都采用的是增量预算。

但是，零基预算也有它的好处。它可以纠正增量预算在支出上的偏颇，中止不必要的开支，方便政府职能转变和政府机构调整；对于公共审计查找出来的问题，通过零基预算更容易加以整改并得到解决。因此，可以考虑每十年做一次零基预算，十年内其他各年的预算则在此基础上进行增量预算。

财政预算的编制，首先要确定预算年度或财政年度。这个预算年度可以从某一年的 1 月 1 日起至该年的 12 月 31 日止，也可以从某一年的 4 月 1 日起至次年的 3 月 31 日止或选择其他起止日。由于我国全国人民代表大会的开会日期在每年的 3 月份，因此，如果按

---

① 《毛泽东文集》第 6 卷，人民出版社 1999 年版，第 24 页。
② 《中华人民共和国史稿》（第 2 卷），人民出版社、当代中国出版社 2012 年版，第 152 页。

照前一预算年度，那么每年第一季度的财政收支都属于先斩后奏，没有法律依据，同时新的预算批准后，又只有三个季度的执行时间，突击花钱现象难以避免。因此，采取后一预算年度即从当年的 4 月 1 日起至次年的 3 月 31 日止才是既合法又合理的。只有这样，也才能完美地做到以下程序："在每一预算年度开始前，由法定的预算编制机关编制预算草案，然后交立法机关进行审议，得到批准后，以法律的形式成为正式预算"。①

财政预算在编制时既要细又宜粗。2005 年 11 月浙江省政府替 30 位亿万富翁支付 42 万元培训费引起舆论大哗的一个原因，就在于这笔支出没有在预算中详细列出，没有经过浙江省人民代表大会的审议，从而不代表民意。因此，未经人大或其常委会的明确批准的细化到部门和项目的支出计划，不得支出任何财政资金。对于国家发改委这样具有预算二次分配权的部门，其二次分配方案也必须要求细化到部门和项目上，并要报全国人大或其常委会批准。任何没有细化的支出不得从财政预算资金中支出，否则，要按渎职罪追究预算支出者的责任。如果由于历史原因，不能将政府的所有财政支出都纳入预算内，那么，全国人大也应当要求国务院出台预算外资金的管理条例，规定各级政府预算外资金的支出，必须报同级人大常委会的批准，而且也必须细化到部门和项目上。

另外，预算编制时要考虑到市场条件等方面的变化，可以实现总量控制，不宜过细，以避免预算的频频修订。

三、公共审计

毛泽东曾经指出，"算账才能团结；算账才能帮助干部从贪污浪费的海洋中拔出身来，一身清净；算账才能教会干部学会经营管理方法；算账才能教会五亿农民自己管理自己的公社，监督公社的各级干部只许办好事，不许办坏事，实现群众的监督，实现真正的民主集中制"。② 这里的算账，其实讲的就是公共审计。

在预算年度开始后，由政府行政机关按照职责分头执行经过立法机关批准的正式预算，而监督则由审计部门执行。预算年度结束后，由执行预算的机关就全年执行预算情况及其结果编制该年度的实际收支报告，即决算，经审计机关审核后，由立法机关予以批准。

审计部门对预算执行情况的审计，并就审计结果向立法机关提交审计报告，是对政府执行预算情况和履行职能情况的一种公共监督。对此，公共审计部门必须有权直接向立法机关就违反预算纪律的政府部门官员提出弹劾议案，供立法机关审议。因此，公共审计部门应当直接向立法机关负责，而不能只是作为政府部门的下属单位。事实上，2003 年国家审计署的审计工作报告中一批违规大案在媒体曝光之后，引起了全社会对审计报告的严重关切，人们甚至期待能够刮起一场"审计风暴"，彻底解决我国财政管理方面的所有问题。此后几年虽然审计工作报告仍然曝光了一批违规案件，并且对于审计工作报告所发现的问题，国务院领导也多次强调有关部门单位和地方政府要认真整改，给全国人大和人民群众一个认真负责、实事求是的答复，但是几年下来，许多问题屡审屡犯，屡犯屡审，比

---

① 黄恒学主编：《公共经济学》（第二版），北京大学出版社 2009 年版，第 312 页。

② 《毛泽东文集》第 8 卷，人民出版社 1999 年版，第 35 页。

如，部门预算编制不细、有些部门挤占挪用、滞留、虚报冒领、为部门利益截流财政资金设置"小金库"等，似乎审计只是吹吹风，吹过也就没事了。这样的问题就与审计署没有像最高法院那样直接向全国人大负责有关，也与审计署没有问责权或问责提议权有关。

另外，出于事前防范的要求，公共审计不仅要审决算报告，也要对预算草案进行审计。而且由于预算编制的科学性直接影响了预算执行的质量，因此，公共审计要对预算编制的科学性进行审查，并提交预算编制的改进意见。审计部门对于预算草案提出修改的审计意见，应当与预算草案或修改后的预算草案同时报同级人大审查和批准。

由于人力、物力、财力等方面的限制，公共审计中的一些工作采用的是抽查方式，如2004年审计署抽查18所中央部属高校2003年度财务收支情况，发现违规和不规范收费占当年全部收费的14.5%。那么，对于没有被抽查到的其他中央部属高校有没有违规和不规范收费的问题呢？从统计学原理来看，其他中央部属高校不可能没有违规和不规范收费的问题，而且违规和不规范收费占当年全部收费的比例不会偏离14.5%太远。因此，如果审计工作就此打住，将会使审计效果大打折扣，并使一些违规高校抱有侥幸心理。

对此，应当实行零报告制度，即由审计部门通报查到的问题，然后要求审计部门没有抽查的有关单位进行自审，并向审计部门报告自审结果，如果自审没有发现问题，要报告无此类问题。对于没有问题的报告，审计部门必须再行抽查，如果发现同类问题，除了正常的查处外，还要对内审负责人进行行政问责，并将问责情况向同级人大或其常委会报告。

第四节 公 共 分 配

一、公共分配的概念

公共分配是指公共经济管理主体以公有的方式占有或征集一部分年价值产品，再分配给个人的行为。在中国革命时期有一段时间实行供给制的情况下，那时的分配就是公共分配。未来共产主义社会的按需分配也是公共分配。在私有制时代，公共分配又称为再分配，主要采取转移支付的形式，它是指从一部分个人或群体那里征集部分私有制经济下分配的收入即初次分配的收入转移给另一部分个人或群体，或者从所有的人那里征集部分初次分配的收入再分配给所有的人，但不同的人的净所得是不同的，有正有负。

转移支付有时采取政府的转移性支出形式，有时采取调整政府财政收入和公共支出的形式。例如，深圳市政府向腾讯公司老总亿万富翁马化腾发放住房补贴，采取的就是转移性支出形式。再例如，皮凯蒂指出，在当前资本自由流动的世界中，国家间的税收竞争开始增强，这让许多国家免除了累进所得税中对资本收入的征税。欧洲的情况尤其如此，那些相对较小的国家早已被证实无力达成协调的税收政策。其结果就是无休止的竞次，导致降低公司税的税率，免除对利息、红利和其他金融收入的征税等，而其后果都要由劳动收入来承担。[1] 这里所提到的就是调整政府财政收入的形式，进行劫贫济富和扩大两极分化

---

① ［法］托马斯·皮凯蒂著，巴曙松等译：《21世纪资本论》，中信出版社2014年版，第510页。

的转移支付。再例如，地方政府用从所有民众那里收到的财政收入兴建地铁，随着地铁线的建设，沿线房地产商的房价大涨。这就是以财政支出的方式向房地产商进行转移支付。

相反地，习近平指出，"积极调整国民收入分配格局，加大公共财政向农村倾斜，加快城市基础设施向农村延伸，加速公共服务向农村覆盖，形成了城乡互动互促的机制，有力促进了城乡一体化发展"①。这里所体现的就是一种社会主义性质的再分配。

再分配意味着阶级利益的调整。马克思曾经谈到法国皇帝"波拿巴想要扮演一切阶级的家长似的恩人。但是，他要是不从一个阶级那里取得一些什么，就不能给另一个阶级一些什么"②。"这个人所负的这种充满矛盾的使命，就可以说明他的政府的各种互相矛盾的行动。这个政府盲目摸索前进，时而拉拢这个阶级，时而又拉拢另一个阶级，时而侮辱这个阶级，时而又侮辱另一个阶级，结果使一切阶级一致起来和它作对"③。这表明，一个国家的政府在再分配时不得不选择自己的阶级立场。资本主义国家的政府其立场自然不会站在人民大众这边，但这不排除其在意识形态方面对人民大众进行欺骗。另外，资本主义私有制本身也保证了再分配只会有利于资产阶级。这是因为，资本主义私有制使初次分配的权力掌握在资本家手里，他们可以通过反向调节初次分配而把再分配的作用抵消掉。

二、公平与效率

党的十八大报告提出，"提高劳动报酬在初次分配中的比重。初次分配和再分配都要兼顾效率和公平，再分配更加注重公平"。

自20世纪90年代提出"效率优先、兼顾公平"的口号后，公平与效率之争就成了十多年间学术界争论的焦点问题之一。强调效率优先者的主要观点是认为公平妨碍效率，从而为了效率就只能放弃而不是兼顾公平。但是，他们把干好干坏一个样的平均主义错当作公平来批判，把"发展是硬道理"错误地解释为GDP的硬发展，不仅激化了人与环境的矛盾，而且激化了人与人之间的矛盾，社会中的不和谐因素大大增加。而某些强调公平的人虽然反对收入差距的扩大，同情弱势群体悲惨的生存状况，但他们更多的只是把公平放在机会均等上。但在把握机会的能力尤其是经济实力不均等的情况下，机会均等并不意味着公平。至于还有人拿投入产出谈效率，拿社会伦理讲公平就离题太远了。

实际上，马克思在分析欧洲资本主义所谓原始积累时早就指出，在资本主义国家中，"国民财富和人民贫困本来就是一回事"④，并在考察欧洲人殖民美洲的历史实践和殖民理论时进一步指出，资产阶级政治经济学家韦克菲尔德先生已经证明，"不剥夺劳动者，不相应地把他们的生产资料转化为资本，劳动的社会生产力的发展，协作、分工以及机器的大规模使用等等，都是不可能的。为了所谓国民财富的利益，他要寻找那些制造人民贫

---

① 习近平著：《之江新语》，浙江人民出版社2007年版，第168页。
② 《马克思恩格斯文集》第2卷，人民出版社2009年版，第576页。
③ 《马克思恩格斯文集》第2卷，人民出版社2009年版，第575页。
④ 《资本论》第1卷，人民出版社2004年版，第884页。

穷的人为的手段"①。

美国经济杀手帕金斯也提到与 GDP 同样作为效率标志的 GNP 的欺骗性②。他指出，GNP 的增长可能导致其仅仅对一个人有利，而人口中的大多数负债累累。即便是富者愈富，穷者愈穷，统计记录仍然会表现为经济增长。

显然，如果把以 GDP 或 GNP 为标志的国民财富看作效率，把人民贫困看作不公平。那么，在资本主义制度下，效率与不公平"本来就是一回事"，这才是公平与效率的唯物辩证关系。

公平与效率在资本主义制度下非此即彼的冲突关系的根源就在于，此时的效率仅仅只是少数人的效率，那里的经济增长只不过是资产阶级剩余价值的增长，这是以资为本的社会制度的本质反映。相反，社会主义国家追求的是共同富裕，公有制的存在和发展保证了经济发展成果不能不由人民共享，从而在那里，公平与效率是一致的，公平本身就是最广大人民群众的效率的体现。

【经典案例】

新中国成立初期调整工商业是社会主义公共经济管理的经典案例。其背景、过程和成效如下③：

一、公私企业关系出现的新问题

在平抑物价和统一财经的过程中，国家采取措施，紧缩银根，对部分工商业经营活动产生了一定的消极影响。

物价趋向稳定以后，1950 年 3、4 月间，市场供求关系出现了新的变化。投机者不仅停止了囤积居奇，而且还向市场抛售囤积的物资；许多消费者也因在通货膨胀时期购存了不少消费品，暂不购买商品。通货膨胀时期虚假购买力的消失，加之城乡购买力低、季节影响、公债发行等原因，发生了商品滞销并跌价，银行的货币存款大增而难以放出，致使部分工厂关门、商店歇业，失业人数增加。

当时，资本主义工商业在国民经济中占有重要地位，在全国工业产值中占48.7%，在商业批发额中占76%，在零售总额中占83.5%，特别在卷烟、面粉、食品、纸张、烧碱、煤炭、棉纱、棉布、食盐等关系人民生活的行业中占有举足轻重的地位。停产歇业，主要发生在资本主义工商业中，对经济生活产生很大影响。

据当时全国总工会的不完全统计，3 月至 4 月间全国新增加的失业职工约 10 万人，加上原有的失业人数，全国各大城市的失业人员约 38 万至 40 万。另据 1950 年 5 月七大城市工商局长会议统计，1950 年 1 月至 4 月，在 14 个城市中有 2945 家工厂关

---

① 《资本论》第 1 卷，人民出版社 2004 年版，第 877 页。

② John Perkins. Confessions of an Economic Hit Man ［M］. San Francisco：Berrett-Koehler Publishers，Inc，2004：15.

③ 《中华人民共和国史稿》（第 1 卷），人民出版社、当代中国出版社 2012 年版，第 78-84 页。

门，在 16 个城市中有 9347 家商店歇业。大城市的困难重于中小城市，上海重于其他城市，工业重于商业，工厂越大困难越重。从行业来说，以粮食、布匹等批发业及高级消费品行业最重。全国私营工业 5 月份主要产品产量同 1 月份相比，棉纱减少 38%，绸缎减少 47%，毛纱减少 20%；卷烟减少 59%，烧碱减少 41%，普通纸减少 31%。面对这种形势，资产阶级惶恐不安，认为人民政府改变了保护私营工商业的政策，失望和不满情绪也在一部分工人和城市居民中蔓延。一些敌对分子乘机造谣，挑拨群众与政府的关系。经济问题已经影响到社会的安定。

解决上述问题，必须使稳定市场金融与调整私营工商业相辅而行。当时，中央采取措施审慎地调整了工商业。

二、调整的措施与成效

从 1950 年 3 月 27 日至 4 月 6 日，中共中央召开有各大区负责人参加的政治局扩大会议，主要讨论财经问题、土地改革和军事等问题。毛泽东在会议上说："中央人民政府成立以后，主要是抓了一个财政问题。目前财政经济的好转还只是财政的好转，并不是经济的好转；财政的好转也只能说是开始好转，根本好转需要完成土地制度的改革。目前财政上已经打了一个胜仗，现在的问题要转到搞经济上，要调整工商业"。他针对党内一部分干部中存在的要挤垮私营工商业的错误倾向指出："和资产阶级合作是肯定了的，不然《共同纲领》就成了一纸空文，政治上不利，经济上也吃亏。'不看僧面看佛面'，维持了私营工商业，第一维持了生产；第二维持了工人；第三工人还可以得些福利。当然中间也给资本家一定的利润。但比较而言，目前发展私营工商业，与其说对资本家有利，不如说对工人有利，对人民有利。"他还进一步提出："我们是一个大党，策略上要特别注意。尤其是我们现在胜利了，要巩固胜利，更要注意，要反对'左'的思想和'左'的做法。"

为了全面认识新形势下出现的新问题并提出解决的办法，1950 年 4 月 13 日，中央人民政府委员会召开第七次会议，讨论资本主义工商业的困难问题。毛泽东在会上指出：在今后几个月内，政府财经工作的重点，应当放在调整公营企业和私营企业以及公私企业各部门的相互关系方面。会后，在中财委的组织领导下，召开了一系列有私营工商业者参加的工商、税务、贸易、油脂、火柴、橡胶、机械、纺织、造纸、印染等专业会议，以摸清行业和市场情况。

1950 年 6 月 6 日至 9 日，中共七届三中全会在中南海怀仁堂召开。毛泽东作了题为《为争取财政经济状况的基本好转而斗争》的书面报告，并作了《不要四面出击》的发言。陈云作题为《目前的财政金融状况》的发言，阐明了调整工商业的必要性、调整的内容和有关政策措施。会议决定合理调整工商业，调整税收，使工厂开工以解决失业问题，同时改善同资产阶级的关系。

1950 年 6 月至 9 月，中财委的工作重心从财政方面转到经济方面，首先抓现有工商业的调整，主要措施是调整公私关系、劳资关系和产销关系。具体做法为：

第一，扩大政府对私营工业的加工订货和收购包销，调整工业的公私关系。这是国家扶持私营工业，协助其解决原料、销路、资金周转等困难，发展生产，加强国营经济对私营经济的联系和领导的重要手段。根据国家的需要和可能，一年组织两次加工订货。如上海私营棉纺织业在 1950 年 6 月至 9 月承接国营企业委托加工的棉纱，比 1949 年 6 月到 1950 年 5 月增加 1 倍。在 1950 年召开的全国机械工业会议上，天津私营机械工业承接的订货，占同行业生产能力的 80%。

第二，调整价格和经营范围及调整商业的公私关系。调整价格主要是按照稳定物价及产、运、销三者有利的原则，规定适当的批零差价和地区差价，使私营商业有利可图。从 1950 年 6 月 1 日起，各地国营贸易公司按贸易部的通令，调整零售价格。如上海市先后调整了米、油、盐、糖、布等主要商品的零售与批发价格。天津市将布的批零差价由 1.56% 提高到 6.99%，煤的批零差价分别调整为 6%、7%。同时调整了一部分不合理的地区差价。上海和松江间每件 20 支纱的差价，由倒差 18 元调整为正差 18 元。调整经营范围的要求规定，国营商业主要经营批发业务。国营零售店一般只经营粮食、煤炭、纱布、食油、食盐、石油等生活必需品，其余非主要商品一般不兼营零售。国营商业所设零售网点数量，以能够稳定零售市场价格为限度，让出的品种和网点由私营零售商业经营。国家在保证市场稳定的条件下，收缩了一些国营商业机构。6 月，北京市零售公司撤销了 3 个营业处，10 个零售商店；上海土产公司从 8 月起撤销全部特约经销处 49 家。在出口方面，国家只经营几种主要物资而且是一部分。在进口方面，国家主要经营工业器材和军用器材，对民用器材的经营以能调剂供求、稳定物价为限度。其余商品的进出口均由私商经营。在国家经营的部分中，还可以采用合同方式委托私商代购代销。

第三，改进对私营工商业的管理办法。除若干必须通过集中交易才能控制的商品外，允许场外成交。改进交易所的管理办法，简化手续，便利购销。除国家统购、统一分配和掌握的出口物资外，放宽或取消了采购证照制度。在物价稳定以后，工商行政管理部门停止若干商品的议价核价，部分商品在节日或工商行政管理部门认为有必要时，由同业公会实行议价。国家还降低了食盐、棉纱、棉织品和毛织品的税率，并将工商业税由 16 种减为 11 种，货物税原定 1136 个征税品目简并为 358 个；同时提高了工商业所得税的起征点和最高累进点，累进级数由 14 级增加到 20 级，放缓了累进。对一些确有困难的欠税户，酌情予以减免或缓征。为了减轻工商户的负担，国家还决定停止发行第二期公债。

第四，调整产销关系，减少私营工商业在生产经营上的盲目性。按照 1950 年 6 月至 9 月先后召开的各类全国性专业会议精神，调整公私关系和产销关系，具体拟订各行各业分工合作的原则及产销计划。各地区也分别召开专业会议，协商分配生产任务，对私营工商业开业、歇业、兼业加强管理。通过同业公会组织技术研究会和技术讲习班，推动私营企业改进生产经营。对工商业发展的重大动向由政府及时发出通告。1950 年 7 月，中财委根据各地工商局的报告，发布《关于适当限制某些已经过剩或已达饱和状态的生产》的公告，指出火柴、卷烟等六业严重生产过剩；地毯、针织等五业生产能力超过国内外市场的需要；铅笔、灯泡等十一类产品已达饱和状态，应适当限制产量，不可盲目发展。

第五，调整劳资关系。按照确保工人民主权利、有利发展生产、通过民主协商解决劳资问题等三项原则，做好劳资双方的工作。政府在保护工人合法利益的前提下，对工人进行"公私兼顾、劳资两利"的政策教育，保证私营工商业生产和经营的正常进行。到 1950 年 6 月底，北京、天津、上海、武汉、广州、济南等地已建立 923 个劳资协商会议，其中 270 个是产业或行业协商会议。在协商过程中，一方面责成资方积极改进经营，精减冗员，节省开支，降低成本，禁止他们抽调资金，躺倒不干；另一方面动员工人努力提高劳动生产率，或担负更多的生产任务，甚至忍痛减薪，为维持私营企业的生存作出牺牲。当时有个口号叫"降低工资，劳资团结，渡过难关"。但这时也发生了有的资本家趁机过分压低工人工资，甚至私自辞退工人等现象。

面对调整工商业过程中失业人数增加的新问题，中共中央于 1950 年 4 月 14 日、6 月 17 日、11 月 21 日三次发出指示，就失业工人的救济、安置等作出规定，既保证调整工商业的继续进行，又保障失业者的最低生活，稳定了社会。国家尽可能把失业工人组织起来参加公共工程的建设，如兴修水利、修建市政工程等。在调整工商业的过程中，收购农产品具有重要意义。政府鼓励合作社和私商收购，对私商的运输给予便利，在税收政策和手续上予以适当照顾。在价格政策上，既考虑城市消费者的承受能力，又使粮价维持在一定的水平上；既保护农民正当的生产利益，还要使私商有利可图。4 月 10 日开始，政府向农村投放货币，5 月初市场出现转机，6 月重新活跃起来。1950 年秋，政府决定放手购粮，同时加强农副产品的推销与出口工作，进口一部分农民需要的日用品，以进一步繁荣农村市场，活跃国民经济。

国家还调整了贷款政策，对私营工商业适当扩大贷款额。1950 年下半年，国家分配给中国人民银行各区分行贷款总额超过 2 亿元，为上半年的 2.5 倍，主要用于扶持私营工商业。同时，还调整了国家银行与私营金融业的关系。国家鼓励私营金融业在扶植生产，促进城乡交流、内外交流、资金回流以及吸收侨汇等方面发挥积极作用。

经过价格和经营范围的调整，私营商业经营情况大有好转，开业增加，歇业减少。到 1950 年年底，北京、天津、上海等八大城市私营商业户数，全年开业和歇业相抵后净增 9482 户。1951 年，由于军需加工任务和基本建设投资扩大，特别是土改后农村购买力迅速增加，公私营商业都有较大的发展，全社会商品零售额比 1950 年增加 37.3%，全国私营商业比 1950 年年底增加了 48 万户。

调整工商业不仅使得私营工商业得到健康发展，而且加强了国营经济的领导作用。在调整工商业的过程中，国营经济通过加工订货、统购包销等形式，引导私营经济开始走上国家资本主义的轨道。这就进一步巩固了国营经济的领导地位，为过渡时期对私营资本主义工商业进行社会主义改造创造了良好的条件。

关 键 术 语

公共经济管理　公共经济管理主体　发展经济　保障供给　实事求是原则　责任担当原则　统筹规划原则　节约简便原则　公共纪律原则　群众路线原则　公共规制　"资本

173

的自由"　外部效应　知识租权　财政预算　决算　增量预算　零基预算　预算年度
公共审计　问责权　问责提议权　零报告制　公共分配　再分配　转移支付　初次分配
公平　效率　国民财富　人民贫困　共同富裕

复习思考题

1. 什么是公共经济管理?
2. 公共经济管理有哪些原则?
3. 什么是公共规制?
4. 如何进行外部效应的治理?
5. 为什么要对知识租权进行规制?
6. 制定财政预算时应当注意哪些问题?
7. 为什么不再强调效率优先、兼顾公平?

第十章　地方公共经济

【教学目的和要求】

在现实生活中，政府部门分为中央政府和地方政府，各级政府在提供公共产品方面存在不同的职责，在公共支出和公共收入方面存在着层级划分。通过本章的学习，应着重掌握以下几个方面：

第一，掌握地方公共产品的概念，了解集权制与分权制的争议；

第二，了解公共支出的层级划分；

第三，了解公共收入的层级划分；

第四，了解事权与财力的匹配，掌握中央对地方补助的意义和存在的问题。

第一节　地方公共产品

一、地方公共产品的概念

按照西方公共经济学关于公共产品的定义，从理论上讲，一项公共产品可以供全国所有的人同等消费、共同享用。但这根本就不现实。西方公共经济学不得不承认，大多数公共产品和公共服务的享用都受到受益区域的限制，并且把地方公共产品定义为对那些居住在某一地理区域内，只占全国人口一部分的人具有非竞争效益的公共产品。[①] 但是，某个地方的治安，不仅对本国在该地区的人口提供，也向到该地区旅游和经商的外国人提供。因此，地方公共产品可定义为在一国部分地区发挥作用的公共产品。

恩格斯曾经指出，"国家和旧的氏族组织不同的地方，第一点就是它按地区来划分它的国民。正如我们所看到的，由血缘关系形成和联结起来的旧的氏族公社已经很不够了，这多半是因为它们是以氏族成员被束缚在一定地区为前提的，而这种束缚早已不复存在。地区依然，但人们已经是流动的了。因此，按地区来划分就被作为出发点，并允许公民在他们居住的地方实现他们的公共权利和义务，不管他们属于哪一氏族或哪一部落。这种按照居住地组织国民的办法是一切国家共同的。因此，我们才觉得这种办法很自然；但是我们已经看到，当它在雅典和罗马能够代替按血族来组织的旧办法以前，曾经需要进行多么顽强而长久的斗争"。[②] 这表明，在氏族时期，氏族提供的公共产品虽然局限于氏族所在的地区，但只对氏族内部有效。只有在氏族发展的解体期才会出现按地区划分的地方公共

[①] 黄恒学主编：《公共经济学》（第二版），北京大学出版社 2009 年版，第 392 页。

[②] 《马克思恩格斯文集》第 4 卷，人民出版社 2009 年版，第 189-190 页。

产品。

地方公共产品的区域限制使其表现出溢出效应、拥挤效应和差异性特征。所谓溢出效应是指公共产品实际发挥作用的地区超出名义上发挥作用的地区。例如，上风向地区治理风沙，其效应会扩散到下风向地区。所谓拥挤效应是指随着人口的增加，人均享用的公共产品量会减少。例如，城市人口的增加导致市内公共道路出现堵车问题。这意味着，地方公共产品并不是西方公共经济学所说的具有非竞争效益。所谓差异性特征是指，由于地理环境、民族风俗等方面的差异，不同地区的地方公共产品具有一定的差异性。例如，民族自治区域会提供一些具有民族特色的公共产品。其实，当我们把眼界从一国之内转向整个世界，那么全国性公共产品也体现出区域限制，从而也是具有溢出效应、拥挤效应和差异性特征的。例如，一个国家的国防力量的加强对于其友邻国家是有溢出效应的；一个国家人口的快速增长对该国的公共产品的供给也会产生压力；不同国家由于政治制度等方面的不同，其公共产品的供给也会存在较大的差别。

西方学者认为，如果有许多地方和相应的地方政府，且每一地方分别提供不同的公共产品，那么对于每个人来说，哪个地方提供的公共产品最适合于他的需求偏好，他就会选择前往哪个地方居住。通过这种"以脚选择"，表明了人们对某种公共产品的消费偏好，这就如同人们表明自己对市场上某种私人产品的消费偏好一样。[1] 这种说法只不过表明了西方民主的虚伪性。这是因为，如果真的实行的是民主制度，那么人们将是"以手选择"而不是"以脚选择"，也就是说，人们将会通过民主制度要求各级政府提供人们所偏好的地方公共产品，并撤掉那些不能做到这一点的政府官员。

当然，在现实生活中存在公共产品供给上的客观差异，存在"以脚选择"的现象，比如由于各个公立学校教育水平存在高低差异，而入学与居住地区相挂钩，这就导致人们纷纷迁入能够进入较高水平学校的地区，甚至出现高价学区房的现象。对此，各级政府应当采取措施调配和平衡各个公立学校的教育水平，实现横向公平，或者将教育水平较高的学校的入学与居住地区脱钩，择优录取，实现纵向公平。

还需要指出的是，人们选择去哪个地方居住，与资本流动的关系要远远超过与地方公共产品的关系。例如，中国的农民工在许多城市里都不能像当地居民一样享用同样的地方公共产品，但他们仍然到这些城市里找工作并群居在那里就是一个典型的例子。

二、集权制与分权制

西方公共经济学认为，地方公共产品需要按不同的受益对象，由不同层级的政府提供。以河流为例，大的河流流经数省，因而其受益对象很大；中型的河流往往贯穿一个省，因而其受益涉及一个省；而小的河流只可能涉及一个县。因此不同的河流需要不同层级的政府来治理。[2] 然而，有的县级政府为了提升当地的 GDP，以发展经济的名义，招商引资污染性企业，对当地的小的河流造成污染，而上级政府强调环保，对此类行为加以制止，可见即便是地方公共产品，应当如何提供，上至中央政府也是要过问的。

---

[1]　黄恒学主编：《公共经济学》（第二版），北京大学出版社 2009 年版，第 395 页。

[2]　黄恒学主编：《公共经济学》（第二版），北京大学出版社 2009 年版，第 393 页。

一些西方学者认为，分权制能够根据当地的偏好提供公共产品。在他们看来，与中央政府相比，地方政府更接近于自己的公众，即地方政府比中央政府更加了解所管辖的选民的效用与需求。分权制还可以促进政府间的竞争。严重的政府失职可以致使本社区公民迁移地方，这一威胁可能促使政府管理者更有效率地提供公共服务，更关心居民的需要。分权制还方便进行地方供应公共产品和服务的试验和变革。多样化政府活动的制度，会增加寻求解决问题的新办法的机会。但是，西方公共经济学又认为，只有中央政府出面才能解决地区之间地方的政府之间的平等以及私人收入/财产的再分配问题。中央政府出面征税比地方政府要有效。中央预算的性质可以避免由于地方之间的产业竞争所造成的有害影响。①

事实上，即便地方政府更了解当地居民的偏好，他们也可以向上反映这种偏好，要求中央政府在普遍提供公共产品时照顾到这种偏好。列宁就曾经提到，"应当倾听具有组织经验的地方工作人员的意见。他们的一切意见对我们都是宝贵的。……利用地方工作人员的经验，这是我们根本的绝对必须履行的义务"。② 那种认为在集权制的政府下由中央政府供给将导致公共产品的质量和数量在国内的所有地区趋同③的观点，一方面并不现实，例如，没有出现偏远的农村和大城市都办同样的大学的事情。另一方面，在某些方面如初等教育的趋同，恰恰是欠发达地区民众所需要的，而当地政府有时由于财力限制又做不到，需要中央政府在地方政府间实行转移支付加以支持的。中央的监督和查处也可以避免地方政府的严重失职，而地方改革试验的结果是为了更大范围的推广而不只是局限于当地，从而这种试验也应当由上级政府来主导并在其他地方政府的参与下进行。

列宁早就指出，"马克思主义者是反对联邦制和分权制的，原因很简单，资本主义为了自身的发展要求有尽可能大尽可能集中的国家。在其他条件相同的情况下，觉悟的无产阶级将始终坚持建立更大的国家。它将始终反对中世纪的部落制度，始终欢迎各个大地域在经济上尽可能达到紧密的团结，因为只有在这样的地域上，无产阶级反对资产阶级的斗争才能广泛地开展起来。资本主义生产力广泛而迅速的发展，要求有广阔的、联合和统一成为国家的地域，只有在这样的地域里，资产者阶级，还有和它必然同时存在的死对头无产者阶级，才能各自团结起来，消灭一切古老的、中世纪的、等级的、狭隘地方性的、小民族的、宗教信仰的以及其他的隔阂。……在各种不同的民族组成一个统一的国家的情况下，并且正是由于这种情况，马克思主义者是决不会主张实行任何联邦制原则，也不会主张实行任何分权制的。中央集权制的大国是从中世纪的分散状态向将来全世界社会主义的统一迈出的巨大的历史性的一步，除了通过这样的国家（同资本主义紧密相连的）外，没有也不可能有别的通向社会主义的道路"。④ 新中国国民经济迅速得以恢复的历史也证明，"迅速建立集中统一程度较高的财经管理体制，是在国家生产力水平低下、经济发展

---

① 黄恒学主编：《公共经济学》（第二版），北京大学出版社.2009 年版，第 397-402 页。

② 《列宁全集》第 37 卷，人民出版社 1986 年版，第 352-353 页。

③ ［美］大卫·N. 海曼著，章彤译：《公共财政：现代理论在政策中的应用》，中国财政经济出版社 2001 年版，第 598 页。

④ 《列宁全集》第 24 卷，人民出版社 1990 年版，第 148-149 页。

极不平衡的历史条件下的正确选择。这一措施对于克服财政赤字、稳定市场和发展经济方面是成功的"①。

不过，列宁还指出，"民主集中制不仅不排斥地方自治以及有独特的经济和生活条件、民族成分等等的区域自治，相反，它必须既要求地方自治，也要求区域自治。我们这里人们总是把集中制同专横和官僚主义混为一谈。俄国的历史自然会引起这种混淆，然而这对马克思主义者来说，仍然是绝对不能允许的"②。毛泽东也指出，"我们要统一，也要特殊。为了建设一个强大的社会主义国家，必须有中央的强有力的统一领导，必须有全国的统一计划和统一纪律，破坏这种必要的统一，是不允许的。同时，又必须充分发挥地方的积极性，各地都要有适合当地情况的特殊。……中央要注意发挥省市的积极性，省市也要注意发挥地、县、区、乡的积极性，都不能够框得太死。当然，也要告诉下面的同志哪些事必须统一，不能乱来。总之，可以和应当统一的，必须统一，不可以和不应当统一的，不能强求统一。正当的独立性，正当的权利，省、市、地、县、区、乡都应当有，都应当争。这种从全国整体利益出发的争权，不是从本位利益出发的争权，不能叫做地方主义，不能叫做闹独立性"③。

总之，中央和地方的关系，就是整体和局部的关系。《中华人民共和国宪法》规定，中央和地方的国家机构职权的划分，遵循在中央的统一领导下，充分发挥地方的主动性、积极性的原则。从长远看，中央和地方的利益是统一的整体，都受人民委托、代表人民行使国家权力。因此，在国家事务中，凡属全国性的，凡需要在全国范围内决定的重大问题，都要由中央决定，地方服从中央，下级服从上级。只有这样，才能统一全国人民的意志。在保证中央的集中统一领导下，地方再因地制宜和因事制宜地解决地方性的事务。④

另外，毛泽东指出，"各部不好向省委、省人民委员会下命令，就同省、市的厅局联成一线，天天给厅局下命令。这些命令虽然党中央不知道，国务院不知道，但都说是中央来的，给地方压力很大。表报之多，闹得泛滥成灾。这种情况，必须纠正。我们要提倡同地方商量办事的作风。党中央办事，总是同地方商量，不同地方商量从来不冒下命令。在这方面，希望中央各部好好注意，凡是同地方有关的事情，都要先同地方商量，商量好了再下命令"⑤。由此来看，该由上级部门完成的工作，不能推到下级或随意抽调下级部门的人去做。上级部门向下级部门下达任务，要先集中再下达。例如，不能任由国务院各部委直接向各省级政府或其下属机构布置工作，而要通过国务院办公厅集中后再向各省级政府布置；各省级政府也不能任由各厅局向市县布置工作，也要通过各省级政府办公厅集中后再向下布置。

---

① 《中华人民共和国史稿》（第1卷），人民出版社、当代中国出版社2012年版，第78页。
② 《列宁全集》第24卷，人民出版社1990年版，第149页。
③ 《毛泽东文集》第7卷，人民出版社1999年版，第32-33页。
④ 《中华人民共和国史稿》（第1卷），人民出版社、当代中国出版社2012年版，第228-229页。
⑤ 《毛泽东文集》第7卷，人民出版社1999年版，第31-32页。

第二节　公共支出与收入的层级划分

一、公共支出的层级划分

公共支出的层级划分，其实是政府财政支出的层级划分，又称为事权的层级划分，是划分中央政府和地方政府的体现事权即职能的财政支出的责任与范围，以便各行其责。非政府部门的公共支出，尤其是公有制经济的公共支出一般不存在层级划分的问题。只不过关乎国计民生重大经济领域的产业，如跨省市的铁路、邮电、电网、航运、民航、输油管和专业施工队伍、重要科研设计单位、重点建设项目以及大油田等少数关键企业，通常掌握在中央级的国有企业手中，地方国有企业或集体所有制企业则依托自身的实力或配合中央级国有企业或独立发展。由于地方公有制经济与所在地区的联系必然十分紧密，不会脱离当地，因而地方公有制经济的发展还能够有效克服私人资本自由流动削弱地区分配政策的问题。

西方学者提出了划分中央与地方财政支出的三个原则：一是受益原则。凡政府所提供的服务，其受益对象是全国民众的，则支出应属于中央政府；凡受益对象是地方居民的，则支出应属于地方政府。二是行动原则。凡政府公共服务的实施在行动上必须统一规划的领域或财政活动，其支出应属于中央政府；凡政府公共活动在实施过程中必须因地制宜的，其支出应属于地方政府。三是技术原则。凡政府活动或公共工程，其规模庞大、需要高度技术才能完成的项目，则其支出应归中央政府，否则，应属于地方政府的财政支出。[①] 另外，西方公共经济学还认为由于地区间存在资源的自由流动，地区分配政策的作用难以有效发挥，为调整个人间收入分配，必须由中央行使这一政策，否则会降低再分配政策的能力，不能达到公平的目标。[②] 这意味着还存在一项效率和效果原则，哪级政府提供某项公共产品的效率高、效果好，其财政支出就属于哪级政府。

这些原则有其合理性，但也存在一些问题。首先是不全面。因为这些原则是先把事权固定下来再进行划分，而没有考虑到地方政府的自主性，可以扩大事权，也没有考虑到公有制经济的公共支出。既然"正当的独立性，正当的权利，省、市、地、县、区、乡都应当有，都应当争"，既然"民主集中制不排斥地方自治"，那么就应当加上一条能动性原则，即在有意愿又有能力的情况下，地方政府可以增加提供公共产品，例如，陕西神木县提供免费的公共医疗就是一个例子。

其次，当上述原则发生冲突时，例如，受益对象是地方居民，但在行动上又必须统一规划，如南水北调，其支出应属于哪级政府，上述原则不明确。在这里，可以明确的是，如果上述原则中出现有的原则要求财政支出属于中央政府，有的原则要求财政支出属于地方政府的不一致情况时，财政支出应当由中央政府负责，但具体实施可以由地方政府在中央政府的指导下或配合中央政府进行。由此，中央明确规定的全国普遍实行的九年制义务

---

① 黄恒学主编：《公共经济学》（第二版），北京大学出版社 2009 年版，第 402-403 页。
② 黄恒学主编：《公共经济学》（第二版），北京大学出版社 2009 年版，第 403 页。

教育，其经费应当由中央承担，地方负责实施，以实现义务教育的均等化。

从 1929 年到 1996 年，美国联邦政府支出占国内生产总值的比例，从 2.6% 增长到 22.5%，但是，不包括联邦财政补贴的美国州及地方政府的支出占国内生产总值的比例，只从 1929 年的 7.4%，变动到 1996 年的 9.7%。① 这说明，美国政府部门的支出主要由美国联邦政府掌控。

列宁曾经引用考夫曼的著作（理·考夫曼《地方财权》1906 年莱比锡版第 2 卷第 2 部，由弗兰肯施泰恩创始，由海克尔续编的国家科学手册和教程丛书第 5 册）来指出，资产阶级国家的巨额款项需要用来保证资产阶级的阶级统治，而主要由地方政府用于文化目的的开支只能是小小的零头。"就地方开支和中央国家开支间的分配情况来说，英国地方自治机关所占的比重比普、法两国大一些。在英国，由地方机关支出的有 30 亿马克，由国家中央政权机关支出的有 36 亿马克；在法国分别为 11 亿和 29 亿；在普鲁士分别为 11 亿和 35 亿。单拿情况最好的（从地方公有派的观点来看）英国用于教育事业的文化经费来说吧。我们可以看出，在 15160 万英镑的地方开支（1902—1903 年）中，教育费占 1650 万英镑，即占 1/10 强。按 1908 年的预算（见《哥达年鉴》），中央政权的支出总数是 19860 万英镑，其中教育费占 1690 万英镑，即不到 1/10。陆海军军费为 5920 万英镑。这里还要加上国债支出 2850 万英镑、法院和警察局的费用 380 万英镑，外交费用 190 万英镑，税务机关费用 1980 万英镑。由此可见，资产阶级花在文化事业上的只是零头，用于保证本阶级统治的则是巨额款项"。② 他还指出，那里的地方政府"只要试图稍微超出通常的经营范围，即超出狭小的、无足轻重的、不能使工人生活得到重大改善的经营范围，只要试图稍微触动一下资本，随时都会而且一定会遭到资产阶级国家中央政权的严厉禁止"③。这说明了资本主义国家的政府支出是如何划分的。

二、公共收入的层级划分

公共收入的层级划分，其实是政府财政收入的层级划分，又称为财权的层级划分，是划分中央政府和地方政府获取财政收入的渠道和份额。非政府部门的公共收入，尤其是公有制经济的公共收入一般不存在层级划分的问题。

西方公共经济学认为，从中央政府的角度看，许多政府职能必须集中在中央政府。由于中央政府的这些职能，以及在全国范围内公共产品和服务的提供，同时因为所有居民都从中受益，应在全国课征税基广泛的税种。而从地方政府的角度看，根据受益地区原则，要求每一受益区域中的成员就该地区提供的公共服务进行支付。因此，需要课征区域性的税收，从而为本地区的公共服务提供所需资金。④

从分税制的角度来说，西方公共经济学认为政府间分税应遵循这样一些原则：

---

① 有关数据参见［美］大卫·N. 海曼著，章彤译：《公共财政：现代理论在政策中的应用》，中国财政经济出版社 2001 年版，第 13 页。

② 《列宁全集》第 16 卷，人民出版社 1988 年版，第 307 页脚注。

③ 《列宁全集》第 16 卷，人民出版社 1988 年版，第 325 页。

④ 黄恒学主编：《公共经济学》（第二版），北京大学出版社 2009 年版，第 404 页。

（1）属于中央税收的应主要包括：①税基流动性较大的税种；②具有累进性、体现收入再分配性质的税种；③税基在全国范围内分布不平衡的税种；④与稳定国民经济有关的税种及收入易发生周期性波动的税种；⑤在税收体系中占主导地位、收入比重较大的税种；⑥产地型产品税的税负极易转嫁，征自某一地区生产者的税收可以通过提高销售价格转嫁到其他地区的消费者身上，由此会产生该地区的公共支出成本由其他地区居民分担的不合理现象，因此应归为中央税。（2）以居住地为依据的税收以及对完全不流动的要素所课征的税收和终点型产品税应由地方政府征收。（3）受益型税种（依受益原则征收的税）和使用费在各级政府都可以适当地加以使用。（4）各级地方政府的税收应该是在经济循环中处于稳定的税收。①

但是，不管开征哪些税种，都要到基层进行收税。实行分税制的国家，那里的中央税收部门都要到地方上开设征税机构，与地方税务机构办事程序相同，差别只在于前者由中央税收部门直接管辖而已。因此，税种的划分并无实质上的意义，关键还在于全部税收收入中归中央的份额和归地方的份额各占多少。事实上，完全可以按照统一的规划组织中央和地方的财政收入，并按照各自公共支出的需要分配相关收入，实行收支两条线。这样只需保留中央税务机关及其在地方的分支机构，取消地方税务机构，减少征税成本，提高征税效率。

如果要考虑调动地方在公共收入方面的积极性，那么可以把这个积极性放在地方公有制经济的发展上。地方公有制经济单位在经营中获得的税后收入，当然归该公有制经济单位或对其负有监督管理职责的地方有关部门按照经济发展规律和民主原则依法支配，决不能像当年在农村公社中那样搞平均主义和无偿调拨物资的"一平二调"，也不搞层级划分。

第三节　公共收入与支出的调配

一、事权与财力的匹配

在西方公共经济学看来，作为地方政府，它的基本职能之一就是提供地方公共产品，组织地方公共收入并安排地方公共支出。② 但是，地方政府不是分封制的独立王国，从而地方政府在提供地方公共产品以及组织地方公共收入和安排地方公共支出时，一方面，需要在中央政府的指导下进行，另一方面，也需要中央政府在财力方面加以支持。这是因为，首先，事权与财权在不同层级之间通常是不匹配的。例如，"日本地方政府承担的事务较多，地方财政支出占全国财政总支出的2/3，而地方税收收入却只占全部税收总额的1/3左右，这就决定了地方财政为了满足其支出的需要，必须依靠中央财政的巨额补助"③。其次，同样的财权所代表的财力存在较大的差异。由于各地经济发展程度不平衡，

① 黄恒学主编：《公共经济学》（第二版），北京大学出版社2009年版，第411页。
② 黄恒学主编：《公共经济学》（第二版），北京大学出版社2009年版，第391页。
③ 黄恒学主编：《公共经济学》（第二版），北京大学出版社2009年版，第414-415页。

在同样的税制下，经济发达地区可以获得更多的财力，但在基础教育、地方治安等方面的支出上，不同地区的差异远小于他们在财力上的差异，从而也存在事权与财力方面的不匹配问题。

虽然事权与财权不匹配，但这不影响事权与财力的匹配，否则地方政府也不可能有那么多的财政支出。显然，财力在各级政府部门间的转移要比使事权与财权匹配起来容易得多。在中央政府的调剂下，地方自身的财政收入即便少于地方财政支出的需要，也可以使地方获得足够的财力去实现地方财政支出的目标。这也意味着，财权的划分只不过代表由哪个层级的政府来负责征集相应的财政收入，并不代表这些财政收入归该层级政府独自享有和支配。

然而，由于事权与财力匹配的不到位，分税制刺激了地方政府获得财政收入的努力，产生了一些消极的影响。例如，有些地方明明在经济不景气时期企业可以通过减产来减少亏损，但地方政府却强迫企业（主要是国有企业）维持亏损性经营来向地方政府提供税收，或者贱卖国有企业来杀鸡取卵，进而给一些人提供了国有企业效率低下的"证据"，把国有企业改革引向邪路。

列宁在谈到俄国资本主义的发展时曾经指出，"资本主义的发展趋势是在走向集中化，要把大权集中在资产阶级中央政权手中，'区域'在任何时候都是无力与之对抗的。问题在于同一个阶级应当既在中央又在地方掌握政权，在中央和地方都要完全彻底地实行同样程度的民主制，以保证（比如说）大多数居民即农民完全占统治地位。这才是防止中央'过分'侵犯地方，侵犯地方'合法'权利的唯一实际的保证"[1]。因此，使事权与财力相统一，有利于维护地方的正当利益，保证地方公共产品的足额提供。

在谈到财税体制改革时，习近平也指出，要形成中央和地方财力与事权相匹配的财税体制，更好发挥中央和地方两个积极性。他还指出，要树立全国一盘棋思想，加强组织领导，周密安排部署，正确引导舆论，凝聚各方共识，积极稳妥推进改革。[2] 由此可见，事权与财力的匹配是中央和地方不同层级都要解决的问题。

从中央的层面来说，事权与财力的匹配主要是要解决总的财力不能满足全部财政支出的需要，从而不得不发行公债的问题。对此，应当调高一些税率或者开征新税。就中国的情况而言，地方政府显性债务和隐性的债务很多，而事权与财力的不匹配，一方面是由于中央的财权和财力过大和事权相对较少，中央应当向地方划拨更多的财力；另一方面是由于没有开征一些西方国家已经存在的税种如不动产税、遗产和赠与税等，导致财政收入不足。

从地方的层面来说，事权与财力的匹配，一方面，不要乱铺摊子，胡乱花钱搞形象工程，减少不必要的事权，节约开支；另一方面，要增加财力，除了从上级部门那里争取财力支持外，还可以开征地方税种。在西方国家，不动产税就是地方税种。由于不动产本身不能自由流动，其产权证书虽然可以自由转让，但必须到当地政府部门那里去过户，因

---

① 《列宁全集》第 16 卷，人民出版社 1987 年版，第 304 页。

② 《习近平：改革要聚焦聚神聚力抓好落实》，http：//news. xinhuanet. com/politics/2014-06/06/c_1111024486. htm。

此，不动产税适合作为地方税种。开征不动产税有利于降低房价，降低生活成本，防止中国房地产业的畸形发展及其对中国其他产业的扭曲，因此宜尽早加以实施。由于不动产的性质和大宗股票涉及对企业的控制权不会轻易转手，因此，就不动产和股票等证券开征遗产和赠与税，可以有效防止逃税和避税，把相应的税收征集上来，不仅能够有效提高财政收入，而且还有助于实现邓小平提出的"消除两极分化"的社会主义本质。

二、中央对地方的补助

由于财权大部分集中在中央政府手中，而事权出于执行方便的角度大多由地方政府负责，因此，为了实现事权与财力的匹配，必然要求部分财力以中央对地方的补助的形式从中央转入地方。1996 年，美国州及地方政府共支出了 1 万亿美元，其中 2180 亿美元是联邦政府的财政拨款。① "在这种情况下，中央政府实际上是代表地方政府征税，然后再将这部分收入返还给地方政府"。② 从而实行分税制只是方便中央对财力的掌控，并无以此直接分配财力的意义。

中央对地方的补助有三种形式：一是非专项补助，二是专项全额补助，三是专项需配套补助。所谓非专项补助，是指中央政府下拨的可以由地方政府自由使用的补助；所谓专项全额补助，是指中央政府全额下拨的指定用途的补助；所谓专项需配套补助，是指中央政府非全额下拨需要地方配套资金补足的指定用途的补助。

对地方政府来说，非专项补助直接弥补了地方财政支出与地方财政收入的差额，可以使地方政府全面地完成提供地方公共产品的任务。而专项全额补助可以使地方政府拥有完成指定用途的财政支出的足够财力，但未必能弥补地方财政支出与地方财政收入的全部差额，除非这个差额恰好等于完成指定用途的财政支出所需要的财力，并且这个指定用途的财政支出也在地方财政支出的计划之中。如果专项全额补助未能弥补地方财政支出与地方财政收入的全部差额，那么要么缩减地方财政支出，要么就还需要中央政府增加其他方面的补助。

至于专项需配套补助，其前提是地方政府能够提供配套资金，否则该补助将不会下拨。因此，这种补助只是可能性补助，从可能性转变成现实性，还需要一系列条件，而地方政府未必能满足这些条件。其中，最重要的条件是地方政府自身的财力，如果地方政府拿不出配套资金，就无法获得这些补助，从而越是富裕的地区，即越是事权与财力的匹配差距不大的地区越能获得这些补助，而越是欠发达地区，即越是事权与财力的匹配差距很大从而非常需要得到上级补助的地区，越是不能获得这些补助。因此，专项需配套补助存在扩大地区公共服务差距的问题，只适合在地方财力较为充裕的地方使用，而地方财力困难的地方则不宜使用。美国学者曾经提到，财政能力低于全国平均数的州和地方，以及人

---

① ［美］大卫·N. 海曼著，章彤译：《公共财政：现代理论在政策中的应用》，中国财政经济出版社 2001 年版，第 18 页。

② 黄恒学主编：《公共经济学》（第二版），北京大学出版社 2009 年版，第 415 页。

均支出低于国家平均数就会成为中央政府公平财政补贴的对象。① 可以借鉴这一思路，在需要中央提供指定用途的专项补助时，对于财政能力低于全国平均数的地方，采用专项全额补助，对于财政能力高于全国平均数的地方，采用专项需配套补助。财政能力由当地人均财政收入和人均财政支出来综合考量。

如果中央政府需要用配套资金的方式使地方政府将一部分财政支出用于中央政府指定的方面，那么中央政府可以有两种更好的选择：一是中央政府完全可以直接下指令，否则地方政府一旦拒绝或无力配套，中央政府将无法达成自己的意图，反而制造社会矛盾，让老百姓认为政府在公共服务方面光打雷不下雨，或中央的好经被地方的和尚念歪了。二是中央政府可以加大分税的力度，从地方上抽调足够的资金上来，然后再以专项全额补助的形式下拨。

关 键 术 语

地方公共产品　受益区域　溢出效应　拥挤效应　差异性特征　"以手选择""以脚选择"　集权制　分权制　联邦制　民主集中制　区域自治　地方主义　事权　财权　分税制　地方公有制经济　"一平二调"　财力　不动产税　地方税种　补助　非专项补助　专项全额补助　专项需配套补助　配套资金

复习思考题

1. 什么是地方公共产品？
2. 为什么列宁说"马克思主义者是反对联邦制和分权制的"？
3. 什么是公共支出的层级划分？
4. 什么是公共收入的层级划分？
5. 如何匹配事权与财力？
6. 为什么要慎用专项需配套补助？

---

① ［美］大卫·N. 海曼著，章彤译：《公共财政：现代理论在政策中的应用》，中国财政经济出版社 2001 年版，第 607 页。

第十一章　公共经济政策

【教学目的和要求】

公共经济政策是指公共经济管理部门提出并实行的发展公共经济和调节非公共部门经济活动的制度和措施。通过本章的学习，不仅要了解常用的财政政策和货币政策，以及一些限制性政策，还要扩展了解人口政策与环境政策，更要了解公共企业政策，理解"两个不能动摇"。

第一节　公共经济政策的概念

一、公共经济政策的定义

公共经济政策是指公共经济管理部门提出并实行的发展公共经济和调节非公共部门经济活动的制度和措施。这里的公共经济管理部门包括执政党、政府部门和非政府公有制经济管理部门。

列宁曾经指出，"无产阶级能够并且应当立刻或者至少是很快地从资产阶级和小资产阶级民主派那里，把'它们的'群众即跟它们走的群众争取过来，争取的方法是用革命的手段来剥夺地主和资产阶级，以满足群众最迫切的经济需要。资产阶级无论掌握多么'强大的'国家政权，也不能做到这一点"①。这里反映出社会主义国家与资本主义国家的公共经济政策的本质差异。习近平在谈到供给侧结构性改革时也指出，"从政治经济学的角度看，供给侧结构性改革的根本，是使我国供给能力更好满足广大人民日益增长、不断升级和个性化的物质文化和生态环境需要，从而实现社会主义生产目的"②。这表明，社会主义国家的公共经济政策就是要促进社会主义生产目的的实现，满足人民群众的各种需要尤其是经济需要。

相比之下，资本主义国家的公共经济政策只是为了保障资产阶级发财致富的需要。这种公共经济政策的出现，本身是为了应对经济危机及其引起的经济萧条对资产阶级利益的冲击，从而也表明了资产阶级自由主义经济学的破产，因为这种经济学不承认经济危机的存在。但事实是最顽强的东西，资产阶级的现实利益也迫使西方国家进行国家干预，进而确立了宏观经济政策即公共经济政策的存在，虽然在西方经济学教科书中仍然在鼓吹自由

---

① 《列宁全集》第 38 卷，人民出版社 1986 年版，第 14 页。
② 《习近平在省部级主要领导干部学习贯彻党的十八届五中全会精神专题研讨班上的讲话》，http：//news. xinhuanet. com/politics/2016-05/10/c_128972667_3. htm。

主义。

公共经济政策具有深远的影响力，会影响到商品价格的波动、利率即投资成本的变动、商品销售的通畅与否，以及就业与失业的状况等，还会影响到不同人群和利益集团的利益的变动，因此，公共经济政策的出台必须坚守初心，慎之又慎，既要有理论指导，又要防止纸上谈兵，既要注重实际，又要防止经验主义，特别是公共经济政策的制定和出台，必须集思广益，实行民主决策与科学决策相结合，充分加以论证。对实施效果不明显的公共经济政策还要加以公开的检讨和认真的问责，以便充分吸取教训，使以后的公共经济政策能够取得预期的效果。

恩格斯曾经批评海因岑，"他不去研究并从总体上把握德国的情况，由此推断什么样的进步措施、什么样的发展以及什么样的办法是必要而又切实可行的，他不去弄清德国各个阶级之间的复杂关系以及它们同政府之间的复杂关系，由此确定应当遵循的政策，总之，他不是使自己适应德国的发展进程，而是十分任性地要求德国的发展进程适应他自己"①。这一批评其实指出了在制定公共经济政策时应当研究并从总体上把握国情，弄清国内各个阶级之间的复杂关系以及它们同政府之间的复杂关系，适应经济发展进程，决不能任性。

正因为公共经济政策影响深远，不同利益集团也会发挥自身的全部能量去左右公共经济政策的制定和出台，以便为本利益集团谋取更多的私利，甚至会引起国外利益集团的插手。例如，美国操控下的世界银行就为了国际垄断资本的利益与中国国内机构合作推出《2030 年的中国：建设现代、和谐、有创造力的高收入社会》等报告，提出完成向资本主义市场经济转型，通过改革加强私人资本的力量，向国际垄断资本开放市场，使其能够以机会均等的名义，凭借实力碾压中国企业等主张②，企图左右中国的公共经济政策，诱使中国走上改旗易帜的邪路。

二、公共经济政策的目标

西方经济学一般认为，公共经济政策有四个重要目标：充分就业、物价稳定、经济持续均衡增长、国际收支平衡。其中，所谓充分就业是指非自愿失业者都能够就业。按照国际惯例，失业率在 4%～5% 即为充分就业。所谓物价稳定是指价格指数不变，即没有通货膨胀。所谓经济持续均衡增长是指在平和消除经济周期性波动的同时，实现宏观经济的长期稳定发展。所谓国际收支平衡是指国际贸易的平衡和国际资本流动的平衡。③ 然而，在美国经济学家萨缪尔森的教科书中却没有上述第四个目标。这看上去似乎是汇率的变动可以自动地调节国际收支平衡，但实质是美国利用美元的世界货币符号地位，滥发美元纸币掠夺别国的财富，从而存在大量国际收支逆差，根本就不愿意其国际收支是平衡的。

就失业问题来说，失业即相对过剩人口"形成财富的资本主义生产和发展的一个存

① 《马克思恩格斯文集》第 1 卷，人民出版社 2009 年版，第 659 页。

② 参见世界银行中文网站：http://www.shihang.org/zh/news/press-release/2012/02/27/report-china-2030-building-a-modern-harmonious-and-creative-high-income-society。

③ 黄恒学主编：《公共经济学》（第二版），北京大学出版社 2009 年版，第 482 页。

在条件"①。"工人阶级中就业部分的过度劳动，扩大了它的后备军的队伍，而后者通过竞争加在就业工人身上的增大的压力，又反过来迫使就业工人不得不从事过度劳动和听从资本的摆布。工人阶级的一部分从事过度劳动迫使它的另一部分无事可做，反过来，它的一部分无事可做迫使它的另一部分从事过度劳动，这成了各个资本家致富的手段，同时又按照与社会积累的增进相适应的规模加速了产业后备军的生产。这个因素在相对过剩人口的形成上是多么重要，可以拿英国的例子来证明。英国'节约'劳动的技术手段是十分强大的。但是，如果明天把劳动普遍限制在合理的程度，并且在工人阶级的各个阶层中再按年龄和性别进行适当安排，那么，要依照现有的规模继续进行国民生产，目前的工人人口是绝对不够的。目前'非生产'工人的大多数都不得不转化为'生产'工人"。② 由此可见，充分就业只是资产阶级公共经济政策的欺骗，是用来压低工人工资的一个幌子。当然，为了保证资产阶级发财致富不受社会不稳定的打扰，资本主义国家也不能放任失业太多，也会通过公共工程等手段暂时缓解失业问题。

物价稳定就没有通货膨胀纯粹是骗局。技术的进步和社会生产力的发展意味着单个商品的价值必然下降。如果单个商品的价值已经下降了，而它的（纸币）价格却保持不变，特别是当这种情况发生在物价指数所包含的许多商品上时，尽管物价指数不变，但通货膨胀却已然发生了。物价稳定意味着技术进步和社会生产力发展的利益完全或大量被滥发纸币的金融寡头所攫取，而物价稳定时收入的增长低于技术的进步和社会生产力的发展的普通百姓则越来越陷入相对的贫困之中，贫富差距也必然越来越大。

萨缪尔森等认为，由于当前的实际收入水平反映了生产率增长的历史，我们可以通过考察不同国家的人均 GDP 来衡量其过去生产率增长的相对成功性。③ 但是，人均 GDP 不代表实际收入水平，也不反映生产率的增长。许多与实际收入和生产率增长无关的东西也被计算进入 GDP 了。美国的人均 GDP 虽然高于中国，但在美国投资办厂的中国资本家发现，同样的生产线上，美国工人的效率低于中国工人。今天的一些人强调中国面临中等收入陷阱，但是为了使中国人均收入进入上等收入水平，他们却强调继续压低劳动者的收入，保持所谓劳动力廉价优势，那么，在劳动者的收入低下的前提下，突破中等收入陷阱，进入上等收入水平，就只能意味着极少数富人收入的极其巨大的提高，这样才能提升总体的人均水平，从而意味着贫富差距达到极为悬殊的水平。这样的经济增长绝不是中国人民所需要的经济增长。

我们的公共经济政策就是要实现社会主义生产目的，因此，首先就是要不断提高广大人民群众的收入水平，这样才可能存在广大人民日益增长、不断升级和个性化的物质文化和生态环境需要，也才存在满足这种需要的可能。其次，是要不断提高社会生产力水平，创作更多的先进文化作品，提高生态环境的保护水平。由此，我们的公共经济政策目标应当是不断提高的社会生产力水平和国民收入、具有较高收入水平的全面就业、充足的休息

---

① 《资本论》第 1 卷，人民出版社 2004 年版，第 742 页。

② 《资本论》第 1 卷，人民出版社 2004 年版，第 733-734 页。

③ ［美］萨缪尔森、诺德豪斯著，萧琛等译，《宏观经济学（第 17 版）》，人民邮电出版社 2004 年版，第 319 页。

和休闲时间以及依托于此的教育水平的提高和文化生活的丰富、不断改善的生态环境和在国际经济交往中对本国经济利益尤其是公共经济利益的维护。

第二节　财 政 政 策

财政政策是指通过调整财政收支的规模和结构来调节经济活动的公共经济政策，包括政府投资政策、政府消费（购买）政策、转移支付政策、税收政策、财政赤字政策等。

一、政府投资政策

政府投资是公共投资的一个部分，其投资主体是政府部门，动用的财政资金，属于财政支出。在生产过剩的经济危机和经济萧条时期，私人投资萎缩，增加政府投资，会增加对生产资料和工人所消费的生活资料的购买，缓解这些生产资料和生活资料的相对过剩，有利于促进整个社会走出萧条时期。但是，政府投资具有保值增值性质，因而会提供相应的产出，从而会导致或加重其他方面的生产过剩，除非这些方面原本就生产不足，使政府投资只是起到平衡生产的作用。而在经济过热时期，压缩政府投资，会减轻生产资料和生活资料的紧张状况，有助于稳定物价和社会生产成本。

在这里，如果政府投资的资金来源于私人资本和公有制企业的税收，那么政府投资的增加，意味着私人资本和公有制企业用于投资的资金的减少，从而，社会的总投资未必会因为政府投资的增加而增加，反之，政府投资的减少也未必会减少社会总投资。因而，政府投资政策未必会达到其所要达成的目的。而在社会主义国家，政府投资完全可以由公共企业投资来替代。

二、政府消费政策

西方经济学把消费作为拉动经济的三驾马车之一。这实际上是受了凯恩斯倒果为因的误导。凯恩斯先用减法将收入分解或用于投资和消费，然而再用加法把收入视为投资和消费之和，从而投资和消费任何一项增加了就会有收入的相应增加。这既忽略了投资的生产效率，又漠视了消费意味着使用价值的丧失，以为坐吃不会山空反而会山多，更回避了劳动创造价值，无视只有劳动才能带来经济的发展。

马克思曾经指出，马尔萨斯在19世纪20年代初期曾维护这样一种分工：让实际从事生产的资本家承担积累的任务，而让另一些参加剩余价值分配的人，如土地贵族、领受国家和教会俸禄的人等承担挥霍的任务。但是，资本家的代言人指责这种以高额地租、高额税收为依托让非生产消费者来不断地刺激工业家的做法，"这个过程与其说会促进生产，不如说会阻碍生产"[1]。他们还质问，"假如有人感到需求不足，那么马尔萨斯先生是否会劝他把钱付给别人，让别人用这笔钱购买他的商品呢？"[2] 而凯恩斯恰恰是让政府出钱解决这个有效需求不足的问题，至于政府的钱，自然是从感到需求不足的资本家那里用征

---

[1] 《资本论》第1卷，人民出版社2004年版，第687页。

[2] 《资本论》第1卷，人民出版社2004年版，第189页脚注。

税的方式拿到的，如果不能从其他人那里拿到的话。

有效的公共经济管理要求政府的消费即非投资性的政府购买保持在必需的最低限度。但是，在生产过剩的经济危机和经济萧条时期，资本家手里积累了大量的商品卖不出去，其中一些资本家和他们的代言人自然会把目光转向政府，指望政府以投资或消费的形式购买他们手里的积压商品，以便保住他们个人或极少数人的财富，而代价则由全民去负担。

三、转移支付政策

经济危机的发生，必然会造成大量工人失业，需要救济的贫困人数远超平常水平，用于救济的转移支付也必然会增加。同时，为了扩大内需，缓解生产过剩，政府也会增加一些转移支付，提高一下消费水平。这是因为，穷人没有满足的消费需求远远超过富人，同样一笔钱，在穷人手里会更多地用于消费，而在富人手里只是账上添加几个数字而已。尽管如此，资产阶级政府能够提高的转移支付水平也是极其有限的，只不过把穷人维持在贫穷的水平线上，是不可能妨碍资产阶级的根本利益的，毕竟其转移支付政策所需要的财政收支的预算需要获得代表资产阶级利益的议员的批准。

相反地，贫穷不是社会主义。社会主义国家公共经济政策的首要目标就是消除贫穷。而在这方面转移支付政策可以起到较大的作用。例如，习近平指出，"扶贫开发投入力度，要同打赢脱贫攻坚战的要求相匹配。中央财政专项扶贫资金、中央基建投资用于扶贫的资金等，增长幅度要体现加大脱贫攻坚力度的要求。中央财政一般性转移支付、各类涉及民生的专项转移支付，要进一步向贫困地区倾斜。省级财政、对口扶贫的东部地区要相应增加扶贫资金投入"。①

四、税收政策

西方公共经济学认为，可以通过降低所得税率来引致社会总需求增加和国民产出的增长，或通过一次性减税来达到刺激社会总需求增加的目的。② 但是，在生产过剩的经济危机和经济萧条期，资本家的正确选择恰恰是缩减生产，减少亏损。而所得税是有盈利时才需要缴纳的，降低所得税率对于亏损中的资本家并无什么帮助。即便有些资本家在这时仍然有所盈利，但普遍生产过剩的市场不景气状况，也不会让他们因为减税可以多留下一些收益就扩大生产。而资本家的个人消费也不会因为减税就增加，毕竟当前的生意不好，资本家需要更多的积累。另外，减税会导致财政收入减少，进而有可能影响到财政支出的减少，从而从总体上来说，未必会引致社会总需求的增加。

除减税外，税收政策可以通过调节税制结构和税率来调节经济。1930 年，美国国会通过法案，把近 900 种主要商品的进口关税平均提高近 40%。由于美国具有世界上最大的国内市场，因而这种贸易保护性关税排除了外国资本的竞争，确保了美国产业资本得以从1929 年爆发的那场经济大危机中复苏的空间。

---

① 《习近平：脱贫攻坚战冲锋号已经吹响 全党全国咬定目标苦干实干》，http：//news. xinhuanet. com/politics/2015-11/28/c_1117292150. htm。

② 黄恒学主编：《公共经济学》（第二版），北京大学出版社 2009 年版，第 485 页。

当前，我国强调"两个毫不动摇"，但在税制上，外企的税收优惠于内企私资，内企私资的税收又优惠于国企，从而"两个毫不动摇"在实践中成为有偏颇的"一个毫不动摇和一个有所动摇"，而且在非公经济中，只有外国资本在中国的势力得到了毫不动摇的扩张。

五、财政赤字政策

财政赤字政策，作为积极的财政政策，它既可能是出于使财政支出超出财政收入的限制，使政府对于经济活动的影响力超出其现有的财力的目的，也可能是出于使财政收入低于财政支出的需要，以减税的方式使资本家保留更多的财力的目的。但是，财政赤字需要相应的财力来弥补。其方法，一是直接印制纸币来弥补；二是发行国债，并由印制纸币的中央银行用印制的纸币交换（购买）国债，也就是说间接印制纸币来弥补。其直接后果是纸币的购买力下降即通货膨胀，利率即资本成本上升。其间接后果是穷人极少量的财产贬值，而富人可以轻松逃过这种"通胀税"。同时，企业的财务费用增加，盈利下降。发行国债更是增加了国家和普通民众的负担。总之，财政赤字政策弊大于利。

第三节　货币政策

货币政策，又称金融政策，主要是指通过调整基础货币和信用货币的数量来调节经济活动的公共经济政策。其中，基础货币是指货币或其符号（纸币），信用货币是指支付凭证。一般认为，货币数量的增加会导致社会总需求的增加，刺激经济增长，反之则反。但实际上，货币需求量的变化有其内在的经济规律，货币政策的作用受制于这种经济规律。例如，2008年美国金融危机后，美国私有中央银行——美联储向商业银行系统注入了数千亿美元基础货币，但是，注入的大部分基础货币因为没有有利可图的去处又从商业银行系统返回了美联储。

对于货币政策的作用，邓小平曾经指出，"我们的货币政策，也是发展生产与对敌斗争的重要武器。货币政策的原则，是打击伪钞保护法币。我们鉴于敌人大发伪钞，掌握法币，大量掠夺人民物资的危险，所以发行了冀南钞票，作为本战略区的地方本币。实行的结果，打击了敌人利用法币的阴谋，缩小了伪钞的市场，强化了对敌经济斗争的阵容，给了根据地经济建设以有力的保障。为了保障本币的信用，我们限制了发行额，大批地贷给人民和投入生产事业，取得了人民的热烈拥护，本币的信用是很巩固的。我们不断地对敌占区进行政治攻势以及适时地利用物资，给了伪钞以相当的打击"①。

一、基础货币调节政策

基础货币的调节，主要通过中央银行买卖有价证券以及调节物资储备和外汇储备来进行，中央银行向商业银行发放再贴现贷款也能增加基础货币的投放。当中央银行用印制的纸币购买包括政府债券、央行票据和企业债券在内的有价证券，或购买贵金属等大宗商品

---

① 《邓小平文选》第 1 卷，人民出版社 1994 年版，第 84 页。

进行物资储备和购买外汇进行储备时，就会在市场投放相应的基础货币，增加基础货币的供给，而这些基础货币又能衍生出大量的信用货币，从而也为增加信用货币的供给打下了坚实的基础。同时，中央银行对有价证券的大量购买，提升了有价证券的价格，相应地降低了金融市场的利率水平，刺激了借贷水平和社会总需求的提高；反之则反。但是，基础货币供给过度，特别是中央银行购买的有价证券和外汇发生贬值或作废，将会导致通货膨胀。美联储的量化宽松政策就导致美元相对世界货币黄金的大幅贬值，并使得其他国家持有的美元外汇和美元资产如美国国债大幅贬值。

中央银行在进行外汇储备时可以调高购买外汇的价格使本币相对于外币贬值，这样可以使本国出口商品的外币价格下降，增加出口竞争力，但其直接后果是本国财产的国际价格下降，全体国民为出口商的私利买单。中央银行也可以降低出售储备外汇的价格使本币升值，但是由于中央银行没有外汇的印制权，本币的随意升值会导致外汇储备的丧失，进而本币的升值无法维持，甚至造成严重贬值的后果。

二、信用货币调节政策

信用货币由基础货币衍生而来。一笔基础货币存款可以在商业银行换取支票这样的信用货币，而这笔存款可以由商业银行贷出，借款者可以用现金方式持有这笔贷款，也可以再存入银行而以支票等信用货币形式持有。如果是后者，那么，一笔基础货币存款就衍生出两笔甚至更多笔信用货币，从而能够完成远超一笔基础货币本身能够完成的交易额，也代表远超一笔基础货币本身的社会总需求量。为了维持信用货币的信用，中央银行会规定一个存款准备金率，限制信用货币的这种衍生程度。存款准备金率越高，信用货币的衍生程度越低，相应的社会总需求量也会越少。同时，贷款的利率越高，借款的意愿越低，信用货币的需求量也会降低。

因此，信用货币的调节分为直接调节和间接调节。直接调节包括变动法定准备金率、规定分期付款的首付金额、限制借款购买证券的数量、规定放款的最高限额、规定信用配额和特别存款等，直接限制信用货币的数量。间接调节主要从利率方面进行调节，提高或降低信用货币的成本，以影响信用货币的需求，从而间接限制信用货币的数量，其主要措施有变动再贴现利率和基准利率（隔夜拆借利率或银行间同业拆借利率）、规定最高利率限制和优惠利率等。

第四节　人口与环境政策

一、人口政策

马克思曾经写道："在古代国家，在希腊和罗马，采取周期性地建立殖民地形式的强迫移民形成了社会制度的一个固定的环节。那些国家的整个制度都是建立在人口数量的一定限度上的，超过这个限度，古代文明本身就有毁灭的危险。为什么会这样呢？因为对那些国家来说，在物质生产方面运用科学是完全闻所未闻的。为了保持自己的文明，它们就只能保持少量的人口。……现代的强迫移民，情况则完全相反。现在，不是生产力不足造成人口过剩，而是生产力增长要求人口减少，并且通过饥荒或移民来赶走过剩的人口。不是人口压迫生产力，而是生产力压迫人口"。① 当前中国既存在人口压迫生产力的问题，也存在生产力压迫人口的问题。一方面，由于人口过多，我们不得不大量发展劳动密集型产业来解决就业问题，从而也妨碍了我国生产力水平的提高和产业升级；另一方面，中国人民在实现中华民族伟大复兴的中国梦的道路上的不懈努力，又使得我国的生产力水平不断提高，中国经济进入资本有机构成大大提高后的新常态，这种生产力增长又要求人口减少，产生了日益严重的下岗、失业问题。解决这些问题，既要求我们采取一般的政治经济措施，又要求我们制定合理的人口政策，实行计划生育，控制人口数量并提高人口素质。否则，我们将会面临马克思所揭示的那种不利局面："无力掌握新的生活条件的阶级和民族必遭淘汰"。②

二、环境政策

习近平指出，"我们追求人与自然的和谐、经济与社会的和谐，通俗地讲，就是要'两座山'：既要金山银山，又要绿水青山"。③ 环境政策，除了强调环境保护，对生产企业进行环境影响评价外，还应当创造一个机制，让绿水青山直接变成金山银山。例如，广西革命老区百色经济发展的最大问题是环境保护和经济发展之间的矛盾。途径百色的右江是南宁市邕江的上游，也是广东省珠江的上游，水质保护的意义重大，影响深远。百色发展工业必然会影响到右江的水质，影响下游的用水质量，但如果为保护水质而限制百色工业的发展，就需要给予百色一定的补偿，这种补偿其实可以看作百色市生产优质水源的所得。为此，可以考虑在国内开展清水交易机制。所有用水企业都要根据当地用水水质向当地政府交清水费，然后下游地方政府要向上游地方政府交清水费。例如，右江年平均径流量 172 亿立方米。南宁市可以按流入南宁的右江水质向百色市支付费用，其费用主体由南宁市本地的用水企业和南宁市下游城市向南宁市支付的清水费用来承担。可以考虑流入南宁的右江水，一级水质按 / 元 / 立方米收费，二级水质按 0.5 元 / 立方米，三级水质按 0 元 / 立方米，四级水质按-0.5 元 / 立方米，五级水质按-1 元 / 立方米收费，后两者意味着百色市要倒过来向南宁市付费。这样一来，每一个地方政府都有兴趣向下游提供高水质的水源，都有利益驱动限制本地企业污染水质，从而推动各方自觉地保护环境。如果百色能够保证输入南宁的水质达到二级，那么就可以得到 86 亿元地方财政收入，而水质达到一级，这笔地方财政收入还能翻倍，这对于百色市坚持环境保护和可持续发展经济将产生巨大的助力。

第五节　公共企业政策

2010 年 5 月时任国务院总理温家宝指出，宏观调控面临的两难问题不少。④ 而宏观

---

① 《马克思恩格斯全集》第 11 卷，人民出版社 1995 年版，第 661-662 页。

② 《马克思恩格斯全集》第 11 卷，人民出版社 1995 年版，第 662 页。

③ 习近平著：《之江新语》，浙江人民出版社 2007 年版，第 186 页。

④ 《温家宝：宏观调控面临两难 坚决遏房价过快上涨》，http：//news. xinhuanet. com/house/2010-05/16/c_12106682. htm。

调控之所以面临两难，就在于除了宏观的财政政策和货币政策外，忽视了公共企业政策，从而无法利用公共企业做到精准调控。

习近平指出，"公有制主体地位不能动摇，国有经济主导作用不能动摇，这是保证我国各族人民共享发展成果的制度性保证，也是巩固党的执政地位、坚持我国社会主义制度的重要保证"①。这"两个不能动摇"体现了公共经济政策中公共企业的作用。

一、公有制主体地位政策

党的十八大报告提出，2020 年实现全面建成小康社会宏伟目标，城乡居民人均收入比 2010 年翻一番。这就意味着我们需要不断提高劳动力成本，增加人民群众的收入，而提高私有企业工人的收入水平，则会大大提高这些私有企业的劳动力成本，使他们丧失以往的国际竞争力。而且如果有人认为，工人不高的生活水平，已经给企业造成了困难，甚至会导致企业破产，那只不过说明资本主义私有制已经到了历史的尽头，在生产力水平相比《共产党宣言》发表时的发达资本主义国家已经取得无比巨大发展的情况下，都无法让人们过上稍微好一点的生活了。

显然，要实现党的十八大报告提出的目标，不走压低工人收入水平的邪路，避免资本主义性质的生产过剩危机，公有制经济必须是我国经济生活中的主体。但是，我国当前的国有企业改革却正在削弱公有制经济的主体地位，改革的方向被一些人错误地引导到私有化的道路上去，一些政府高官的腐败大案也与国有企业私有化密切相关。

马克思在讲述改革运动时写道："他们在铁路管理方面所采取的欺诈哄骗手段以及完全忽视安全措施的态度引起了人们热烈的议论，以致在报界、议会内和议会外不止一次地提出了要不要把铁路从私人资本家手中收回来或要不要使铁路受国家直接监督的问题！"②这就是私有制弊端的一个例证。与此对应的是，恩格斯曾经提出，"在其他同等条件下，在一切提供国家订货的场合，对合作社要比对资本家及其联合会优先照顾，因此，原则上尽可能把一切公共工程交给合作社承办"③。

此外，"前苏联之所以会最终在几天的时间里迅速土崩瓦解，前提是其国有经济体系已经被严重地私有化和非国有化。这是一个不能被忘记的深刻教训。前苏联的经验告诉我们，如果我国人民用血和汗积攒起来的国有资产被这些公开的或隐蔽的蛀虫鲸吞或者蚕食掉，共产党的执政地位就会失去坚实的物质基础"④。为了重新巩固工人阶级的主人翁地位，切实维护工人群众的权益，实现社会主义生产目的，必须纠正国有企业改革出现的错误，坚持公有制主体地位不动摇，维护好社会主义的经济基础。

二、国有经济主导政策

在市场中起作用的是法人，在社会主义市场经济中，要使市场在资源配置中起决定性

---

①　《习近平：发展当代中国马克思主义政治经济学》，http://www.ce.cn/xwzx/gnsz/szyw/201511/24/t20151124_7112615.shtml。

②　《马克思恩格斯全集》第 11 卷，人民出版社 1962 年版，第 268-269 页。

③　《马克思恩格斯全集》第 36 卷，人民出版社 1974 年版，第 261 页。

④　齐世泽著：《论中国模式》，中国方正出版社 2010 年版，第 104 页。

作用，就必须由其中的国有经济来起主导作用，这一点决不能动摇。由国有企业控制的盐业专卖放开后，私企生产和销售的假盐失控，严重危害人民群众的生命和健康，就是一个教训。

邓小平曾经提到，"对敌占区贸易不能采取政府统制一切的办法，而是管理的办法。对内尤不能垄断，而应采取贸易自由的办法。对于商人的投机行为，则利用公营商店及合作社的力量，加以压抑。实行这种办法的结果，大大加强了对敌斗争的力量，增加了税收，繁荣了市场，保障了人民的需要。太行、太岳物价之低，在很长一个时候，为他区所不及"①。

在房地产投机鼎盛，房价上涨迅猛时，如果采用一般性的货币政策进行调控，在抑制房地产的同时也会大大抑制其他行业的发展，会面临两难问题。但如果不是强迫国有企业退出房地产行业，而是发挥国有房地产企业作用，并引导建立自住商品房合作社，就能够压抑房地产的投机活动，即便不出台不动产税，也能够让温家宝总理在卸任时兑现其控制房价的承诺。

另外，国有企业的主导作用还体现在提高劳动生产率的技术的无偿推广上。例如，在国民经济恢复时期，除了强调人的重要性外，国家也高度重视技术在工业经济恢复与发展中的作用，鼓励和推广先进的工作和生产方法。如在煤矿生产中主要推广了长臂式采煤法，在电力部门推行了先进的定期检修制，在纺织行业推广五一织布法。这些先进生产方法的推行，极大地提高了生产能力，降低了物耗和产品成本。② 要知道，在资本主义私有制下，新技术的普及和劳动生产率的提高，依靠的是率先采用新技术的企业，在竞争中淘汰采用旧技术的企业，不仅成效慢，而且浪费大。而公有制经济依靠积极推广新技术，同时提高所有同类企业的生产效率，减少浪费，能够使社会生产力提高得更快。这也是社会主义公有制经济优越性的一个体现。

第六节　限制性政策

为简便计，上述财政政策、货币政策、人口与环境政策和公共企业政策之外的其他公共经济政策，全部归入限制性政策之中。例如，西方国家通过就业登记来强迫失业工人接受挣钱比以前少得多的工作或工作条件极其恶劣的工作，就是一种限制性政策。另外，西方国家还经常以经济制裁的方式干涉他国内政，这种霸权主义的行径也是一种限制性政策，但是因其属于没有硝烟的宣战，不能算作公共经济政策。

一、限价限量政策

在经济资源有限的情况下，为了满足所有人的需要或者为了可持续性利用有限资源，有时会采取限价限量政策。例如，在粮食紧缺时实行配给制，在非典型肺炎流行期，对预防性中药实行限价限购。邓小平主政的解放区曾经禁绝了一切奢侈品，限制了非必需品的

① 《邓小平文选》第1卷，人民出版社1994年版，第83页。
② 《中华人民共和国史稿》第1卷，人民出版社、当代中国出版社2012年版，第141页。

输入，并为此组织了带群众性的缉私工作，给缉私者以较高的奖励，严惩舞弊营私。① 外贸管制和外汇管制都可以列入限价限量政策。

新中国成立初期，在金融物价形势紧张时，"人民银行除暂停一切贷款、加紧催收到期贷款外，必要时甚至推迟军政经费的发放时间，限制机关、国营企业及信用社的取款数量，以确保货币回笼"②。这也属于限价限量政策，但是如果没有国营企业的发展和配合，这个政策也难以实现。

实际上，限制性政策在社会生产规律面前具有很大的局限性。恩格斯评论蒲鲁东企图颁布法令来把利率降低为一厘时指出，"如果其他一切社会条件照旧不变，蒲鲁东的这个法令也就只是一纸空文。不管颁布怎样的法令，利率照旧将由现在支配它的经济规律来调节。能借到钱的人还会像以前那样视情况按两厘、三厘、四厘和更高的利率借钱，不同的地方只是食利者会非常谨慎，只把钱借给那些不会去打官司的人"③。

此外，限制性政策对不同阶级的人来说，其限制的程度也不同。列宁就提到第一次世界大战期间食品紧张，"采用面包配给证，是目前资本主义国家调节消费的一个典型例子，它的任务，它所要做到的只有一点（至多也只能做到这一点）：把现有粮食分配得让大家够吃。规定最高消费量的远不是一切食品，而只是几种主要的'大众'食品。如此而已。别的就再也不管了。官僚式地统计现有存粮，按人口分配，规定定量，付诸实施，这样就算完事。奢侈品是不涉及的，因为这些东西'反正'很少，'反正'很贵，'人民大众'是买不起的。所以在无一例外的所有交战国中，甚至在德国这样一个无可争辩地可以说是最准确、最精密、最严格调节消费的模范国家里，我们都可以看到，富人一直不受任何消费'定量'的限制"④。

二、反倾销政策

恩格斯曾经提到，"炼铁工厂主本身，只有当他们组成一个瑞恩时，才会希望实行保护关税，瑞恩就是一种秘密协议，它在国内市场强制实行垄断价格，以便把剩余产品用倾销价格向国外推销，他们现在实际上已这样作了"⑤。作为恶性竞争的手段，倾销严重破坏了市场经济的正常秩序，破坏了倾销国家发展本国经济实力的努力。因此，许多国家都会采取反倾销的措施来保护本国企业，只不过反倾销的力度不同。一般而言，发达国家的反倾销力度超出了正常水平，而发展中国家或者屈从于发达国家的压力，或者崇洋媚外，其反倾销力度低于正常水平。

例如，发达国家在反倾销时会拿生产效率低下的国家为参照，故意提高出口国的生产成本，高估倾销程度。而当年美国和日本的彩色胶卷在中国的售价大大低于国际售价却没有受到反倾销制裁，从而限制了中国自身的彩色胶卷生产企业乐凯公司的发展，损失了大

---

① 《邓小平文选》第 1 卷，人民出版社 1994 年版，第 83 页。
② 《中华人民共和国史稿》（第 1 卷），人民出版社、当代中国出版社 2012 年版，第 70-71 页。
③ 《马克思恩格斯文集》第 3 卷，人民出版社 2009 年版，第 266 页。
④ 《列宁全集》第 32 卷，人民出版社 1985 年版，第 206 页。
⑤ 《马克思恩格斯全集》第 34 卷，人民出版社 1972 年版，第 402 页。

量的本国利益。

可以简单地规定，如果出口企业的产品的价格低于其在母国的价格（还要考虑运输等成本），或者低于其在其他出口国的价格，就判断为倾销，并对其实行反倾销的制裁措施。

三、暗示性政策

据报道，2011 年 4 月，神华、中煤、同煤、伊泰等大型煤炭企业被叫去谈话了，主持谈话的是国家发改委价格司，谈话主题是合理控制涨价幅度，禁止盲目涨价行为的发生。① 这种约谈就是暗示性政策。另外，人民日报多次发表文章提醒股市风险，也属于暗示性政策。

实行暗示性政策，必须有对违反暗示的经济行为的明确的控制或限制措施，或者暗示具有准确的预见性，否则就会失去公信力，导致更严重的后果。例如，2011 年 3 月下旬，外资企业联合利华（中国）有限公司有关负责人多次接受采访发表"日化行业进入涨价周期""不排除第二次涨价的可能性"的涨价言论，引起社会各界普遍关注，部分城市甚至出现了抢购日化产品的现象，严重影响了市场稳定。该企业因此被上海市物价局给予 200 万元罚款的行政处罚。② 这种处罚能够在一定程度上增强发改委约谈这种暗示性政策的效力，但如果这些约谈违背经济运行规律，那么再怎么处罚也难以奏效。再例如，为了控制房价滥涨，国务院曾经出台多项措施，没有任何明显效果。在没有明显有效措施的前提下，时任总理温家宝对广大群众公开承诺在他的任期内一定要使房价能够保持在一个合理的水平的暗示性政策，自然也就不会成功。

另据报道，农业部要求教育部"纠正"各地教育部门下文禁止学校食堂给孩子吃转基因食用油的"错误"，但农业部以国家秘密为由拒绝公开相关公函。③ 农业部的做法，其实就是马克思批评过的"借口国家机密和国家权利玩弄的一整套骗局"④。由于这件事情已经曝光而且明显不涉及国家安全，反倒存在危害人民群众健康和利益的可能，因此，农业部有责任、有义务对其做法做出公开的解释，接受人民群众的监督；而教育部也有责任、有义务就是否按照农业部的秘密要求否定各地教育部门深得人心的对转基因食用油的限制性政策，公开听取人民群众的意见。

关 键 术 语

公共经济政策 社会主义生产目的 全面就业 财政政策 政府投资 政府消费 转

---

① 《发改委有请 四大煤企被低调约谈》，http：//finance. stockstar. com/SS2011043000000602. shtml。
② 《频频约谈 国家发改委终于开罚单》，http：//finance. sina. com. cn/g/20110517/09119852943. shtml。
③ 《拒公开"请教育部放行学校用转基因油"公函，农业部被起诉》，http：//www. thepaper. cn/newsDetail_forward_1514857。
④ 《马克思恩格斯文集》第 3 卷，人民出版社 2009 年版，第 196-197 页。

移支付 税收政策 财政赤字政策 货币政策 基础货币 信用货币 支付凭证 人口政策 环境政策 公共企业政策 "两个不能动摇" 公有制主体地位政策 国有经济主导政策 限制性政策 限价限量政策 反倾销政策 暗示性政策

复习思考题

1. 什么是公共经济政策？
2. 公共经济政策的目标是什么？
3. 一次性减税能够刺激社会总需求增加吗？
4. 为什么财政赤字政策弊大于利？
5. 如何减少基础货币供给？
6. 为什么说"公有制主体地位不能动摇，国有经济主导作用不能动摇"？
7. 影响暗示性政策有效性的因素有哪些？

第十二章 公共选择

【教学目的和要求】

西方公共选择理论是西方公共经济学得以独立成为一门学科的核心理论，该理论适应了新帝国主义推行新自由主义政策的需要。本章通过分析批判西方公共选择理论，阐述了公共选择的相关理论。通过本章的学习，应着重掌握以下几个方面：

第一，了解西方公共选择理论概要，理解该理论的重大理论缺陷；

第二，学会分析批判政治市场"经济人"理论和官僚经济理论；

第三，掌握公共选择的定义，了解公共选择的间接性和民主性；

第四，了解投票的选择和投票机制；

第五，掌握政党的概念，了解利益集团对国家事务的影响。

第一节 西方公共选择理论

一、西方公共选择理论概要

西方公共选择理论，以西方经济学的基本假设（即所有个人都追求自身利益的最大化）为前提，依据所谓自由的市场交换能使双方都获利的西方经济学原理，来分析政府的决策行为、民众的公共选择行为及两者的关系。其突出特点是，将政治过程看作某种特殊的"经济活动"，在这个"经济活动"中，政府是"生产者"、选民是"消费者"、选票是"货币"，而选举制度则可等同于"市场制度"。该理论的宗旨是把人类行为的两个方面（经济决定与政治决定）重新纳入单一的模式。有人认为，该理论运用西方经济学的逻辑和方法来研究政治问题，第一次将政府这一政治实体纳入经济分析的对象范围之内，开创了政治经济研究的新视角。①

然而，恩格斯早就指出，亚当·斯密"把政治、党派、宗教，即把一切都归结为经济范畴"②。"美国人早就向欧洲世界证明，资产阶级共和国就是资本主义生意人的共和国；在那里，政治同其他任何事情一样，只不过是一种买卖。法国人通过巴拿马丑闻也终于在全国范围内开始领悟这个道理，那里当权的资产阶级政治家早就懂得了这一点，并且不声不响地付诸实践"③。显然，政府这一政治实体早就纳入经济分析的对象范围了，西

---

① 黄恒学主编：《公共经济学》（第二版），北京大学出版社 2009 年版，第 134-135 页。

② 《马克思恩格斯文集》第 1 卷，人民出版社 2009 年版，第 105 页。

③ 《马克思恩格斯文集》第 10 卷，人民出版社 2009 年版，第 641 页。

方公共选择理论绝不是第一个这样做的，除非它只从经济角度而从不从政治角度来分析政府。但这样一来，用单一的模式来分析矛盾统一体中的两个方面——政治决定与经济决定，虽然可以把握这两者之间的共同点，例如，"自由贸易实质上是假货贸易"①，人们用选票从资产阶级政府那里"购买"的也是不能兑现的假承诺；但无法把握这两者之间的不同点，从而难以正确把握政治决定与经济决定之间的相互关系，例如，人们不能决定谁是生产者，也不能决定生产者会生产什么，只能用脚投票；但人们貌似可以决定谁来组成政府以及政府提供什么，可以用手投票。这两种"投票"方式存在巨大的差别。

不过，对于西方国家来说，西方公共选择理论的出现有其重大的现实意义。第二次世界大战结束以后，西方国家盛行国家干预的凯恩斯主义，金融寡头借助政府财政扩张政策对资金的大量需求，逐渐把国家命脉控制在自己手里。到20世纪70年代初新帝国主义成形，金融寡头借助国家权威摆脱了需要用贵金属兑现其滥发纸币的义务后，迫切需要直接接管经济事务，摆脱政府方面已经微不足道的束缚，实行新自由主义政策，任意榨取世界人民的血汗。于是，反对国家干预的西方公共选择理论生逢其时，虽然在此之前受到些压抑，但在20世纪70年代以后的时期里，发展十分迅速。1986年，公共选择学派的创始人布坎南还因为西方公共选择理论而获得诺贝尔经济学奖，得到了金融寡头们的充分肯定。

西方公共选择理论的结论是：政府并不像人们所想象的那样完全代表公共利益，政府至少与市场一样并不是完美的，市场的失灵并不是把问题交给政府去处理的充分条件。②这个结论其实使政府失去了存在的合法性。但是，依据同样的逻辑，政府的失灵也不是把问题交给市场去处理的充分条件。新自由主义政策在试图克服政府失灵的问题时，并没有解决市场失灵的老问题，反而通过全球经济一体化将其扩大到全世界。

我们看到，市场失灵是资本主义的天生缺陷，而资本主义政府干预又会有政府失灵。但是，这并不意味着人们只能与市场失灵或政府失灵共舞。它只意味着资本主义制度应当被更完善的制度所取代。而按照马克思主义经典作家的设想，在共产主义社会的自由人联合体中，公共经济将由联合体直接调控，"人们习惯于履行社会义务而不需要特殊的强制机构"③，政府与市场都将消亡。"人终于成为自己的社会结合的主人，从而也就成为自然界的主人，成为自身的主人——自由的人"④。

二、政治市场"经济人"理论

公共选择学派认为，在政治市场上，存在着三种"经济人"：作为投票者的经济人、作为选民代表的经济人、作为部门与政府政治家的经济人。他们认为，投票人在进行投票时，有两个方面的目标。一个是投票者个人所追求的目标，如工资待遇、政治前途等。另一个是投票人所在或所代表团体的利益。当这两个目标出现冲突时，投票人会优先满足个

---

① 《资本论》第1卷，人民出版社2004年版，第288页。
② 黄恒学主编：《公共经济学》（第二版），北京大学出版社2009年版，第144页。
③ 《列宁全集》第38卷，人民出版社1986年版，第36-37页。
④ 《马克思恩格斯文集》第3卷，人民出版社2009年版，第566页。

人的利益。对于选民代表，他们认为，如果团体中的成员过多，选择做出后的成本和效益对于代理人来说过于微小，那么将不足以刺激代理者认真选择。为了使代理人能对所代表的选民完全负责，必须建立一种利益激励机制或责任惩罚机制，来对其经济人的本性进行有效地约束。对于政治家或政府官员，他们认为，这些政府官员掌握满足利益的渠道一般有两种，即合法渠道和非法渠道。后者也就是我们常说的寻租现象。他们还表示，不能否认政治家存在着追求自身利益的动机，关键的问题在于能否建立一种制度，使政治家在追求自我利益的同时也能保证国家利益的实现。①

但是，作为最广大、最普通的投票者，其政治投票的目标绝不会是工资待遇和政治前途。前者是由经济市场决定的，后者只是选民代表和部门与政府政治家的目标。如果投票人因为个人利益而放弃团体利益，那只能说明这个团体是一盘散沙。"英国工人要求他们的议员和其他领袖们为运动献出自己的全部时间，却又不愿意给他们钱用，因此，如果他们从其他党派那里拿钱来维持生活和进行竞选，英国工人自己也是难辞其咎的"。② 事实上，西方经济学强调经济人的目的只是为了让世界上的大多数人因自私自利处于一盘散沙的状态，以方便只是极少数人群的资产阶级的统治。

资本主义民主体制通过让候选人负担巨额选举费用，而不是由国家或市镇担负全部选举费用的做法，将大部分工人代表排除在外，极少数工人代表即使进入议会也无法动摇资产阶级的统治，反而增加了资产阶级议会的欺骗性。但是，即便如此，工人阶级政党也不能放弃利用资产阶级议会这个任务。"社会民主党议会党团活动的目的与其他一切政党活动的目的根本不同。无产阶级政党所追求的不是同当权派勾勾搭搭，讨价还价，不是徒劳地对农奴主和资产阶级的反革命专政制度修修补补，而是要用各种办法提高工人群众的阶级觉悟、明确他们的社会主义思想、坚定他们的革命决心并增强他们在各方面的组织性。……应当更加重视在杜马讲坛上坚持社会主义革命的任务。应当尽力更经常地在杜马讲坛上发表演说，宣传社会主义的，而且是科学社会主义的基本概念和目标。……社会民主党党团和社会民主党必须全面地向群众说明所有资产阶级政党的阶级性质，不仅要攻击政府和公开的反动派，而且要揭露自由派的反革命性和小资产阶级农民民主派的动摇"。③在这种情况下，工人阶级的代表也与资产阶级代表不同。"代表捞取代表资格，就象猎取猎物一样，是为了'自由'摆布这种猎物。所有的资产阶级议会一向都是这样，而认识到自己的历史作用的工人在各地都在同这种风气作斗争，通过斗争来培养自己的工人代表——不是捞取代表资格、玩弄议会欺诈手腕的政客，而是忠于工人阶级的代表"。④

另外，政府官员掌握满足利益的渠道不仅要区分合法与非法，更要区分合理与不合理。这是因为，政府官员可以利用甚至影响法律，使其能够合法地满足其不合理的利益要求。

最后，政治市场"经济人"理论，只不过表明，"在民主共和国内，'财富是间接地

---

①　黄恒学主编：《公共经济学》（第二版），北京大学出版社 2009 年版，第 139-141 页。

②　《马克思恩格斯全集》第 39 卷，人民出版社 1974 年版，第 30 页。

③　《列宁全集》第 19 卷，人民出版社 1989 年版，第 22-24 页。

④　《列宁全集》第 21 卷，人民出版社 1990 年版，第 201 页。

但也是更可靠地运用它的权力的'，它所采用的第一个方法是'直接收买官吏'（美国），第二个方法是'政府和交易所结成联盟'（法国和美国）。……'财富'的无限权力在民主共和制下更可靠，是因为它不依赖政治机构的某些缺陷，不依赖资本主义的不好的政治外壳。民主共和制是资本主义所能采用的最好的政治外壳，所以资本一掌握（通过帕尔钦斯基、切尔诺夫、策列铁里之流）这个最好的外壳，就能十分巩固十分可靠地确立自己的权力，以致在资产阶级民主共和国中，无论人员、无论机构、无论政党的任何更换，都不会使这个权力动摇"①。

三、官僚经济理论

在西方公共选择理论中，官僚机构主要指的是政府机关。公共选择学派认为，政府官僚机构的产出具有非市场性，即政府提供的某些产品难以用市场价格衡量。由于政府活动产出的多样性和追求的社会效益性，用通常的方法难以衡量一项支出是否值得、是否具有效率，也造成了人们对公共部门的供给效率难以监督。公共选择学派还认为，政府机构具有双边垄断的性质：一方面，政府处于卖方垄断地位，即政府是提供公共产品的唯一单位。另一方面，如果把国家或政府与各行政机关分别开来，政府又处于买方垄断的地位，作为生产者的官僚机构，总是从政府那里获得预算拨款。政府所具有的双边垄断地位，使得这些官僚机构在提供公共产品时缺乏同类供应者之间激烈的竞争，而这种外在压力的不足无疑会导致资源浪费等现象的发生。最后，缺乏激励机制也是官僚机构的弊端之一。政府官员的劳动成果和效率缺乏明确的衡量标准；政府给予官员的报酬也并非根据其工作绩效，更大程度上依据的是职位的高低和制度上的硬性规定。于是，官员只有争取职位和权力的动力而没有提高效率、改善工作质量的压力。公共机构只具有对效率微弱的内部压力，也造成了政府运作的效率低下。②

如果官僚经济的问题在于政府活动产出的多样性和追求的社会效益性使其效率难以衡量，那么市场化也不能解决这一计量难题，从而这个问题只是社会效益难以追求的问题，不能算作官僚机构的缺陷。我们看到，政府并不是唯一的公共经济主体，其在公共产品提供方面的垄断性并没有公共选择理论所认为的那么强，而且官僚机构尤其是地方官僚机构之间也存在较强的竞争。当然，政府可以说是唯一的国家暴力机器，无产阶级只有夺取政权才能获得自身的解放。

事实上，上述官僚经济问题，在无产阶级初次夺取政权的巴黎公社中并不存在。"从前有一种错觉，以为行政和政治管理是神秘的事情，是高不可攀的职务，只能委托给一个受过训练的特殊阶层，即国家寄生虫、俸高禄厚的势利小人和领干薪的人，这些人身居高位，收罗人民群众中的知识分子，把他们放到等级制国家的低级位置上去反对人民群众自己。现在错觉已经消除。彻底清除了国家等级制，以随时可以罢免的勤务员来代替骑在人民头上作威作福的老爷们，以真正的责任制来代替虚伪的责任制，因为这些勤务员总是在公众监督之下进行工作的。他们所得的报酬只相当于一个熟练工人的收入，每月12英镑，

---

① 《列宁全集》第31卷，人民出版社1985年版，第11-12页。
② 黄恒学主编：《公共经济学》（第二版），北京大学出版社2009年版，第158-159页。

最高薪金每年也不超过 240 英镑；按照一位科学界大权威赫胥黎教授的标准，这样的薪金只略高于伦敦国民教育局秘书工资的五分之一。借口国家机密和国家权利玩弄的一整套骗局被公社一扫而尽；公社主要是由普通工人组成，他们组织着巴黎的防务，对波拿巴的御用军队作战，保证这座庞大城市的粮食供应，担负着原先由政府、警察局和省政府分担的全部职务，在最困难、最复杂的情况下，公开地、朴实地做他们的工作，而且所得报酬就像弥尔顿写《失乐园》一样只是几个英镑；他们光明正大地进行工作，不自以为是，不埋头在文牍主义的办公室里，不以承认错误为耻而勇于改正。……劳动的解放——公社的伟大目标——是这样开始实现的：一方面取缔国家寄生虫的非生产性活动和胡作非为，从根源上杜绝把巨量国民产品浪费于供养国家这个魔怪，另一方面，公社的工作人员执行实际的行政管理职务，不论是地方的还是全国的，只领取工人的工资"①。

中国革命的历史也表明，官僚机构在人民群众的力量强大时是能够做到廉洁高效的。"县政治必须农民起来才能澄清，广东的海丰已经有了证明。这回在湖南，尤其得到了充分的证明。在土豪劣绅霸占权力的县，无论什么人去做知事，几乎都是贪官污吏。在农民已经起来的县，无论什么人去，都是廉洁政府。我走过的几县，知事遇事要先问农民协会。在农民势力极盛的县，农民协会说话是'飞灵的'。农民协会要早晨捉土豪劣绅，知事不敢挨到中午，要中午捉，不敢挨到下午。农民的权力在乡间初涨起来的时候，县知事和土豪劣绅是勾结一起共同对付农民的。在农民的权力涨至和地主权力平行的时候，县知事取了向地主农民两边敷衍的态度，农民协会的话，有一些被他接受，有一些被他拒绝。上头所说农会说话飞灵，是在地主权力被农民权力完全打下去了的时候"②。

第二节 公共选择的概念

一、公共选择的定义

西方公共经济学认为，所谓公共选择，指的是与个人选择相区别的集体选择，即通过集体行动和政治过程来决定资源在公共产品之间如何分配。具体来说是指，人们在民主政治体制下，通过投票来决定公共产品的需求、供给与产量，从而把个人选择转化为集体选择的一种过程或机制，它是对资源配置的非市场决策。③

然而，西方的投票活动很少是针对某项公共产品的需求、供给与产量的，反而主要是针对极少数政府主要官员（政务官）和议会议员的上台而进行的。因此，除非将政府、议会等列入公共产品，作为公共选择的对象，否则上述公共选择的定义是极不充分的。

其实，最重要的公共选择不是在某种被规定的体制下去进行什么投票，而是选择这个体制即社会制度本身，这种选择即体制的转变，无论是从资本主义社会到社会主义社会，还是从封建社会到资本主义社会都是通过革命而不是投票来完成的，或者说是通过人心向

---

① 《马克思恩格斯文集》第 3 卷，人民出版社 2009 年版，第 196-198 页。

② 《毛泽东选集》第 1 卷，人民出版社 1991 年版，第 29-30 页。

③ 黄恒学主编：《公共经济学》（第二版），北京大学出版社 2009 年版，第 142 页。

背拿性命而不是拿纸片去投票完成的。即便倒过来选择即偶然开一下历史的倒车，也是通过反革命的暴力而不是投票来完成的。习近平指出，"我国宪法以根本法的形式反映了党带领人民进行革命、建设、改革取得的成果，确立了在历史和人民选择中形成的中国共产党的领导地位"①。有人指望通过宪政改革把中国共产党从"领导党"贬低为单纯的"执政党"②，进而像前苏联一样颠覆中国的社会主义制度，那就只能是痴心妄想了。

从现实的情况来看，公共选择，简言之，是由某个社会或集团的全体或其代表以暴力和非暴力的方式对公共事务做出的集体选择，该社会或集团的全体成员都不得不遵守这个集体选择，其中也许一些人是自愿的，而另一些人是被迫的。

二、公共选择的间接性

西方公共经济学指出，在给定公共选择规则的前提下，一项选举的最终结果将部分取决于税收份额在选民之间的分布。政治家们通过操纵某些公共项目的利益分配就能够改变这些项目获得批准的概率。③ 然而，对职业政客、各传统政党的头目们"有好处的不是解决问题，而是使问题永远悬而不决；其结果是，在花去大量的时间、精力和金钱以后，实行了有时是有利于这一方，有时是有利于那一方的一系列妥协"④。

事实上，通常的议案并不是由选民投票决定或批准的，而是由选民以前投票选出的议员的投票或以前选出的政府首脑的专断来决定。这些议员和政府首脑在投票和决定前，并没有去收集每个选民的个人成本与收益，再汇总计算和比较出一个结果，然后以此作为他投票或决定的依据。即便这些议员和政府首脑是因为他们当初的许诺而得到选民的投票和认可，但没有哪一条法律会去强迫他们兑现其承诺，否则实质是欺骗的资产阶级民主把戏就玩不转了。例如，西方学者承认，美国总统乔治·布什曾经许诺不提高税收，但该项承诺在他 1988 年至 1991 年担任总统期间并未兑现。⑤

西方学者认为，政府主要是由通过选举产生的代表组成的政治体制有利于降低政治交易成本。在一个规模很大的国家里，如果在政府采取某项行为之前必须经过全民选举表决，那么将永远不能作出最后决议（或该决议的制定将会大大延期）。⑥ 但是，西方政府官僚的主体即事务官，以及维护西方资产阶级国体的宪法法院的大法官们，并不是选举产生的。如果要快速做出决议，那么专制制度无疑效率最高。西方国家表面上的民主制，只

---

① 《习近平：关于〈中共中央关于全面推进依法治国若干重大问题的决定〉的说明》，http://news. xinhuanet. com/politics/2014-10/28/c_1113015372. htm。

② 《天则经济研究所所长盛洪：中国为什么需要宪政改革?》，http://blog. sina. com. cn/s/blog_6a70a10d010142jb. html。

③ ［美］大卫·N. 海曼著，章彤译：《公共财政：现代理论在政策中的应用》，中国财政经济出版社 2001 年版，第 152-153 页。

④ 《马克思恩格斯文集》第 4 卷，人民出版社 2009 年版，第 342 页。

⑤ ［美］大卫·N. 海曼著，章彤译：《公共财政：现代理论在政策中的应用》，中国财政经济出版社 2001 年版，第 155 页。

⑥ ［美］大卫·N. 海曼著，章彤译：《公共财政：现代理论在政策中的应用》，中国财政经济出版社 2001 年版，第 160 页。

是为了掩盖资产阶级实际上的独裁和专制。

甚至一些看上去十分独裁专制的政府如俄国沙皇政府也是为资产阶级利益服务的。"在法律上，俄国政府是完全不受限制的，它好象是完全独立于人民的，凌驾于一切等级和阶级之上的。但如果真是这样，那么法令也好，政府也好，为什么在工人同资本家发生的一切冲突当中，总是站到资本家方面去呢？为什么资本家随着自己人数的增加和财富的增多而得到越来越多的支持，而工人却遭到越来越多的反对和限制呢？……不受限制的政府如果不给有产阶级种种特权和优待，就不可能管理这样一个大国。虽然在法律上政府是一个不受限制的、独立的政权机关，但实际上资本家和土地占有者却有千百种手段影响政府和国家事务。他们有法律所承认的自己的等级机关、贵族和商人协会、工商业委员会等组织。他们选出的代表，或者直接充当官吏，参加国家管理（譬如贵族代表），或者被邀担任一切政府机关的委员，譬如厂主按照法律可以选出自己的代表出席工厂事务会议（这是工厂视察机关的上级机关）的会议。但是他们并不限于这种直接参加国家管理。他们还在自己的协会里讨论国家法令，拟定草案，而政府每件事情也往往征求他们的意见，送给他们某种草案，请他们提出意见。……他们可以在报上讨论自己的事情，因为不管政府怎样通过自己的书报检查箝制言论，但是剥夺有产阶级讨论自己事情的权利，那它是连想也不敢想的。他们有各种各样的门路和途径通向国家政权机关的最高代表，可以比较容易地谴责下级官吏的专横行为，可以容易地废除限制特别苛刻的法令和条例"①。

三、公共选择的民主性

西方学者提出，"民主——即以正式投票作出并推行集体选择的过程——是具有一定规模、人们具有不同个性的社会所必需的一种制度"②。然而，"如果仔细地考察一下资本主义民主的结构，那么无论在选举权的一些'微小的'（似乎是微小的）细节上（居住年限、妇女被排斥等等），或是在代表机构的办事手续上，或是在行使集会权的实际障碍上（公共建筑物不准'叫化子'使用！），或是在纯粹资本主义的办报原则上，等等，到处都可以看到对民主制度的重重限制。用来对付穷人的这些限制、例外、排斥、阻碍，看起来似乎是很微小的，特别是在那些从来没有亲身体验过贫困、从来没有接近过被压迫阶级群众的生活的人（这种人在资产阶级的政论家和政治家中，如果不占百分之九十九，也得占十分之九）看起来是很微小的，但是这些限制加在一起，就把穷人排斥和推出政治生活之外，使他们不能积极参加民主生活。马克思正好抓住了资本主义民主的这一实质，他在分析公社的经验时说：这就是容许被压迫者每隔几年决定一次究竟由压迫阶级中的什么人在议会里代表和镇压他们！"③ "英国资产阶级，只要它还垄断着表决权，总是表现得很愿意接受多数做出的决定。但是，请注意，一旦它在自己认为是生死攸关的问题上遭到多数否决，我们在这里就会看到一场新的奴隶主战争"④。

---

① 《列宁全集》第 2 卷，人民出版社 1984 年版，第 83-84 页。
② 黄恒学主编：《公共经济学》（第二版），北京大学出版社 2009 年版，第 145 页。
③ 《列宁全集》第 31 卷，人民出版社 1985 年版，第 83-84 页。
④ 《马克思恩格斯文集》第 3 卷，人民出版社 2009 年版，第 617 页。

"凡是存在着土地和生产资料的私有制、资本占统治地位的国家，不管怎样民主，都是资本主义国家，都是资本家用来控制工人阶级和贫苦农民的机器。至于普选权、立宪会议和议会，那不过是形式，不过是一种空头支票，丝毫也不能改变事情的实质"。①

西方公共经济学还提出，普通公民在时间、积极性及专业知识上存在着巨大的差异，如果每个公民对每一个议案都有与素质较高的公民平等的最终决定权，则决策的质量和相应的民主进程都会受到影响。因此，直接民主制要走向代议民主制，即走向通过选举，委托专门的代表来行使管理国家事务的权力的一种制度安排。② 但是，怎么能够保证那些资产阶级的代表能够维护无产阶级公民的利益呢？"只要工人阶级还同意把企业主及其代表选入地方自治机关，那末每当发生罢工和同盟歇业时，地方机关总是会用它全部的巨大的道义力量和物质力量来支持企业主"③。

列宁指出，"民主的组织原则，其最高级形式就是由苏维埃建议和要求群众不仅积极参加一般规章、决议和法律的讨论，不仅监督它们的执行，而且还要直接执行这些规章、决议和法律；这就是说，要给每一个群众代表、每一个公民提供这样的条件，使他们既能参加国家法律的讨论，也能参加选举自己的代表，参加执行国家的法律。但决不能由此得出结论说，在下面的问题上可以容许有丝毫的混乱或无秩序现象：在每一具体场合由谁来负责一定的执行的职能，负责执行一定的命令，在一段时间内负责领导整个劳动的一定过程。群众应当有权为自己选举负责的领导者。群众应当有权撤换他们。群众应当有权了解和检查他们活动的每一个细节。群众应当有权推举任何工人群众承担执行的职能，但是这丝毫不是说，集体的劳动过程可以不要一定的领导，不要明确规定领导者的责任，不要由领导者的统一意志建立起来的严格秩序。如果没有统一的意志把全体劳动者结合成一个象钟表一样准确地工作的经济机关，那么无论是铁路、运输、大机器和企业都不能正常地进行工作。社会主义是大机器工业的产物。如果正在实现社会主义的劳动群众不能使自己的各种机构象大机器工业所应该做的那样进行工作，那么也就谈不上实现社会主义了"④。

第三节 投 票

一、投票的选择

西方公共经济学认为，一个人是否决定参加投票表决主要取决于投票带来的收益和成本，同时还取决于投票表决行为能够在多大程度上帮助提高预期收益。投票表决所涉及的成本之一就是选民们去投票处投票所需花费的时间及精力。其他成本则包括搜集制定决策所必需的信息而花费的时间、精力与金钱。不参加投票表决的选举人就成为那些实际参加

---

① 《列宁全集》第 37 卷，人民出版社 1986 年版，第 73 页。
② 黄恒学主编：《公共经济学》（第二版），北京大学出版社 2009 年版，第 153 页。
③ 《马克思恩格斯全集》第 19 卷，人民出版社 1963 年版，第 294 页。
④ 《列宁全集》第 34 卷，人民出版社 1985 年版，第 143-144 页。

投票表决的选举人为此而付出的精力及时间的免费乘车者。①

但是，是否参加投票活动与投哪一方的票，其所考虑的收益和成本是不同的。为了吸引选民投票，完全可以拿出一些物质奖励。例如，1930 年毛泽东在寻乌调查时发现，那里的村子里社坛开会之时，先要杀猪买酒，大吃一顿，吃过之后，才开堂议事。这样的话，自然就不会没有人来开会。而开堂议事，也不是简单地投票完事，而是公开讨论，议论纷纷，体现了协商民主。"虽然乱讲一顿，却有一种自然的秩序。就是当那所谓'老前辈'或所谓'更懂事的'讲得'更公道'的时候，大家都说他的话'讲得好'，就是这样子成了决议。这种社是群众的，虽然也信神，却与地主富农的神坛完全两样。这种社的会议是农民作主，不是豪绅作主，也不完全是富农作主，是大家来而'更公道'的人的话为大家所信仰，这个人就作了无形的主席"②。

至于投哪一方的票的考虑在西方国家其实是完全无所谓的，因为每一方都会不停地变化自己的政策，事先的考察完全是白费劲。例如，邓小平就曾经指出，"美国把它的制度吹得那么好，可是总统竞选时一个说法，刚上任一个说法，中期选举一个说法，临近下一届大选时又是一个说法。美国还说我们的政策不稳定，同美国比起来，我们的政策稳定得多"③。

事实上，西方国家的一些选民对选举冷淡，不参与投票，只不过表明他们对结果多半不是帮助这一个代表大资本的政党赶走另一个代表大资本的政党就是帮助另一个代表大资本的政党战胜这一个代表大资本的政党的这样一种政治抱淡漠态度。"选民们本能地感觉到，这个或那个问题的决定已不再取决于议会，也不再取决于议会选举。谷物法是谁废除的呢？当然，不是选出主张保护关税的议会的那些选民，更不是主张保护关税的议会本身；谷物法仅仅是并且纯粹是由于外来的压力才废除的。现在，甚至大部分选民自己也已经相信这种外来压力，相信除了投票以外的其他影响议会的手段了。他们把直到现在还存在的合法投票方式看做是一种过了时的仪式；要是有一天议会开始抗拒外来压力并强迫国民接受按这一狭隘的选民圈的意旨制定的法律，那他们就会加入到对这整个过时的制度的总冲击中来"④。

二、投票机制

西方学者指出，政治制度很少要求对公共产品的数量以及分摊的成本取得完全一致的意见。实际上，在进行集体决策时，有各种各样的公共选择规则，其中最常见的是多数赞成票原则。⑤ 但是，西方公共经济学又认为，"与全体一致规则相比，简单多数规则的

---

① ［美］大卫·N. 海曼著，章彤译：《公共财政：现代理论在政策中的应用》，中国财政经济出版社 2001 年版，第 153 页。

② 《毛泽东文集》第 1 卷，人民出版社 1993 年版，第 179 页。

③ 《邓小平文选》第 3 卷，人民出版社 1993 年版，第 31 页。

④ 《马克思恩格斯全集》第 8 卷，人民出版社 1961 年版，第 404 页。

⑤ ［美］大卫·N. 海曼著，章彤译：《公共财政：现代理论在政策中的应用》，中国财政经济出版社 2001 年版，第 150 页。

'多数人强制'可能会把某些规则强加于少数人而使他们遭受损失"①。而所谓"全体一致规则，又称为一致同意投票规则，指的是一项集体行动方案，只有在所有参与者都同意，或者至少没有任何一个人反对的前提下才能实施的一种表决方式"②。

这个全体一致规则，看上去能够照顾到每一个投票人的利益，不因任何一个人的受益而给别人带来损失，但它实际上授予个别人一票否决的权力，使个别人得以把自己的意志强加给所有的人。这个规则不承认利益冲突和阶级矛盾的存在性，其核心是强调不能用民主的方式，剥夺少数人对多数人的剥削权利。在保护少数人利益的名义下，让多数人的利益因少数人的反对而受损。如果因为个别人的意愿，而所有的人都必须去做某件事是独裁专制的话，那么因为个别人的意愿，而所有的人都不能去做某件事，也同样是独裁专制。全体一致规则实际上就是独裁专制的规则，是"个人独裁强制"。事实上，"在适当的指导下，人民的投票是世界上可以把专制制度建立在巩固的、名正言顺的基础上的最好的一种手段"③。

西方学者还提出循环投票的悖论现象。假如有三个投票者（甲、乙、丙）就三个方案（A、B、C）进行投票。甲认为方案 A 优于方案 B，B 又优于 C，即 A>B>C；乙认为 B>C>A；丙认为 C>A>B。如果按照简单多数制从 A、B、C 三个方案中任选两个，即三个人中有两个或两个以上的人支持某方案，某方案就可当选。那么，就会出现一个循环现象：认为 A>B 的人有 2/3；认为 B>C 的人有 2/3；同样认为 C>A 的人也有 2/3。结果，此时的投票结果完全取决于三个方案的排列次序，而不是方案本身的优劣。在最终的选择过程中，如果按照投票者对三个方案偏好的显示强度，就会产生 A>B>C>A>……如此不断的循环现象。这一问题的研究结果是"阿罗不可能定理"，该理论对民主社会合理性能力提出了质疑，强调无论在哪种规则下，政府决策不可能完全满足民众提出的各种要求。④

其实，上述循环投票现象的前提是，三个投票者之间势均力敌，且没有两个投票者愿意合作。这种三足鼎立的纸上谈兵在现实中很难出现。恩格斯就曾提到，在只要过半数就行的情况下，"所有一切都只是为两个党设置的，第三个党在力量赶不上它们之前，最多能给其中之一以优势"⑤。如果三个方案允许通过两个，那么其中两个投票者还可以合谋互投赞成票，把第三方看中的方案淘汰掉。在这里，三个方案不能都通过，也不能调和出一个三方都接受的共同方案，是阿罗不可能定理成立的前提，这个前提意味着投票者的利益冲突不可调和，从而企图掩盖这种冲突的资产阶级民主自然是不可能导致政府决策满足各方要求的。

西方公共经济学还认为，候选方案越多，投票人的选择余地就越大。候选方案多，可

---

① 黄恒学主编：《公共经济学》（第二版），北京大学出版社 2009 年版，第 147 页。
② 黄恒学主编：《公共经济学》（第二版），北京大学出版社 2009 年版，第 145 页。
③ 《马克思恩格斯全集》第 13 卷，人民出版社 1962 年版，第 544 页。
④ 黄恒学主编：《公共经济学》（第二版），北京大学出版社 2009 年版，第 148-149 页。
⑤ 《马克思恩格斯全集》第 39 卷，人民出版社 1974 年版，第 343 页。

以代表更多数人的利益表达需求，照顾到少数人的利益。① 但是，我们可以从循环投票问题中发现，方案越多，每个方案所代表的利益人数越少。从而，除非有多个方案可以入选，否则，在只能选择一种方案的情况下，方案多反而可能意味着最终当选的方案只代表更少数人的利益，而忽略了更多数人的利益。

循环投票问题还反映出，资产阶级对于自己不满意的方案，可以欺骗性地提出多个类似的方案来分流该方案的选票，而使只对自己有利的方案获得相对多数。而且如果资产阶级的欺骗性方案当选，他们也可以不落实其内容，不兑现其承诺。

在西方国家，政客得以当政，是靠其竞选纲领吸引选票，并获得多数或相对多数选民支持的。因此，如果政客当选后变更或不落实某个主张，那么支持该主张的那部分选民就可能不再支持他，从而并不能保证他仍然是获得多数或相对多数选民支持的，因而其执政的合法性就应受到质疑。竞选纲领应当作为该政客的宪法修正案必须全面遵守，否则就应重新大选。不过，资产阶级的根本利益使得西方国家决不会通行这样的选举和投票机制，只有推翻资本主义制度，才能结束这些把戏。

第四节　政党与利益集团

一、政党

西方公共选择理论认为，政党是通过合理的方式以普通选举来获得政权、支配政府的人的联合体。在代议民主制中，政党的目的并不是为了实现自己的政策而要在选举中获胜，而是为了在选举中获胜并实施其政策的。在政党政治下，政治间的竞争也就是政党间的竞争，竞争的目的不过是上台执政并最终控制政府和社会资源的分配。各政党为了赢得选票，取得竞选胜利，往往会在其竞选纲领中承诺为大多数选民提供他们所希望的公共产品。②

还有人指出，经济学家们将政党定义为选票最大化者，这是因为它们总是试图制定一些政治计划并做出一些有关税收分配的安排，以使其所能获得的选票达到最多。在多数票规则下，能够最成功地应用选票最大化策略的政党将在选举中获胜。③

按照上述说法，实行所谓精英治国的代议民主制根本就不可行，因为这些精英们谋求的仅仅只是个人的私利，而不是为人民群众谋福利。而且因为他们是精英，所以他们可以更精明、更隐蔽地损害普通民众的利益来谋求个人私利。他们组成政党也只是为了结党营私，这大概也是中国古人认为君子不党的原因。相反地，"不是制定'用于竞选的'纲领，而是要通过竞选来贯彻社会民主党的革命的纲领！——工人阶级的政党就是这样看问题的。我们为了达到这个目的，已经利用了选举，并且要利用到底，连最反动的沙皇杜马

---

① 黄恒学主编：《公共经济学》（第二版），北京大学出版社 2009 年版，第 139 页。
② 黄恒学主编：《公共经济学》（第二版），北京大学出版社 2009 年版，第 153 页。
③ ［美］大卫·N. 海曼著，章彤译：《公共财政：现代理论在政策中的应用》，中国财政经济出版社 2001 年版，第 178 页。

我们也要加以利用，用来宣传俄国社会民主工党的革命的纲领、策略和政纲"①。

　　资产阶级精英们所垄断的政党竞争，其竞争程度也是极其有限的，不会触动他们这个群体的底线，其选票策略也只是做到相对多数而已，谈不上最大化，也不可能为大多数选民提供他们所希望的公共产品。列宁在谈到美国总统选举时曾指出，"在黑人解放以后，这两个政党之间的区别愈来愈小。两个政党的斗争主要是在关税率高低的问题上。这种斗争对人民群众没有多大意义。两个资产阶级政党利用它们之间的虚张声势的毫无内容的决斗来欺骗人民，转移人民对切身利益的注意。美国和英国推行的这个所谓'两党制'，是阻止独立的工人政党即真正的社会主义政党产生的最强大的工具之一"②。

　　从历史来看，很多政党，包括资产阶级政党，在它们诞生之时都是非法的，它们也没有以普通选举而是通过暴力革命来获得政权。因此，上述关于政党的定义并不合适。事实上，一个阶级统治下的政府通常是不会让敌对阶级的政党拥有自由发展的合法权力的。德国俾斯麦政府曾经通过反社会党人法限制工人阶级政党的活动。韩国的资产阶级宪法法院更是直接下令解散"亲朝"的在野党统合进步党，剥夺该党所属 5 名国会议员的议员资格。③

　　列宁曾经指出，"在杜马里，政党是杜马内思想一致的人结成的联盟"④。他还提到，"一切乱七八糟的政党参加选举是为了满足有产者居民中这些或那些小团体的利益"⑤。《共产党宣言》在谈到共产党人的目的时指出，"共产党人的最近目的是和其他一切无产阶级政党的最近目的一样的：使无产阶级形成为阶级，推翻资产阶级的统治，由无产阶级夺取政权"⑥。由此，我们把政党定义为：政党是以掌握政权为手段实现本阶级或本集团利益的具有共同政治见解的人组成的政治团体。

　　同一阶级通常可以有不同的多个政党。这些政党会代表该阶级内部的不同利益集团去竞争本阶级内部的领导权。但"共产党人不是同其他工人政党相对立的特殊政党。他们没有任何同整个无产阶级的利益不同的利益"⑦。作为无产阶级政党，共产党力图以科学的马克思主义理论消除无产阶级内部的党派之争，以便团结和领导广大人民群众去争取人类的解放，并最终消灭包括共产党在内的所有政党。这也是为什么无产阶级当政的国家不实行多党制的一个原因。"巩固无产阶级的专政或人民的专政，正是准备着取消这种专政，走到消灭任何国家制度的更高阶段去的条件。建立和发展共产党，正是准备着消灭共产党和一切政党制度的条件"⑧。

---

　　① 《列宁全集》第 22 卷，人民出版社 1990 年版，第 6 页。

　　② 《列宁全集》第 22 卷，人民出版社 1990 年版，第 210-211 页。

　　③ 《韩国宪法法院解散"亲朝"政党》，http：//world. people. cn/n/2014/1220/c157278-26245021. html。

　　④ 《列宁全集》第 19 卷，人民出版社 1989 年版，第 14 页。

　　⑤ 《列宁全集》第 19 卷，人民出版社 1989 年版，第 108 页。

　　⑥ 《马克思恩格斯文集》第 2 卷，人民出版社 2009 年版，第 44 页。

　　⑦ 《马克思恩格斯文集》第 2 卷，人民出版社 2009 年版，第 44 页。

　　⑧ 《毛泽东选集》第 1 卷，人民出版社 1991 年版，第 329 页。

二、利益集团

江泽民在庆祝中国共产党建党八十周年大会上的讲话中指出，"所有党员干部必须真正代表人民掌好权、用好权，而绝不允许以权谋私，绝不允许形成既得利益集团"①。恩格斯也曾指出，"我们党内可以有来自任何社会阶级的个人，但是我们绝对不需要任何代表资本家、中等资产阶级或中等农民的利益的集团"②。

有人认为，在市场经济条件下，形成各种各样的利益集团是一种正常社会现象。随着市场经济的发展，个人所获得的利益大小，除了取决于个人努力的程度外，还取决于甚至更主要取决于其在社会中的身份和地位。外来民工也构成利益集团。而能称得上是既得利益集团的，只是利益集团中的少数，只有那些通过努力占据了在社会分配上的一种优势地位，且因此获得了在一般社会大众看来远超其对社会实际贡献的更大经济利益的集团，才可以称其为既得利益集团。③ 按照这个说法，一切不劳而获者，特别是国内外的资本家和他们的代理人与代言人，如他们高薪聘任的经理、为他们站台而获得出场费的经济学家和媒体，都是既得利益集团。

西方学者则提出了另外的利益集团概念。例如，有人提出，特殊利益集团是指那些试图增加政府支出从而使其委托人受益的院外游说集团。特殊利益集团与政党的区别是，该集团的领袖并不真正角逐行政职位。然而，他们的确向政党候选人、官僚机构从而最终向选民施加压力，以赢得他们对能为该集团成员带来收益的议案的支持。特殊利益集团还可以威胁某些政治家，警告他们如果不按照该集团的意愿行事则该特殊利益集团的成员将投票反对他们。通过这种方式，特殊利益集团往往能够达到向政治家施加压力的目的。如果某些政治家支持特殊利益集团的政治立场，那么该特殊利益集团将会对该政治家的竞选活动出力，并出资赞助对该政治家竞选对手的反面舆论宣传，因为后者对该特殊利益集团的利益往往会产生反面影响。④ 一个院外游说集团的典型事例是，有美国学者指出，美国的中东政策激怒了阿拉伯和伊斯兰国家，也使美国的安全受到威胁。这种状况是由美国国内政策所造成的，特别是"以色列游说组织"的活动。没有一个游说组织能像"以色列游说组织"那样使美国外交政策如此偏离美国的国家利益，却又能使美国人相信美国和以色列的利益在本质上是一致的。⑤

从西方国家来看，特殊利益集团的存在及其行为的合法化，是资产阶级掌控国家政权的重要手段。它使得政治活动被金钱即资本所左右，使国家意志屈从于资本的意志，国家

---

① 《江泽民在庆祝建党八十周年大会上的讲话》，http：//www. people. com. cn/GB/shizheng/16/20010702/501591. html。

② 《马克思恩格斯文集》第4卷，人民出版社2009年版，第519页。

③ 《消除既得利益集团并不容易》，http：//finance. ifeng. com/money/roll/20120322/5786363. shtml。

④ ［美］大卫·N. 海曼著，章彤译：《公共财政：现代理论在政策中的应用》，中国财政经济出版社2001年版，第187-189页。

⑤ 芝加哥大学约翰·米尔什莫、哈佛大学斯蒂芬·沃特著，上海市现代管理研究中心陆茹、刘美娜、陆祎璐翻译，《以色列游说组织与美国外交政策》，全文曾载于哈佛大学肯尼迪学院网站。部分节选刊登于英国的《伦敦书评》。

利益或者说"准竞争性的公共财富"① 被实力雄厚的大资产阶级组成的利益集团所瓜分。"从 1869 年到 1873 年，柏林的投机活动大肆泛滥的时候，两个有时敌对有时联合的企业，即贴现公司和布莱希勒德银行，分掌了交易所的统治权。……投机活动的对象首先是铁路，而这两家银行就想间接地成为大多数现有的和还在建设的大铁路线的主人。只要购买和掌握每条铁路的一定数量的股票，就能在它们的董事会中取得优势；而以这些股票作保证又可获得借款去购买新的股票，如此等等。……1873 年发生危机。我国这两家银行陷于非常困难的境地，它们积压着大批铁路股票，但再也不能从中抽回被这些股票吞掉的几百万了。控制铁路公司的计划失败了。于是就改变方针，想把股票卖给国家。把全部铁路集中在帝国政府手中这一方案的出发点，不是为了国家的公共福利，而是为了拯救两家没有支付能力的银行。实现这个方案不是太困难的。使相当多的国会议员对新的公司'发生兴趣'，这样就完全支配了民族自由党和温和保守党，即大多数。帝国的大官们、普鲁士的大臣们曾经参与了这些公司赖以成立的诡计。要知道，布莱希勒德是一个银行家，也是俾斯麦先生的金融事务方面的经纪人。因此，钱是够多的"②。遗憾的是，今天的中国也发生了类似的事情。不仅国有企业被以改革的名义贱卖，而且一些私有企业的不良资产也以高价卖给了国有企业或被财政资金收购，结果拖累了国有企业和政府财力。

列宁指出，"工人的阶级自觉就是工人认识到，为了达到自己的目的，工人必须争取对国家事务的影响，就象土地占有者和资本家已经争取到并且在继续争取对国家事务的影响一样"。③ 1998 年 10 月 20 日时任国务院总理朱镕基在为中国工会第十三次全国代表大会代表作经济形势报告谈到不搞重复建设时呼吁，"工人阶级对此要抵制"；并在谈到卖国有企业成风时先是指出，"我们中央政治局常委中没有人同意过，江泽民同志批判过这种做法，胡锦涛、尉健行同志都不赞成，不知道这股风是从哪里刮出来的"，然后也是提出呼吁，"工会的同志要同心协力来制止这种事"。④

显然，在存在资本家的情况下，工人阶级必须形成强有力的组织或集团，对抗资产阶级利益集团对国家事务的影响，争取自身的权益并捍卫公共利益。毕竟，"工人阶级的解放只能是工人阶级本身的事业"。

关 键 术 语

西方公共选择理论 选举制度 经济决定 政治决定 凯恩斯主义 新自由主义 政府失灵 市场失灵 自由人联合体 经济人 投票人 选民代表 政治家 官僚经济理论 双边垄断 公共选择 民主 直接民主制 代议民主制 投票 投票机制 全体一致规则 简单多数规则 多数人强制 一票否决 个人独裁强制 循环投票 阿罗不可能定理 互投赞成票 执政合法性 政党 精英治国 两党制 利益集团 既得利益集团 特殊利益

---

① 黄恒学主编：《公共经济学》（第二版），北京大学出版社 2009 年版，第 155 页。
② 《马克思恩格斯全集》第 19 卷，人民出版社 1963 年版，第 196-197 页。
③ 《列宁全集》第 2 卷，人民出版社 1984 年版，第 85-86 页。
④ 《朱镕基讲话实录》第 3 卷，人民出版社 2012 年版，第 141-143 页。

集团 院外游说集团 工人阶级的解放

复习思考题

1. 什么是西方公共选择理论?
2. 政治市场"经济人"理论的缺陷是什么?
3. 如何使官僚机构做到廉洁高效?
4. 什么是公共选择?
5. 资产阶级民主与无产阶级民主的区别是什么?
6. 什么是政党?
7. 如何看待利益集团?

参 考 文 献

［1］马克思恩格斯文集（第 1-5、8-10 卷）［M］. 人民出版社，2009.

［2］马克思恩格斯全集（第 2 卷）［M］. 人民出版社，1957.

［3］马克思恩格斯全集（第 3 卷）［M］. 人民出版社，1960.

［4］马克思恩格斯全集（第 4 卷）［M］. 人民出版社，1958.

［5］马克思恩格斯全集（第 6、8-9 卷）［M］. 人民出版社，1961.

［6］马克思恩格斯全集（第 10-13 卷）［M］. 人民出版社，1962.

［7］马克思恩格斯全集（第 16 卷）［M］. 人民出版社，1964.

［8］马克思恩格斯全集（第 19 卷）［M］. 人民出版社，1963.

［9］马克思恩格斯全集（第 21 卷）［M］. 人民出版社，1965.

［10］马克思恩格斯全集（第 26 卷第一册）［M］. 人民出版社，1972.

［11］马克思恩格斯全集（第 26 卷第二册）［M］. 人民出版社，1973.

［12］马克思恩格斯全集（第 26 卷第三册）［M］. 人民出版社，1974.

［13］马克思恩格斯全集（第 32 卷）［M］. 人民出版社，1974.

［14］马克思恩格斯全集（第 34 卷）［M］. 人民出版社，1972.

［15］马克思恩格斯全集（第 36-39 卷）［M］. 人民出版社，1974.

［16］马克思恩格斯全集（第 39 卷）［M］. 人民出版社，1974.

［17］马克思恩格斯全集（第 42 卷）［M］. 人民出版社，1979.

［18］马克思恩格斯全集（第 44 卷）［M］. 人民出版社，1982.

［19］马克思恩格斯全集（第 49 卷）［M］. 人民出版社，1982.

［20］马克思恩格斯全集（第 10 卷）［M］. 人民出版社，1988.

［21］马克思恩格斯全集（第 11 卷）［M］. 人民出版社，1995.

［22］马克思恩格斯全集（第 12 卷）［M］. 人民出版社，1988.

［23］马克思恩格斯全集（第 16 卷）［M］. 人民出版社，2007.

［24］马克思恩格斯全集（第 19 卷）［M］. 人民出版社，2006.

［25］马克思恩格斯全集（第 21 卷）［M］. 人民出版社，2003.

［26］马克思恩格斯全集（第 30 卷）［M］. 人民出版社，1995.

［27］马克思恩格斯全集（第 31 卷）［M］. 人民出版社，1998.

［28］马克思恩格斯全集（第 32 卷）［M］. 人民出版社，1998.

［29］马克思恩格斯全集（第 33 卷）［M］. 人民出版社，2004.

［30］资本论（第 1-3 卷）［M］. 人民出版社，2004.

［31］列宁全集（第 1-4 卷）［M］. 人民出版社，1984.

［32］列宁全集（第 7 卷）［M］．人民出版社，1986.

［33］列宁全集（第 13 卷）［M］．人民出版社，1987.

［34］列宁全集（第 16 卷）［M］．人民出版社，1988.

［35］列宁全集（第 19 卷）［M］．人民出版社，1989.

［36］列宁全集（第 21-22 卷）［M］．人民出版社，1990.

［37］列宁全集（第 24 卷）［M］．人民出版社，1990.

［38］列宁全集（第 27 卷）［M］．人民出版社，1990.

［39］列宁全集（第 29-32 卷）［M］．人民出版社，1985.

［40］列宁全集（第 34-36 卷）［M］．人民出版社，1985.

［41］列宁全集（第 37-38 卷）［M］．人民出版社，1985.

［42］列宁全集（第 41 卷）［M］．人民出版社，1986.

［43］列宁全集（第 42-43 卷）［M］．人民出版社，1987.

［44］列宁全集（第 52 卷）［M］．人民出版社，1988.

［45］列宁全集（第 54 卷）［M］．人民出版社，1990.

［46］列宁专题文集（论辩证唯物主义和历史唯物主义）［M］．人民出版社，2009.

［47］列宁专题文集（论资本主义）［M］．人民出版社，2009.

［48］斯大林选集（下）［M］．人民出版社，1979.

［49］毛泽东选集（第 1、3 卷）［M］．人民出版社，1991.

［50］毛泽东文集（第 1-2 卷）［M］．人民出版社，1993.

［51］毛泽东文集（第 5 卷）［M］．人民出版社，1996.

［52］毛泽东文集（第 6-8 卷）［M］．人民出版社，1999.

［53］邓小平文选（第 1-2 卷）［M］．人民出版社，1994.

［54］邓小平文选（第 3 卷）［M］．人民出版社，1993.

［55］习近平．之江新语［M］．浙江人民出版社，2007.

［56］中华人民共和国史稿（序卷、第 1、2、4 卷）［M］．人民出版社、当代中国出版社，2012.

［57］［奥］哈耶克．通向奴役的道路［M］．滕维藻、朱宗风，译．商务印书馆，1962.

［58］［法］托马斯·皮凯蒂．21 世纪资本论［M］．巴曙松，等，译．中信出版社，2014.

［59］［古］菲德尔·卡斯特罗．总司令的思考［M］．徐世澄，等，译．社会科学文献出版社，2008.

［60］［美］大卫·N. 海曼．公共财政：现代理论在政策中的应用［M］．章彤，译．中国财政经济出版社，2001.

［61］［美］威廉姆·A. 尼斯坎南著．官僚制与公共经济学［M］．王浦劬，等，译．中国青年出版社，2004.

［62］［美］约翰·珀金斯．一个经济杀手的自白［M］．杨文策，译．广东经济出版社，2006.

［63］［美］萨缪尔森，诺德豪斯．宏观经济学（第 17 版）［M］．萧琛，等，译．人民邮电出版社，2004.

［64］［新］严崇涛. 新加坡发展的经验与教训———一位老常任秘书的回顾和反思［M］. 陈抗，编选. 汤姆森学习出版集团，2007.

［65］［以］柴姆·卡西姆. 民主制中的以色列地方权力［M］. 余斌，等，译. 北京大学出版社，2005.

［66］［英］加雷斯·D. 迈尔斯. 公共经济学［M］. 匡小平，译. 中国人民大学出版社，2001.

［67］高培勇，等. 公共经济学［M］. 中国社会科学出版社，2007.

［68］韩德强. 萨缪尔森〈经济学〉批判———竞争经济学［M］. 经济科学出版社，2002.

［69］黄恒学. 公共经济学（第二版）［M］. 北京大学出版社，2009.

［70］齐世泽. 论中国模式［M］. 中国方正出版社，2010.

［71］余斌. 微观经济学批判（修订版）［M］. 东方出版社，2014.

［72］余斌. 45 个十分钟读懂《资本论》［M］. 东方出版社，2011.

［73］余斌. 经济学的真相———宏观经济学批判［M］. 人民邮电出版社，2010.

［74］朱柏铭. 公共经济学［M］. 浙江大学出版社，2002.

21世纪经济学管理学系列教材

- 政治经济学概论
- 政治经济学（社会主义部分）
- 技术经济学
- 财政学
- 计量经济学
- 国际贸易学
- 管理信息系统
- 国际投资学
- 宏观经济管理学
- 公共经济学

- 统计学
- 经济预测与决策技术
- 会计学
- 人力资源管理
- 物流管理学
- 管理运筹学
- 经济法
- 消费者行为学
- 管理学
- 生产与运营管理
- 战略管理
- 国际企业管理
- 公共管理学
- 税法
- 组织行为学

图书在版编目(CIP)数据

公共经济学/余斌编著. —武汉：武汉大学出版社,2017.5
21世纪经济学管理学系列教材
ISBN 978-7-307-19347-5

Ⅰ.公… Ⅱ.余… Ⅲ.公共经济学—高等学校—教材 Ⅳ.F062.6

中国版本图书馆 CIP 数据核字(2017)第 114166 号

责任编辑:唐 伟 责任校对:李孟潇 版式设计:马 佳

出版发行:**武汉大学出版社** (430072 武昌 珞珈山)
(电子邮件:cbs22@whu.edu.cn 网址:www.wdp.com.cn)
印刷:崇阳县天人印刷有限责任公司
开本:787×1092 1/16 印张:14 字数:329 千字 插页:1
版次:2017 年 5 月第 1 版 2017 年 5 月第 1 次印刷
ISBN 978-7-307-19347-5 定价:30.00 元